133755P

Johannes Kottjé

Attraktiv wohnen in denkmalgeschützten Häusern

Johannes Kottjé

Attraktiv wohnen in denkmalgeschützten Häusern

Gekonnt umgebaut und stilvoll renoviert

Mit einer Einführung der Deutschen Stiftung Denkmalschutz

Deutsche Verlags-Anstalt

Inhalt

Vorwort 7

Von der Sanierung eines denkmalgeschützten Hauses
Einführung der Deutschen Stiftung Denkmalschutz 8

Die Projekte 13

Mit der Stadtmauer verschmolzen
Haus in Berching/Oberpfalz 14

Neu gefügt
Umbau des Torhauses von Gut Sonnenhausen, Glonn/Bayern 24

Durchdacht bis ins kleinste Detail
Barocke Hofanlage in Darmstadt 36

Eigenleistung – auch beim Denkmal eine Option
Ein „Schwarzwaldhaus" im Fichtelgebirge 50

Das Haus der Kindheit
Winkelhof in einem Eifel-Dorf 62

Vom Abrisskandidaten zum Baudenkmal
Historisches Walmdachhaus mit puristischem Anbau in Düsseldorf 72

Fragmente eines Denkmals
Alter Kotten mit neuem Anbau in Mülheim a. d. Ruhr 82

Rückgebaut und neu ergänzt
Villa in München 92

Souveränität durch Kontraste
Hanghaus bei München 104

Deutlich abgesetzt
Restaurierung, Umbau und Anbau eines Siedlungshauses in Regensburg 116

Ein verkannter Bautyp
Sanierung eines Jurahauses 126

Altes und Modernes
Landhaus am Thuner See/Schweiz 136

Sommerhaus wird Mehrgenerationenhaus
Umbau einer Biedermeier-Villa in Lübeck 146

Hundert Jahre lebendige Geschichte
Großbürgerliches Ziegelhaus in Berlin 158

Bauernhaus trifft Bauhaus
Sanierung eines ehemaligen Weinbauerngehöfts am Zürichsee/Schweiz 172

Anhang und Bildnachweis 189

Wichtige Begriffe 190
Adressen und Bildnachweis 190
Literatur und Internetseiten 192
Impressum 192

Vorwort

Nicht wenige Interessenten schrecken vor dem Kauf eines Hauses zurück, wenn dieses unter Denkmalschutz steht. Sie haben Sorge vor Auflagen der Denkmalämter, die geplante Umbauten verhindern oder hohe Kosten mit sich bringen könnten.

Doch in den letzten zwei Jahrzehnten zeichnet sich ein Wandel ab: immer mehr Kaufinteressenten ist inzwischen bewusst, dass der Erwerb eines Denkmals auch viele Pluspunkte mit sich bringt. Die Denkmalämter stellen nicht nur Forderungen, sondern bieten auch finanzielle Förderungen an und – oft noch wichtiger – stellen ihre Fachkompetenz kostenfrei zur Verfügung. Steuerlich bietet die Sanierung eines Baudenkmals die Möglichkeit hoher Abschreibungen, und nicht zuletzt führen die erforderlichen, in der Tat oft relativ hohen Aufwendungen meist zu einem besonders gelungenem Ergebnis: ein Wohnhaus mit Geschichte und Charakter sowie einem Flair, das kaum ein Neubau bietet.

Gelegentlich wird sogar in Immobilienangeboten damit geworben, dass das Kaufobjekt denkmalgeschützt ist, und während viele Häuser immer noch „trotz" ihrer Unterschutzstellung gekauft werden, suchen gleichzeitig immer mehr Kaufinteressenten ganz bewusst nach einem Denkmalhaus. Eine dritte Gruppe kommt zu einem solchen durch Erbschaft oder auch dadurch, dass das bereits in ihrem Besitz befindliche Haus von der zuständigen Denkmalbehörde als schützenswert entdeckt und in die Denkmalliste eingetragen wird.

Allen Eigentümern und Kaufinteressenten, aber auch Architekten und Fachplanern eines sanierungsbedürftigen denkmalgeschützten Hauses möchte dieses Buch vielfältige Hinweise und Ideen vermitteln. Es stellt beispielhaft gelungene Umbauten und Sanierungen vor und erläutert ausführlich deren Vorgeschichte und Verlauf. Es zeigt durchdachte Herangehensweisen und Detaillösungen, erzählt aber auch, was möglicherweise anders lief als geplant, welche Probleme auftraten und wie diese gelöst wurden.

So möchte das Buch Mut machen und unbegründete Sorgen vor der Sanierung eines Denkmals nehmen, ohne die Augen vor der Realität zu verschließen: Ist schon die Modernisierung eines konventionellen Gebäudes eine finanzielle und oft auch nervliche Herausforderung, verlangt ein unter Schutz gestelltes Haus seinen Sanierern meist besonders hohen persönlichen Einsatz und viel Herzblut ab.

Zu welch faszinierenden Ergebnissen dies führen kann, zeigen die Projekte in diesem Buch. Sie decken eine große Bandbreite an Bautypen ab und finden sich regional verteilt von den deutschen Küsten bis in die Schweiz. Kriterium bei der Auswahl der Häuser war allerdings zunächst, welche Geschichten sie erzählen und welche Ideen sie vermitteln können – Ideen nicht zum simplen Nachahmen, sondern als Anregung für eigene Gedanken! Denn gleich, ob es um die Sanierung einer mittelalterlichen Burg, eines Gründerzeithauses oder einer Villa im Stil der Klassischen Moderne geht, das Bewusstsein für die historische Bausubstanz und gewisse Prinzipien bei der Herangehensweise sind sich stets ähnlich – und um überzeugende, vielleicht sogar herausragende Lösungen zu erzielen, ist in allen Fällen kreatives Um-die-Ecke-Denken gefragt.

Johannes Kottjé

Von der Sanierung eines denkmalgeschützten Hauses

Einführung der Deutschen Stiftung Denkmalschutz

„Hilfe, ich habe ein Denkmal", so titelte der mehrteilige Erfahrungsbericht einer Denkmaleigentümerin in ihrer Lokalzeitung. Dass der Bericht letztlich nicht nur den ersten Schreck, sondern einen positiven Verlauf der Wiederentdeckung eines ländlichen Backhauses dokumentiert, war der guten Kooperation, Beratung und Unterstützung zu danken, die ihr im Verlauf ihrer Entdeckung die Denkmalschutzbehörden, der Architekt, die Handwerker und nicht zuletzt auch eine private Stiftung wie die Deutsche Stiftung Denkmalschutz zukommen ließen. Insgesamt dokumentiert der Bericht natürlich ihre eigene Begeisterung für das historische Fundstück. Darüber, dass sie sich entschieden hatte, statt „die alte Hütte abzureißen" – wie ihr der erste angefragte Handwerker riet –, sich mit dem Bau und der Geschichte auseinanderzusetzen und sich dafür zu begeistern, das aktuell letzte Glied in der Kette der Eigentümer und Bewahrer eines Zeugnisses ländlicher Tradition und Kultur zu sein.

Anders wohnen als Teil der Lebensqualität

Wer im Denkmal wohnen möchte, tut dies, weil er schon ein Denkmal hat oder ein Denkmal sucht. Er hat sich entschieden für ein besonderes Stück Lebensqualität, für individuelles Wohnen, für den Charme und Charakter eines historischen Baus. Er lässt sich ein auf schiefe Wände und Böden, historische Farbfassungen und Einbauten und ist auch bereit, die doppelte Fensterscheibenfläche beim Putzen der Kastenfenster in Kauf zu nehmen. Zum Denkmalwert gehört eben nicht nur die Fassade, vielleicht noch deren Oberflächen, Putz und Farbe, sondern vielfach gerade die Raumqualitäten im Inneren: Proportionen, Raumformen und Raumfolgen bis hin zur Lichtführung und Erschließung. Ein echter Denkmalbewahrer entscheidet sich zugunsten einer schonenden und konservierenden Instandsetzung, statt für eine modernisierende Rundumsanierung, bei der von den Denkmalqualitäten nicht mehr viel übrig bleibt. Wer im Denkmal wohnen will, sucht ja gerade die Patina und nicht die Industrienorm. Diese positive Grundeinstellung gilt es zu bewahren.

Denkmalpflege als wichtige gesamtgesellschaftliche Aufgabe ist immer ein Gemeinschaftswerk. Sie ist überall da eine Erfolgsgeschichte, wo frühzeitig mit allen Beteiligten das Gespräch gesucht und individuelle, dem Denkmal gerechte Lösungen sowie eine belastbare Finanzierung gefunden werden. In einem ersten Schritt muss der Denkmaleigentümer ganz ehrlich prüfen, ob seine geplante Nutzung richtig und verträglich für das gewählte Denkmal ist. Wer gern in hellen und hohen Räumen wohnt, wird in einem Fachwerkhäuschen selten glücklich. In einem Denkmal der Nachkriegsmoderne oder einer alten Industrieanlage wird er seine Wohnvorstellung eher umsetzen können. Um herauszufinden, was in einem Denkmal möglich ist, welche Kompromisse gefunden werden können, wie weit Lösungen aus denkmalpflegerischer Sicht mitgetragen werden, welche alternativen Lösungen es gibt, ist es sinnvoll, die Kompetenz eines in der Denkmalpflege erfahrenen Architekten und der Denkmalämter in Anspruch zu nehmen. Bei den Unteren Denkmalschutzbehörden, meist den Bauämtern zugeordnet, kann sich jeder informieren, wie genau die Unterschutzstellung eines Baus begründet ist, das heißt, mit welchen Auflagen man rechnen muss. Frühzeitige Beratungen helfen nicht zuletzt, Sicherheit über die eigenen Vorstellungen zu erlangen und neue Lösungen zu entwickeln. Leider wird dieses Angebot oft viel zu spät oder gar nicht genutzt und es entstehen unlösbare Konflikte, die vermeidbar wären. Die Sanierung eines Denkmals bedarf nicht nur eines engagierten und fantasievollen Denkmaleigentümers mit einem gewissen Maß an Flexibilität, sondern auch eines kompetenten Architekten. Diese finanzielle und zeitliche Investition in kompetente Bauplanung und Begleitung rechnet sich erfahrungsgemäß immer. Durch den Architekten erhält der Bauherr Hinweise, worauf beim Kauf einer Immobilie zu achten ist, welche Vor- und Nachteile Raumaufteilungen, Bautechniken oder Materialien haben, welche Alternativen es gibt und wie die Aufträge für die Handwerker ausgeschrieben, vergeben und abgenommen werden. Viele Architektenkammern bieten inzwischen auf ihren Internetseiten die Möglichkeit, in ihren Architektenlisten direkt nach den entsprechenden Leistungsschwer-

punkten Denkmalschutz/Denkmalpflege oder nach Zusatz- und Aufbaustudiengängen zu suchen. Unübertroffen bei der Suche nach dem geeigneten Architekten sind direkte Empfehlungen von Bauherren vergleichbarer Projekte und Hinweise von anderen Beteiligten.

Anamnese – Diagnose – Therapie

Im medizinischen Bereich steht vor der Therapie sinnvollerweise die Anamnese und die Diagnose. Vor jedem Eingriff in ein Baudenkmal sind vergleichbare Schritte erforderlich. Je nach Größe und Zustand eines Denkmals ist die Vorbereitung der Baumaßnahme daher mindestens so wichtig

Die Geschichte dieses ehemaligen Pfarrhauses in der Oberpfalz ist kein Einzelfall: 1730 erbaut, diente es zuletzt einem Landwirt als Lagerraum; um eine Abrissgenehmigung zu erlangen, wurde gezielt die Substanz geschädigt. Gleichsam „in letzter Minute" fand das Haus seine Retter, die es nach Planung von Architekt Michael Kühnlein von Grund auf sanierten.
Wie die Fotos auf der folgenden Seite zeigen, wurde auch im Inneren historische Bausubstanz bewahrt, wo dies möglich war, etwa bei der Treppe, den Innentüren oder dem Dachstuhl.

erfahrenen Architekten abzufragen. Die Möglichkeiten der steuerlichen Absetzung für Abnutzung (AfA) nach den § 7i, 7h und 33 des Einkommensteuergesetzes und nach den Vermögenssteuerparagrafen 115 und 118 bedeuten bundesweit gleiche Entlastungen, die ein Denkmaleigentümer in Anspruch nehmen kann. Wer selbst im Denkmal wohnt, kann zehn Jahre lang je 9 Prozent der Kosten zur Erhaltung des Gebäudes in der Steuererklärung geltend machen. Von der Erreichung der gesetzlich vorgeschriebenen Energieeinsparwerte, die für Neubauten gelten, sind Denkmale ausgenommen und man kann alternative Lösungen wählen, um sich dem Ziel denkmal- und gesundheitsverträglich zu nähern.

wie die Umsetzung. Für die unterschiedlichen Anforderungen stehen verschiedenste Instrumentarien zur Verfügung. So ist eine genaue Bestandsaufnahme mit der Erforschung des Baus, seiner Geschichte und seiner Konstruktion die Grundlage für die Erfassung und das Aufmaß des Bestands. Abhängig von Alter, Umfang und Bedeutung eines Objekts können restauratorische, bauhistorische, teilweise sogar archäologische, bauphysikalische und bauchemische Untersuchungen wichtig sein, die mit möglichst zerstörungsfreien Methoden machbar sind. Aufgrund dieser Analyse und Bewertung kann dann ein sinnvolles Planungs- und Maßnahmenkonzept sowie ein belastbarer Finanzierungsplan entstehen, der vor bösen Überraschungen während der Baumaßnahmen schützt. Nicht immer sind alle Instrumente notwendigerweise anzuwenden, doch je mehr Kenntnisse der Bauherr über sein Objekt hat, desto weniger kann ihn überraschen und desto mehr Geschichte wird greifbar.

Bei der Frage nach der Finanzierung steht der Denkmaleigentümer nicht allein. Je nach Standort und Region eines Denkmals kommen unterschiedliche Förderprogramme und Möglichkeiten von Bund, Land, Landkreisen, Kommunen oder Stiftungen infrage. Auch hier sind entsprechende Informationen bei den Partnern der Denkmalämter und

Billig ist nicht immer seinen Preis wert

Erst, wenn die notwendigen Genehmigungen vorliegen, sollten detaillierte Ausschreibungen erfolgen, bei denen durchweg qualifizierte und erfahrene – ihren „Preis werte" – Handwerker zu besseren und nachhaltigeren Ergebnissen führen als die billigsten Anbieter. Wer „ein Stück Dachsanierung" anbietet, zeigt, dass er nicht weiß, worum es bei einem denkmalgeschützten Gebäude geht. Auch hier gilt: eine gute Vorbereitung zahlt sich aus. Bei vielen Fördermittelquellen müssen vor Baubeginn die Genehmigungen vorliegen, wenn es nicht zu bösen Überraschungen bei der Abrechnung kommen soll. Auch hier bewährt sich ein versierter Architekt, der die Ausführung und Abrechnung überwacht.

Kluge Nutzungslösungen, gut geplante Bauabschnitte, überschaubare Abläufe und realistische Finanzierungskonzepte sind die Eckpfeiler einer gelungenen Instandsetzung. Oft ist eine Reparatur die preiswertere Lösung gegenüber völliger Erneuerung, Lösungen mit historischem Material und ausgereifter Technik nachhaltiger als die Anwendung von Materialien und Methoden des Neubaus. Sich mit Bauherren vergleichbarer Objekte auszutauschen, etwa bei einem

Besuch am Tag des offenen Denkmals, und somit von den Erfahrungen anderer zu profitieren, ist hilfreich. Heute ist kein Denkmaleigentümer mehr der Erste, der ein Denkmal instandsetzt. Einschlägige Datenbanken und Verzeichnisse, Listen von mit Denkmalschutz-Preisen ausgezeichneter Handwerker und Restauratoren im Handwerk sind vorhandene, aber immer noch zu selten genutzte Hilfsmittel. Dabei sind „Denkmal"-Handwerker nicht nur die klassischen Gewerke der Tischler, Maler, Stuckateure und Zimmerleute. Mindestens genauso wichtig sind die Haustechnikgewerke, die bei einem Mangel an Einfühlungsvermögen viel kaputt machen können. Umgekehrt finden diese Berufsgruppen innovative und kluge Lösungen für die notwendigen modernen Einbauten. Wer heute in einem Denkmal wohnt, der muss dies eben nicht zu den gleichen Bedingungen wie vor zwei Jahrhunderten tun, wie oft in der Öffentlichkeit dargestellt. Moderne Bäder, behagliche Beheizung, sparsamer Energieverbrauch und moderne Technik sind sehr wohl am Denkmal nicht nur genehmigungsfähig, sondern auch mit substanzschonenden Eingriffen zu verwirklichen. Versierte Handwerker wissen ebenso wie erfahrene Architekten um die Verträglichkeit der Baumaterialien und -methoden am Altbau, von den Fundamentierungen über Fugenmörtel bis hin zur Dachinstandsetzung und Deckung.

Das bescheidene Beispiel des ländlichen Backhauses zeigt, dass die landläufigen Vorurteile über die Behinderung, Bevormundung oder gar Gängelung engagierter Denkmaleigentümer durch „die Denkmalpflege" nicht stimmen. Heute präsentiert eine stolze Denkmaleigentümerin ihr neu gewonnenes Schätzchen regelmäßig einer interessierten Öffentlichkeit am Tag des offenen Denkmals – unterstützt von einem Bäckermeister, der auf traditionelle Weise frisches Brot und Kuchen zaubert. Sie ist froh, nicht dem Rat des ersten Handwerkers gefolgt zu sein. Und viele andere Denkmaleigentümer, die im Denkmal wohnen, geben ihr Recht.

Dipl.-Ing. Annette Liebeskind,
Dr. Ursula Schirmer,
Deutsche Stiftung Denkmalschutz

DEUTSCHE STIFTUNG DENKMALSCHUTZ

Die 1985 gegründete Deutsche Stiftung Denkmalschutz hat zwei Ziele: bedrohte Kulturdenkmale zu bewahren und die Bürger für den Gedanken des Denkmalschutzes zu begeistern. Bisher konnte die Stiftung dank ihrer Spender und durch Mittel der GlücksSpirale mehr als 4.700 Denkmale bewahren helfen. Durch vielfältige Aktivitäten – Tag des offenen Denkmals, Jugendbauhütten, denkmal aktiv, Treuhandstiftungen, das Magazin *Monumente* – wirbt sie um Unterstützung für den Denkmalschutz.

www.denkmalschutz.de

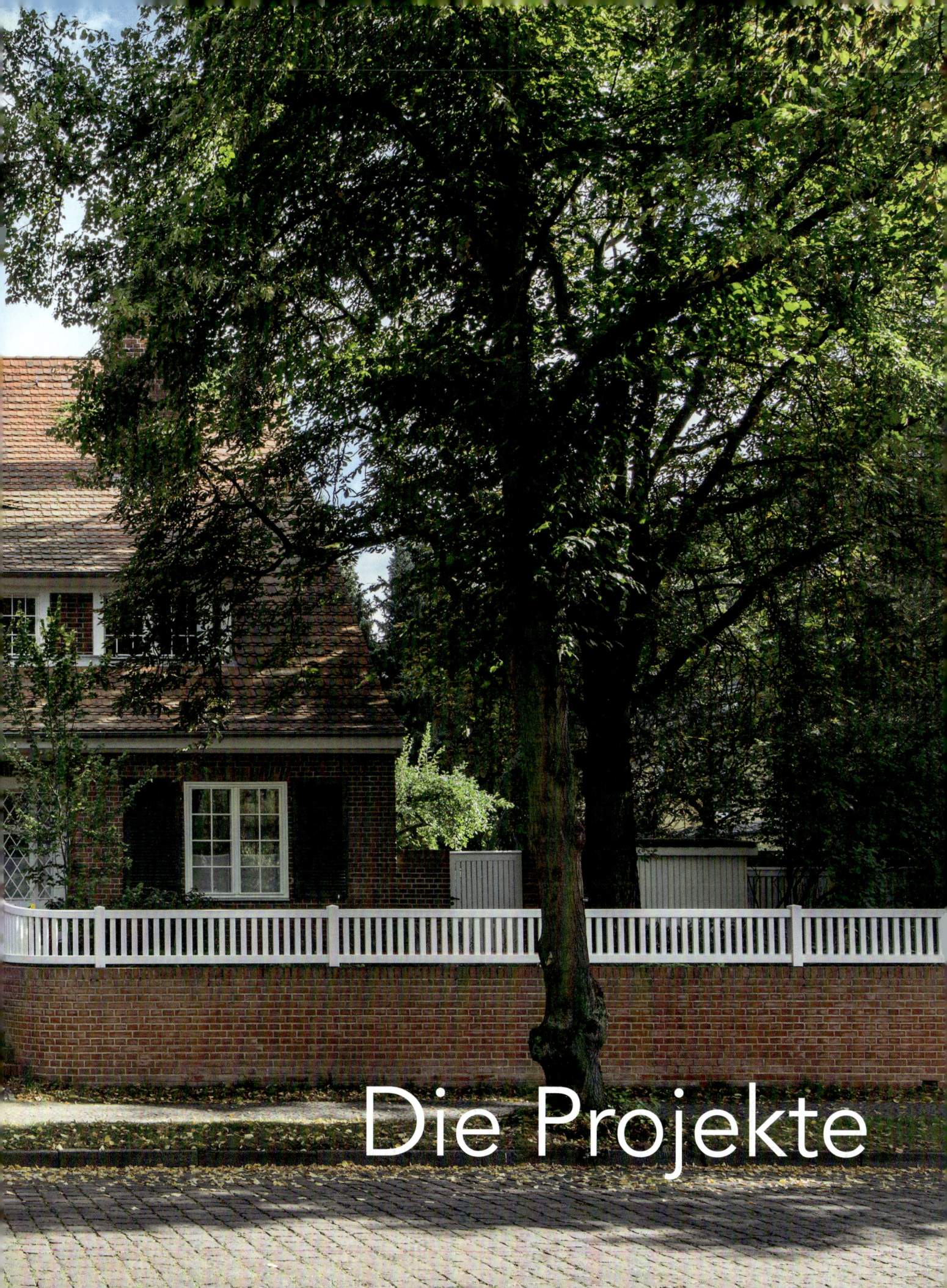
Die Projekte

Mit der Stadtmauer verschmolzen

Haus in Berching/Oberpfalz

Berching in der Oberpfalz ist ein idyllischer kleiner Ort. Die Altstadt weist einen hohen Anteil historischer Bausubstanz auf und ist rundum von der mittelalterlichen Stadtmauer umgeben. An einer Stelle fällt ein zweistöckiges Häuschen auf, das scheinbar wie eine Manschette über die Stadtmauer gestülpt wurde. Lange Zeit heruntergekommen und durch Modernisierungen der Nachkriegszeit entstellt, präsentiert es sich seit Kurzem als vorbildliche denkmalgerechte Sanierung und Rekonstruktion, die trotz ursprünglich niedriger Deckenhöhen und kleiner Raumflächen nun heutigen Ansprüchen genügenden Wohnkomfort bietet.

Geschichte des Hauses

Der denkmalpflegerische Befund ergab, dass das Haus 1816 errichtet wurde. Vorhandene Fundamente weisen darauf hin, dass hier vermutlich zuvor ein Turm der Stadtbefestigung stand. Die das Haus scheinbar durchziehende Stadtmauer dringt lediglich im Erdgeschoss beidseits wenige Dezimeter in den Innenraum ein.

Nicht bekannt ist die Entstehungszeit der kleinen Anbauten, die dem Haus heute seine markante Form geben. Genaue Kenntnisse liegen dafür über die diversen Eigentümer im Laufe der beiden zurückliegenden Jahrhunderte und über die Art des Besitzwechsels durch Tausch, Heirat oder Kauf vor. Anders als man vielleicht vermutet, kam es hier zum Eigentumsübergang durch Tausch nicht nur im 19. Jahrhundert, sondern zuletzt im Jahr 2002. Die Stadt Berching erwarb das prägende Gebäude auf diesem Weg, um es vor weiterem Verfall zu retten.

Die Sanierung

Nach einigen weiteren Jahren des Leerstands wurde der heutige Eigentümer auf das Haus aufmerksam. Er erkannte dessen Potenzial und erwarb es, eigentlich mit der Absicht, sich hier einen Zweitwohnsitz einzurichten. Nach einem ersten Versuch mit einem in der Denkmalpflege unerfahrenen Architekturbüro kam es schließlich durch Empfehlung des Bayerischen Landesamts für Denkmalpflege zur Zusammenarbeit mit dem ortsansässigen Büro Kühnlein Architektur. Die harmonische Zusammenarbeit zwischen Bauherrn, Architekten und Denkmalpflegern führte zu einem rundum überzeugenden Ergebnis. Die historische Bausubstanz wurde wieder freigelegt, Bekleidungen und Einbauten der Nachkriegszeit entfernt. Ebenfalls guten Gewissens brach man Innenwände ab, die damals erneuert oder neu eingefügt worden waren. So entstanden größere Räume, die im Erdgeschoss halb offen ineinander übergehen, durch zonierende Elemente wie unterschiedliche Bodenbeläge oder eine tragende Stütze in der Küche jedoch die ursprüngliche Raumaufteilung andeuten. So befinden sich

linke Seite links Die Eingangsfassade des markanten Häuschens vor der Innenseite der Stadtmauer.
linke Seite rechts Rückseitig wurde ein Fenster zur Tür aufgebrochen. So konnte vor dem Wohnzimmer eine kleine Terrasse angelegt werden.

oben und unten Die mittelalterliche Stadtmauer scheint das kleine Haus regelrecht zu durchschneiden.

heute im Erdgeschoss eine modern eingerichtete Ess-Küche und ein Wohnraum mit Kamin. Durch Herunterbrechen eines Fensters entstand ein Zugang zur hinter dem Haus angelegten Terrasse. Von der Küche aus führt neben der hier ins Haus eindringenden Stadtmauer eine etwa halbgeschossige Treppe in den Keller, der außerhalb des Hauses in den Erdwall vor der Stadtmauer gegraben ist. Der kleine Raum mit seinem Tonnengewölbe aus Kalkbruchstein diente wohl ursprünglich der Lagerung von Lebensmitteln bei ganzjährig etwa gleichbleibenden Temperaturen. Heute befindet sich hier ein offen mit der Küche verbundener weiterer Essplatz, etwa zum gemütlichen Zusammensitzen bei einer guten Flasche Wein in uriger Atmosphäre.

Die einläufige Holztreppe, die in der vorgefundenen Form aus der Nachkriegszeit stammt, wurde an ihrer ursprünglichen Stelle erneuert. Um die knappe Wohnfläche optimal auszunutzen, wurde auch der Raum unter der Treppe intelligent organisiert: Hinter glatten, weiß lackierten Schrankfronten sind hier das Gäste-WC sowie die Heiztherme im niedrigeren Bereich angeordnet.

Im Obergeschoss liegen der über die gesamte Straßenfront reichende Schlafraum und das zugehörige Bad. Vom darüberliegenden Dachboden aus gelangt man zu beiden Seiten auf den Wehrgang der Stadtmauer.

Konstruktionen und Materialien

Das Haus wurde ursprünglich mit Außenmauern aus Kalkbruchstein erstellt. Die Giebelwände im Obergeschoss und die Innenwände entstanden überwiegend in Fachwerkbauweise. Sie wurden in der Nachkriegszeit teilweise durch Ziegelwände ersetzt. Im Zuge der Sanierung senkte man das Fußbodenniveau des Erdgeschosses um knapp 20 Zentimeter ab, um eine großzügigere Raumhöhe von nunmehr gut 2,50 Metern zu erzielen. Über einer neuen Sohle entstand ein Bodenaufbau, der heutigen Anforderungen an den Feuchteschutz entspricht und dessen oberen Abschluss massive Eichendielen bilden. Vom Eingang aus durchzieht ein Streifen aus regionalem Kalkstein den Innenraum und lässt so die ursprüngliche Raumaufteilung erkennen. Den gleichen Bodenbelag wählte man für den Gewölbekeller. Im Obergeschoss und im Dachboden verlegte man einfachere Kiefernholzdielen, wie sie hier auch zur Bauzeit anzutreffen gewesen sein könnten.

Die Wände wurden saniert, innen wie außen vorhandene Bekleidungen aus zementgebundenen Holzwolle-Leichtbauplatten entfernt, historische Lehm- und Kalkputze ergänzt, frühere Ausbesserungen aus Zementputz entfernt und außenseitig ein denkmalgerechter Wärmedämmputz aufgebracht. Die Innenwandanstriche erfolgten mit Kalk- und Leinölfarben. Im Bad des Obergeschosses demonstriert eine bewusst angelegte Fläche von etwa 0,30 Quadratmeter den Aufbau des Lehmputzes an der Decke.

Stilistisch gelungen sind auch die zweiflügeligen Holzfenster mit schlanken Quersprossen, die in Verbindung mit dem Dämmputz der Wärmedämmung der Sohle, sowie der Holzdecke über dem Obergeschoss zur aus heutiger Sicht akzeptablen Energiebilanz des Hauses beitragen. Auch die Beheizung über eine Erdwärmepumpe, deren Tiefenbohrungen unterhalb der kleinen Terrasse vorgenommen wurden, sieht man dem historischen Häuschen nicht an. Erneuert werden mussten viele Hölzer des Dachstuhls, der mit Biberschwanzziegeln neu gedeckt wurde.

rechte Seite oben Wie hier im Wohnzimmer zu erkennen, ist die Stadtmauer im Hausinneren unterbrochen, ragt jedoch sichtbar in dieses hinein.
rechte Seite unten Blick von der Haustür in Küche und Wohnzimmer: ursprünglich waren die Räume im Erdgeschoss von dem heute nur noch im Bodenbelag angedeuteten Flur durch geschlossene Wände abgetrennt.
links und ganz links Der Raum unter der Treppe gibt sich nach außen als Einbauschrank, hinter den Türen finden sich jedoch das WC und die Heizung.

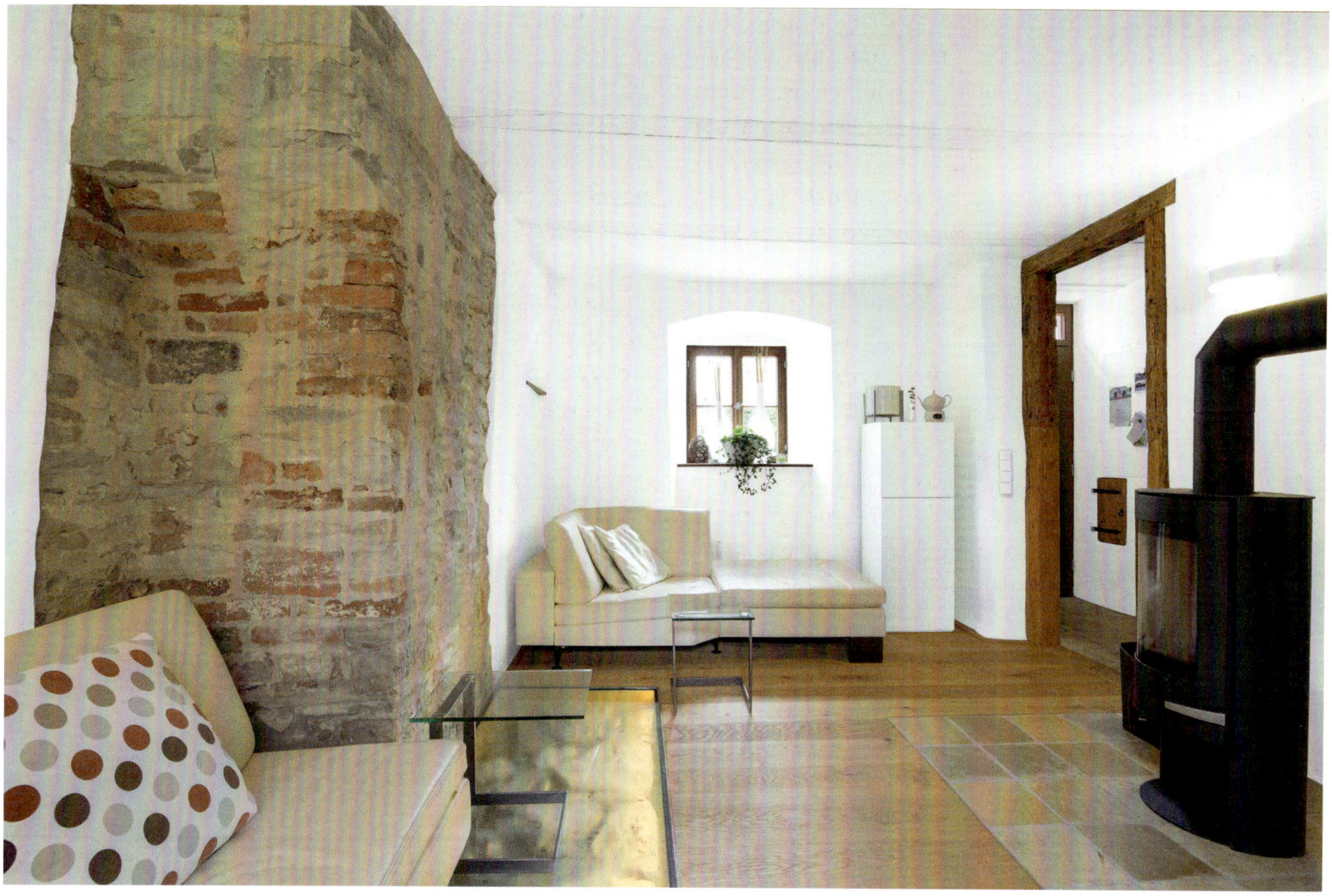

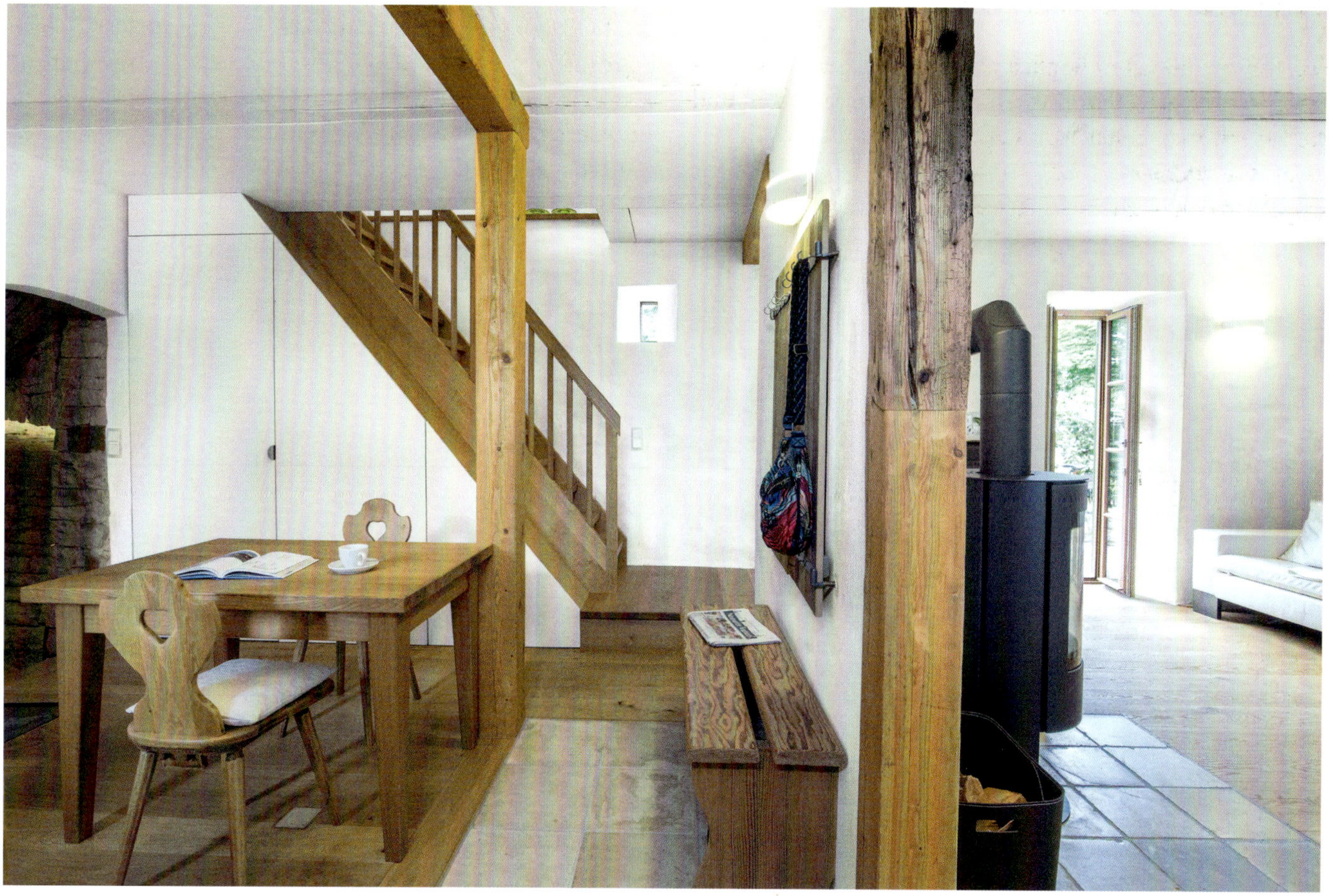

oben beide Vom Dachgeschoss aus hat man Zutritt zum Wehrgang der Stadtmauer.

oben ganz rechts und unten Drei Elemente dominieren die Küche: die erneuerte Treppe an der Rückseite des Raums, die moderne Küchenzeile gegenüber sowie die die Außenwand durchbrechende Stadtmauer.

rechte Seite Der ehemalige Lagerkeller neben der Küche wurde zu einem Weinkeller für gesellige Abende umgestaltet.

Die Zusammenarbeit mit den Denkmalbehörden

Abgesehen vom Aufbrechen des Raumgefüges, dem Einbau zeitgemäßer Sanitäranlagen und einer energetischen Optimierung gehörten Bewahrung und Wiederherstellung des historischen Bildes des Hauses zu den Zielen des Bauherrn. Die gegenüber den ursprünglichen Schätzungen letztlich deutlich höher ausgefallenen Sanierungskosten wurden von der Stadt, dem Landkreis, dem Bezirk Oberpfalz, dem Bayerischen Landesamt für Denkmalpflege und der Städtebauförderung finanziell unterstützt. Wichtiger war dem Bauherrn jedoch, dass die zuständigen Denkmalämter ihre Kompetenz zur Voruntersuchung und zur Wahl authentischer Konstruktionen und Materialien zur Verfügung stellten. Mit dem Ergebnis der Zusammenarbeit aller Beteiligten ist der Bauherr äußerst zufrieden. Er hat inzwischen seinen früheren Hauptwohnsitz aufgegeben und bewohnt ausschließlich sein charmantes Kleinod in der Stadtmauer.

oben und ganz oben Das Schlafzimmer nimmt heute die gesamte Breite des Hauses zur Straße hin im Obergeschoss ein. Der Kleiderschrank steht frei im Raum, sodass dahinter Platz für eine zwischen Schrank und Wang gespannte Kleiderstange blieb.
unten Die moderne Ausstattung des Bads harmoniert hervorragend mit dem hier sichtbar belassenen Fachwerk des Obergeschosses.

Projektdaten

Ursprüngliches Baujahr 1816
Größere Umbauten um 1900; 1950er/60er Jahre
Wohnfläche 85 m²
Wandbaustoffe und Fassaden Kalkbruchstein, Fachwerk (Obergeschoss), Ziegelwände (aus Nachkriegszeit); mineralischer Dämmputz
Wandoberflächen (nach Sanierung) Kalk- und Lehmputze mit Kalkfarben und Leinöl
Fußböden (vor Sanierung/aktuell) nicht bekannt/Massivholzdielen
(Eiche, Kiefer), keramische Fliesen, Kalkstein („Juramarmor")
Dacheindeckung Biberschwanzziegel
Energiesparmaßnahmen nach Sanierung Dämmung Bodenplatte und Dach; Fenster
Beheizung Erdwärmepumpe

Sanierungsplanung
Kühnlein Architektur
Sollngriesbacher Straße 4
92334 Berching
www.kuehnlein-architektur.de

Fotos Johannes Kottjé

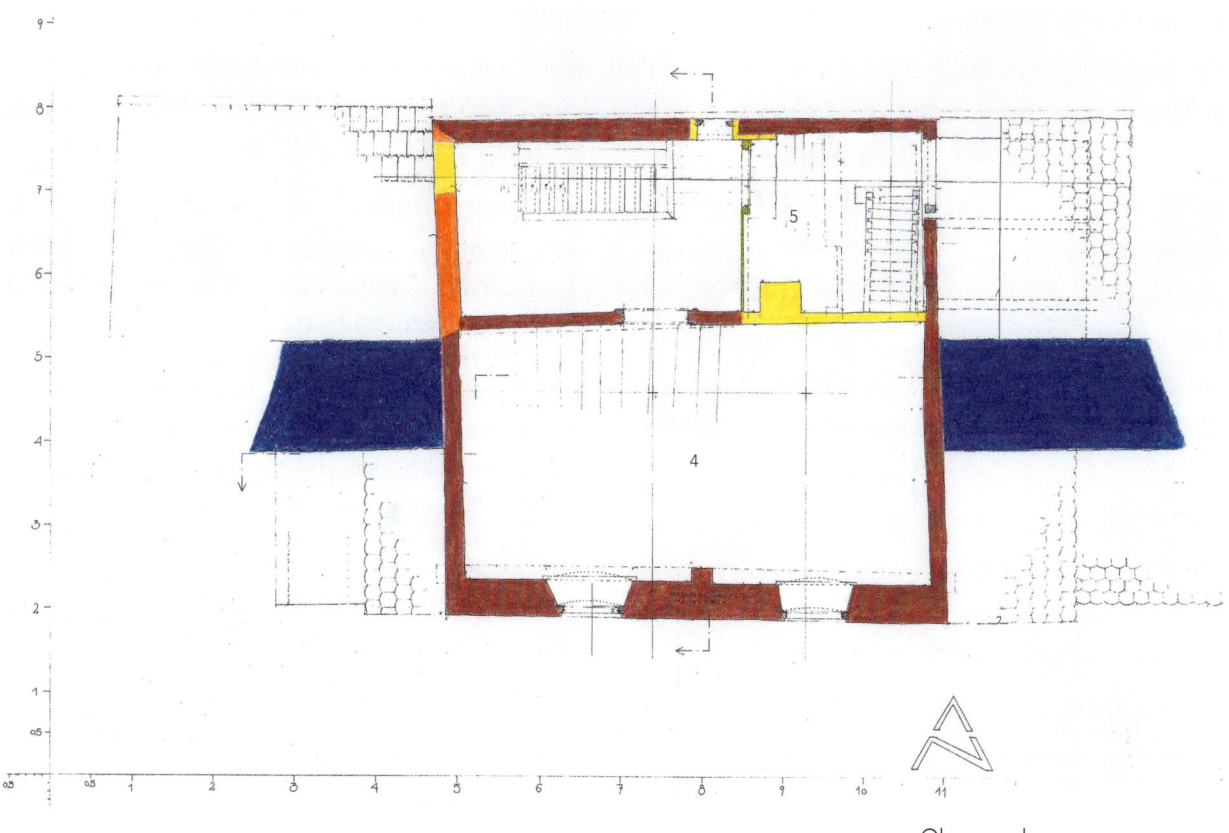

Obergeschoss

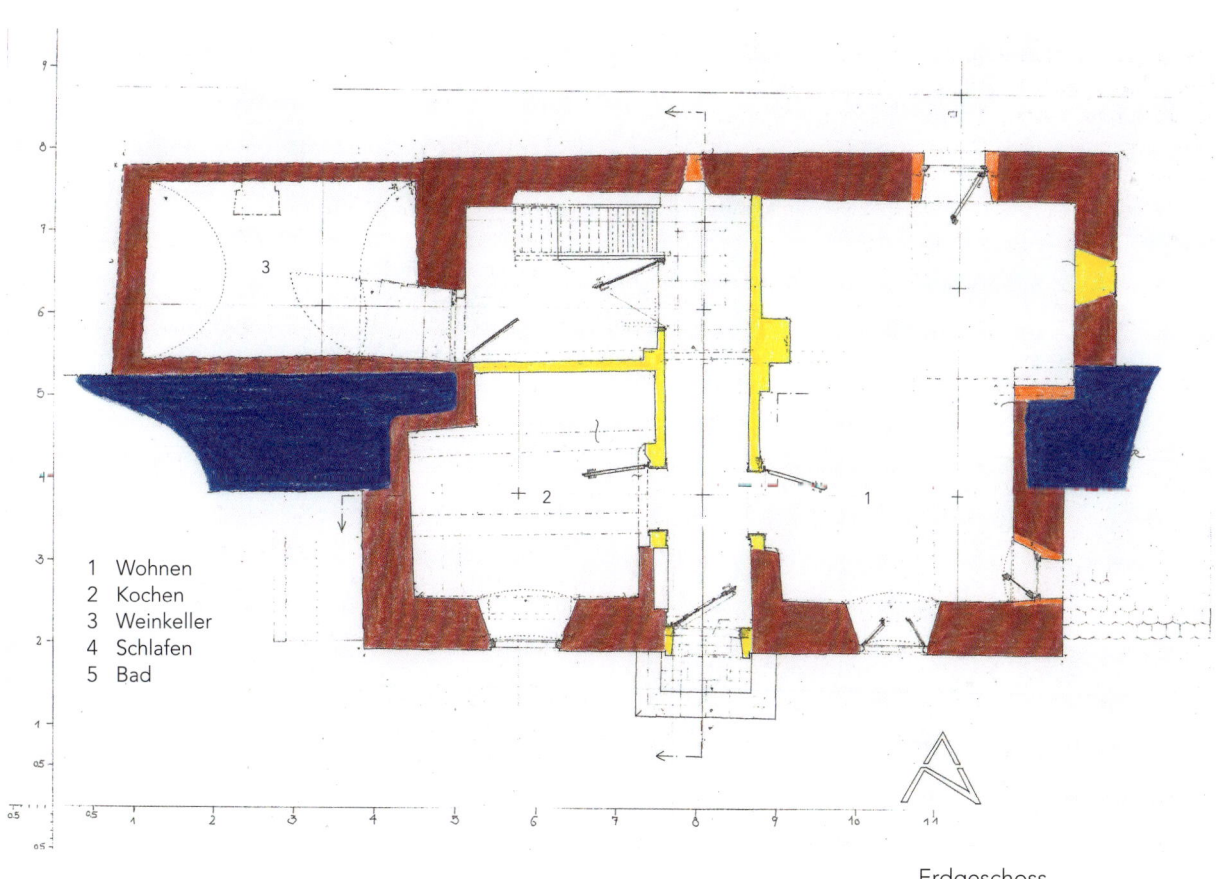

1 Wohnen
2 Kochen
3 Weinkeller
4 Schlafen
5 Bad

Erdgeschoss

Vorher

Bauzeit

Neu gefügt

Umbau des Torhauses von Gut Sonnenhausen, Glonn/Bayern

Im Zusammenhang mit dem Gebäudeentwurf wird gern der Begriff „Architekturphilosophie" verwendet. Auch die Denkmalpflege weist Parallelen zur Philosophie auf: So gibt es viele Fragen zum richtigen Umgang mit historischer Bausubstanz, über die sich lange diskutieren lässt, auf die es aber niemals „die eine" Antwort geben wird. Während sich beispielsweise in den Naturwissenschaften vielfach objektivieren lässt, was „richtig" und was „falsch" ist, fallen in der Denkmalpflege die meisten Entscheidungen aufgrund subjektiver Überzeugungen, mal mehr, mal weniger stichhaltig begründet. Zu zwei konträren Entscheidungsmöglichkeiten kann es hier jeweils gleichermaßen überzeugende Argumente geben.

Eine dieser Fragen betrifft den Umstand, dass die Sanierung eines Denkmals oft mit einer architektonischen Aufwertung verbunden ist – nicht zuletzt deshalb, da Bauherren, die die finanziellen Möglichkeiten haben, denkmalpflegerische Mehraufwendungen zu leisten, in vielen Fällen gewisse Ansprüche an ihren Wohnraum haben. Etwas überspitzt ausgedrückt, geht es also um die Frage: „Darf aus dem kleinen, denkmalgeschützten Arbeiterhäuschen eine Villa werden?" Erhalt durch Nobilisierung?

Diese Frage musste auch beim Umbau des östlichen Torhauses des ehemaligen Gestüts Gut Sonnenhausen bei Glonn beantwortet werden. Spätestens nach Fertigstellung des Umbaus beantwortete sie sich jedoch von selbst: Das Ergebnis überzeugt rundum!

Zur Geschichte von Gut Sonnenhausen

Sonnenhausen ist eine der wenigen historischen Rodungsinseln in Oberbayern, eine Fläche von 25 Hektar, die innerhalb eines größeren Waldgebiets vor Jahrhunderten gerodet wurde, um dort Landwirtschaft zu betreiben. Im Mittelalter stand hier ein kleiner, burgähnlicher Herrensitz, der 1805 durch die Franzosen zerstört wurde. Kurz darauf entstand ein heute noch stehendes Bauernhaus im oberbayrischen Stil. Im Jahr 1900 erwarb der Industrielle Baron Adolf von Büsing-Orville aus Augsburg Sonnenhausen und ließ hier ein nobles Gestüt errichten. Das dreiflüglige Arrangement der Architekten Spannhagel und von Thiersch nahm Anleihen beim englischen Historismus und beim Jugendstil. Das zentrale Gutshaus im nördlichen Flügel wird unmittelbar flankiert von den beiden Seitenflügeln mit den landwirtschaftlichen Nebenräumen. An die Nordostecke schließt sich eine Reithalle mit hölzerner Bogenüberspannung an.

Obwohl das gesamte Ensemble innerhalb von nur zwei Jahren gebaut wurde, erweckt es durch bewusste Asymmetrie, unterschiedliche Dachhöhen und stilistische Abweichungen zwischen den einzelnen Bauteilen den Eindruck, als sei es in mehreren Bauabschnitten über einen längeren Zeitraum hinweg entstanden. Diese künstlich erzeugte Kleinteiligkeit des scheinbar Gewachsenen verleiht der Anlage eine – leicht skurrile – Lebendigkeit und im Zusammenspiel mit vielen Detailausführungen sympathische

links Die am Stück errichtete Hofanlage erweckt bewusst den Anschein eines über die Zeit gewachsenen Gebäudeensembles. Mittig im Hintergrund das ehemalige Gutshaus, heute Hotel.
rechte Seite Der zum Hof orientierte Giebel des östlichen Torhauses, von dessen Umbau und Sanierung diese Seiten handeln.

Filigranität. An den Enden der hufeisenförmigen Bebauung bilden die beiden sogenannten Torhäuser prägnante Abschlusspunkte. Sie dienten ursprünglich trotz ihres repräsentativen Äußeren als eher bescheidene Wohnungen für die Angestellten des Guts.

Der adelige Bauherr veräußerte seinen Besitz in den 1920er-Jahren einem Schwesternorden, der hier unter anderem Milchvieh hielt. Anfang der 1970er-Jahre wurde Sonnenhausen durch Verpachtung wieder zum Gestüt und diente während der Olympischen Spiele 1972 im nahen München als Trainingsstandort der Military-Reiter.

1985 erwarb die heutige Eigentümerfamilie das Gut und baute es schließlich um zu einem Hotel für Tagungen, Feiern und andere Veranstaltungen, denen die umliegende Natur und die Atmosphäre der Architektur einen besonderen Rahmen geben.

Der Umbau zur heutigen Eigentümerwohnung

Die auf diesen Seiten dargestellte Wohnung des heutigen Eigentümers entstand auf den oberen drei Ebenen des östlichen Torhauses. Den Zugang zur Gästewohnung im Erd-

oben Ein breiter Wanddurchbruch verbindet heute die Küche mit dem Essplatz.
links Die Küche stellt die moderne Interpretation einer alten Bauernküche dar.
rechte Seite oben Den Großteil des ersten Obergeschosses nimmt heute der repräsentative Allraum mit Essplatz, Sitzgruppe und Arbeitstisch im Hintergrund ein.
rechte Seite unten Man betritt die Wohnung vom Treppenturm aus am Essplatz.

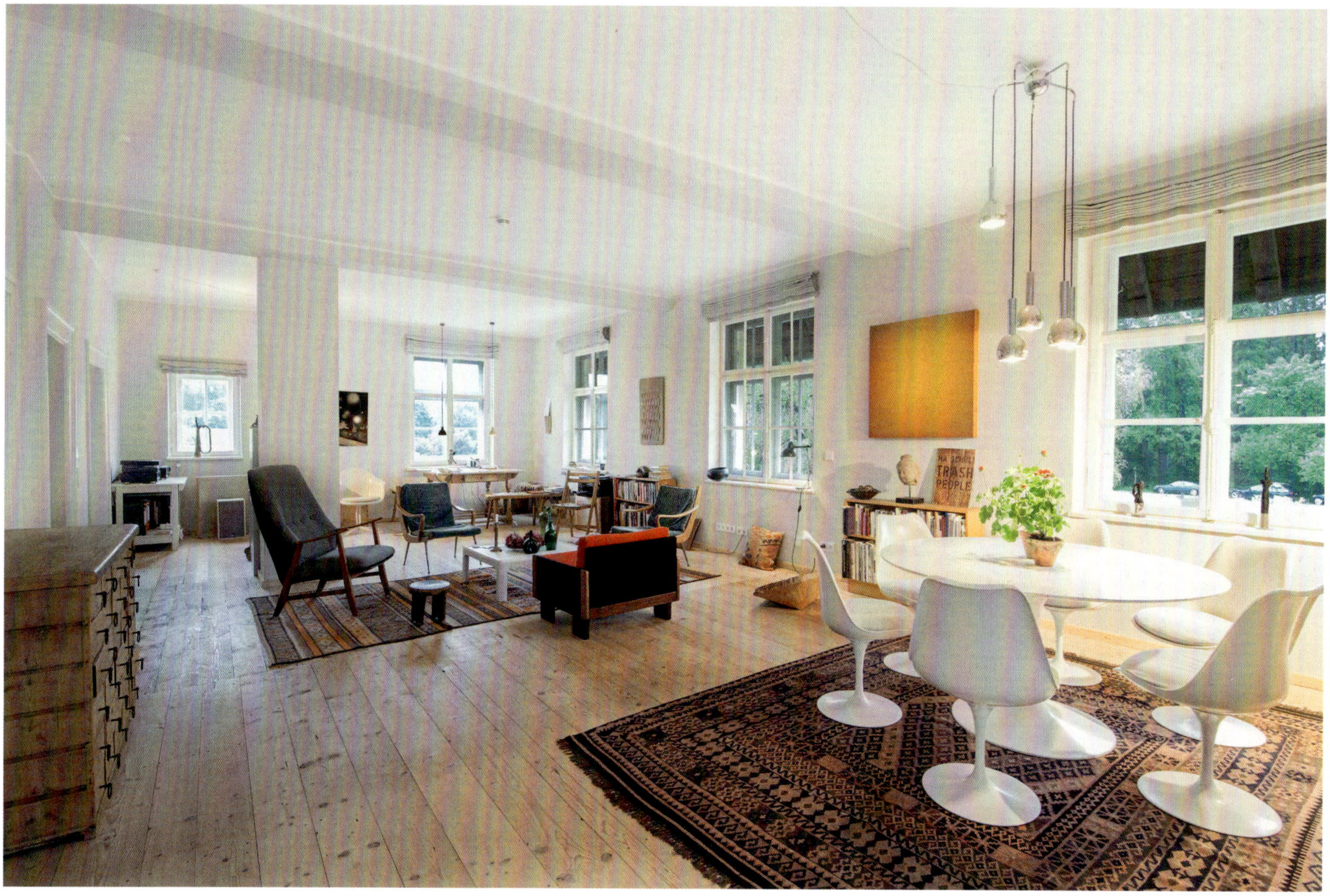

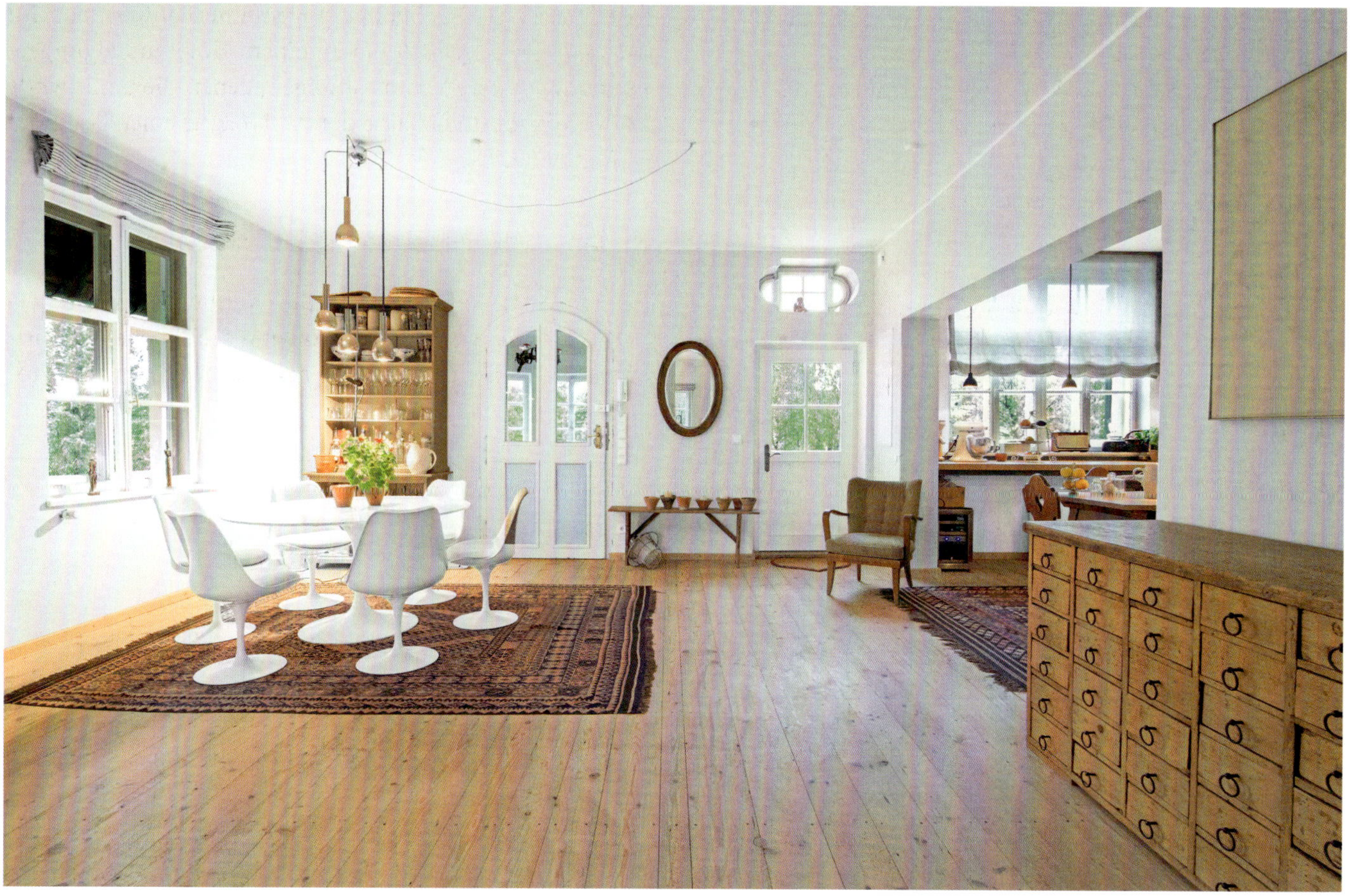

geschoss lässt man im Wortessinne links liegen und kommt über den runden, historisierend außen angesetzten Treppenturm ins Obergeschoss. Vor dem Umbau gelangte man von hier aus zunächst in ein internes Treppenhaus und von diesem in die Wohnungen in Ober- und Dachgeschoss, die jeweils klassisch in einzelne Zimmer unterteilt waren. Heute dagegen betritt man unmittelbar vom Treppenturm aus einen großen Raum, der zwischen den beiden Giebelwänden und der südlichen Längswand etwa zwei Drittel des Obergeschosses einnimmt.

Sämtliche Innenwände in diesem Bereich und die frühere Treppe zum Dachgeschoss wurden entfernt, stehen blieb lediglich ein Kaminzug. Gegliedert wird der Raum durch die Möblierung unterschiedlicher Funktion und unterschiedlichen Stils. Im hinteren Teil hat sich der Hausherr seinen Arbeitsplatz eingerichtet, im Zentrum des Raums lädt eine Sitzgruppe mit verschiedenen Sesseln zum entspannten Beisammensein ein.

Der Essplatz im vorderen Drittel steht in unmittelbarem Bezug zur Küche, die hinter einem breiten Mauerdurchbruch offen anschließt. Sie befindet sich dort, wo auch früher schon eine Küche war und gruppiert sich in klassischer Anordnung entlang dreier Wände um einen kleineren Esstisch. Auch das Bad im Raum daneben wurde beibehalten, freilich komplett modernisiert.

Das ursprünglich anschließende Zimmer wurde unterteilt in einen Schlafraum für Gäste und einen Raum für die neue, zweiläufige Treppe ins Dachgeschoss. Dort durchmischen sich auf unkonventionelle Weise ein weiterer Wohnbereich aus Leseecke und Sitzgruppe mit Fernseher sowie der Schlafbereich, bestehend aus dem abgetrennten Schlafzimmer, dem Bad und der zur Leseecke hin offenen Ankleide. Über eine weitere, schmale Treppe führt der Weg schließlich auf den Spitzboden mit Yogaraum, Musikzimmer und einem kleinen Arbeitszimmer.

Die Erbauer des einst für Angestellte des Gestüts vorgesehenen Torhauses hätten sich wohl kaum träumen lassen, welch großzügige, fast schon luxuriöse Wohnung hier würde entstehen können. So sehr sich der Charakter des Raumgefüges geändert hat, so sehr wurde der Charakter des Hauses an sich und seine Materialität bewahrt. Dies liegt insbesondere an der unveränderten Außenhülle, die sogar noch die bauzeitlichen, sorgsam restaurierten Kastenfenster aufweist. Original sind ebenso die Fußbodendielen und die Innentüren. Während die Dielen wo nötig mit identischen, an anderer Stelle des Gutshofs ausgebauten Stücken ergänzt wurden, versetzte man die Türen teilweise. So diente die heutige Tür zum Gästezimmer einst als Küchentür, wo sie aufgrund des großen Wanddurchbruchs nun entbehrlich war.

Auch die Arbeitsplatte in der Küche ist aus Holz gefertigt,

links Als skulpturales Holzfaltwerk gibt sich die neue, an die geschlossene Seitenwand des Hauses verlegte Treppe zum Dachgeschoss.
rechte Seite oben Heimelig, durch zwei Dachflächenfester und durchgängig weiße Oberflächen jedoch hell und luftig, wurde der Spitzboden gestaltet.
rechte Seite unten Die Leseecke im Wohnbereich des Dachgeschosses.

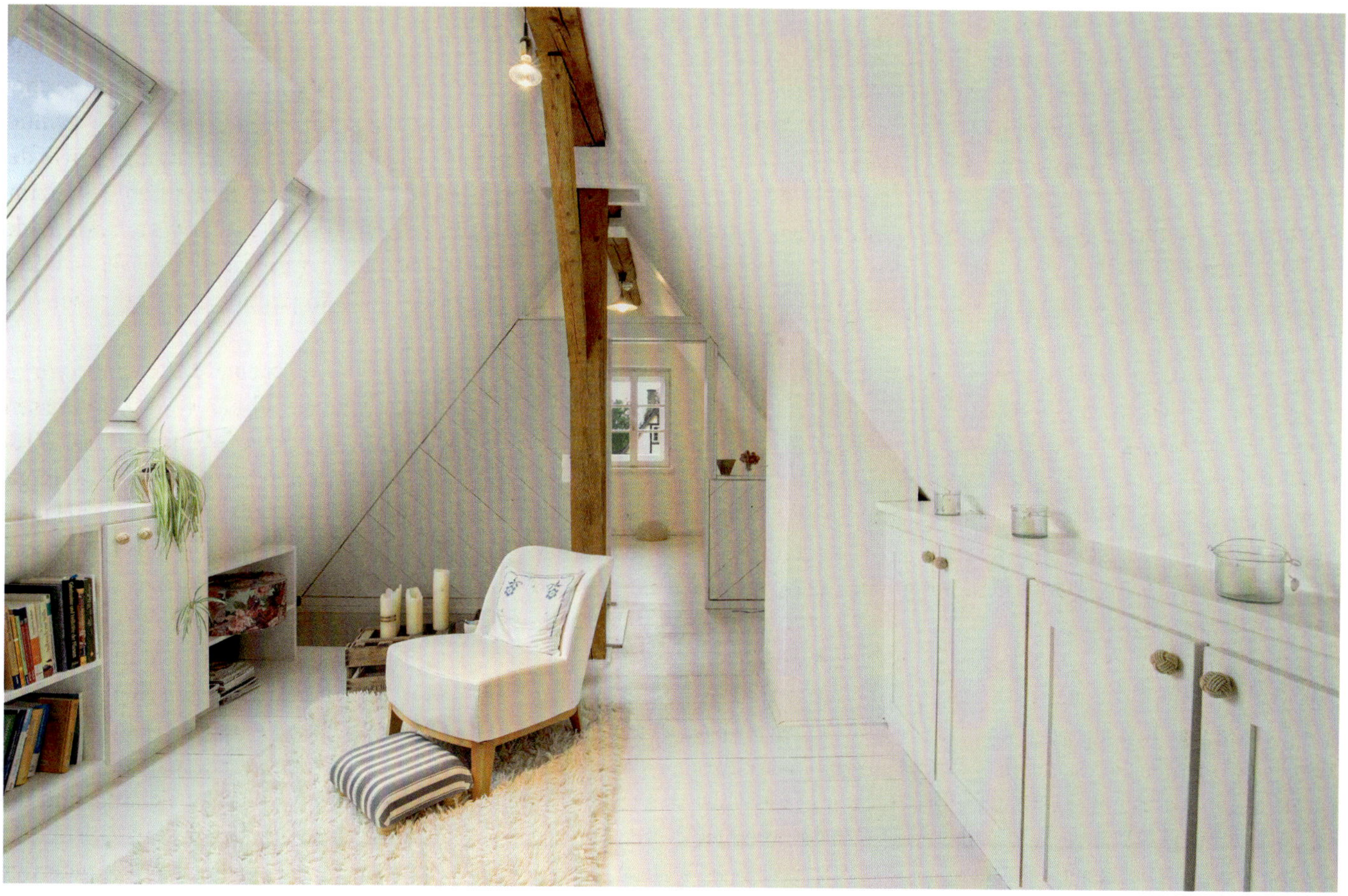

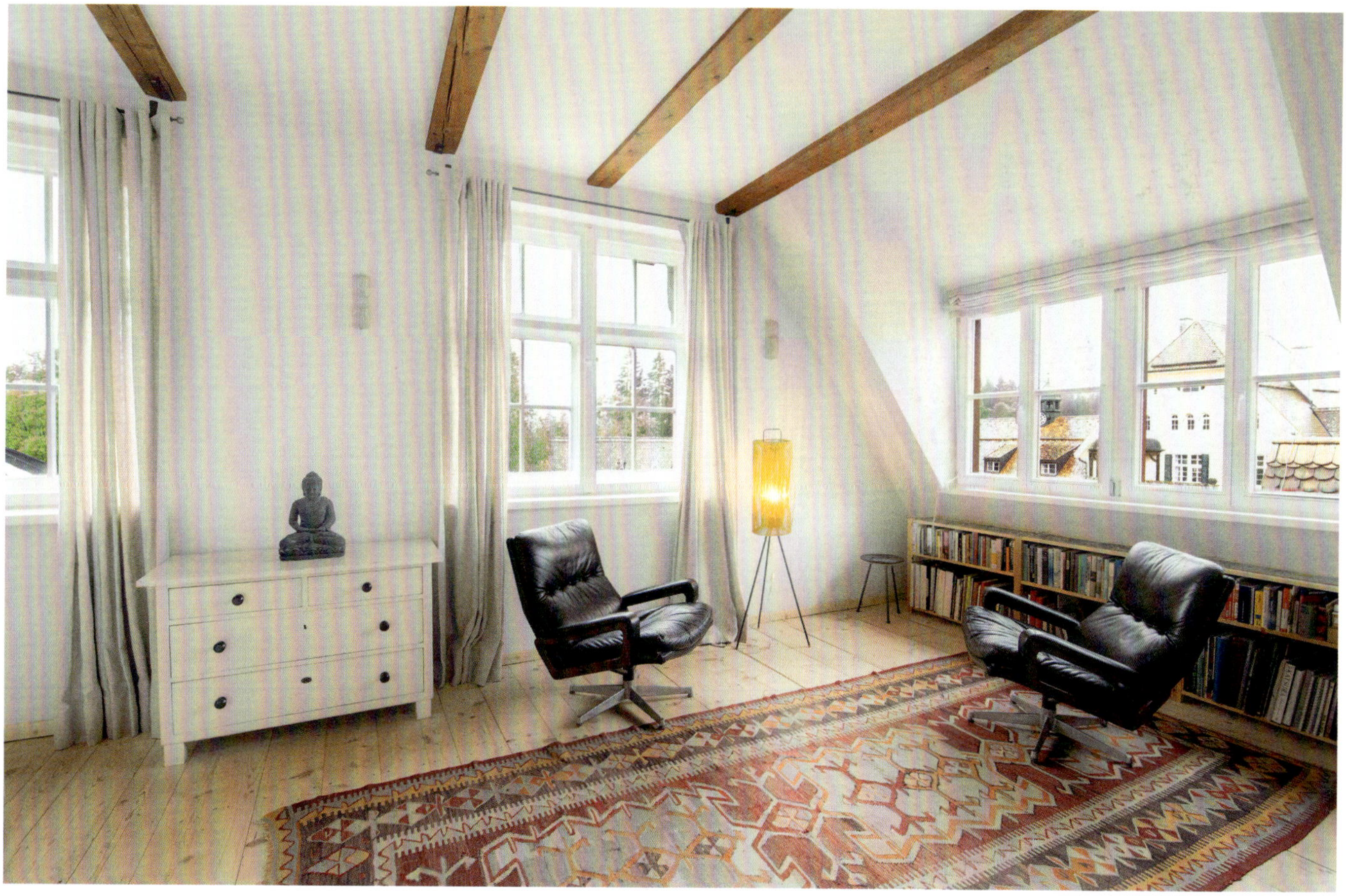

oben Vom Schlafzimmer getrennt durch eine Sitzgruppe, öffnet sich die Ankleide zur Leseecke. Die Anordnung des Schranks im Wohnbereich ergab sich aufgrund der baulichen Situation, Wohn- und Schlafbereich sind somit gleichsam ineinander verwoben.
links Dem neu gestalteten Bad kam die wieder eingefügte Gaube auf der Gebäuderückseite zugute.
rechte Seite Von der Sitzgruppe aus gelangt man über die seitliche Treppe zum Spitzboden.

Blick vom Wohnungseingang in den Treppenturm.

das vorher an anderer Stelle auf dem Anwesen verbaut war. Als eindeutig neue Zutat gibt sich die betont schlicht gehaltene Treppe zu erkennen, ein Faltwerk aus Nadelholz mit asymmetrisch angeordneten Läufen.

Auf welch schmalem Grat die Denkmalpflege gelegentlich wandelt, veranschaulichen die beiden Gauben auf der nördlichen Dachfläche, die im Inneren die Leseecke und das Bad unterm Dach vergrößern und belichten: Zunächst lehnte das zuständige Denkmalamt sie ab; dann durften sie aber doch errichtet werden, nachdem alte Fotografien auftauchten, die zeigten, dass genau an diesen Stellen bereits bauzeitlich Gauben vorhanden waren.

Ein besonderes Erlebnis für die Bauherren war die persönliche Begegnung mit Henning Großeschmidt, dem Entwickler eines Wandheizsystems für Altbauten. Während Wandheizungen bei Neubauten üblicherweise als Niedertemperatursysteme in Innenwände integriert werden, ziehen sich beim „System Großeschmidt" Heizrohre unterhalb der Brüstung entlang ganzer Außenwände. Die Vorlauftemperatur wird hier meist sehr hoch angesetzt, um nicht nur den Raum zu erwärmen, sondern zugleich die Wände trocken zu halten, wo dies anderweitig nicht möglich oder nicht wirtschaftlich ist. Hier kombinierte man die Großeschmidt-Heizung mit einer Niedertemperatur-Wandheizung in denselben Außenwandflächen, um situationsabhängig reagieren zu können. Durch die große temperierte Fläche und den hohen, systembedingten Anteil an Strahlungswärme bieten die Räume auch während der Heizperiode ein äußerst angenehmes Raumklima.

Im Unterschied zu manch anderer Denkmalsanierung, bei der sämtliche Detaillösungen einer übergeordneten, gelegentlich ins Ideologische abgleitenden Linie folgen, betrachtete man hier jeden zur Entscheidung anstehenden Punkt für sich und entschied nach jeweiliger Sinnfälligkeit. Auch hierdurch fiel das Gesamtergebnis unprätentiös und besonders charmant aus.

Projektdaten

Ursprüngliches Baujahr 1900
Größere Umbauten 1970, 1988
Wohnfläche (vor Sanierung/aktuell) 155 m² (1988)/150 m²
Wandbaustoffe und Fassaden Mauerwerk, Putzfassade
Wandoberflächen (nach Sanierung) Putz, gestrichen
Fußböden Holzdielen
Dacheindeckung Biberschwanzziegel
Beheizung Niedertemperatur-Wandheizung und Wandheizung „System Großeschmidt"

Umbauplanung
vonMeierMohr Architekten
An der Point 1
86938 Schondorf
www.vonmeiermohr.de

Fotos Johannes Kottjé, Gabriel Büchelmeier (Außenaufnahmen)

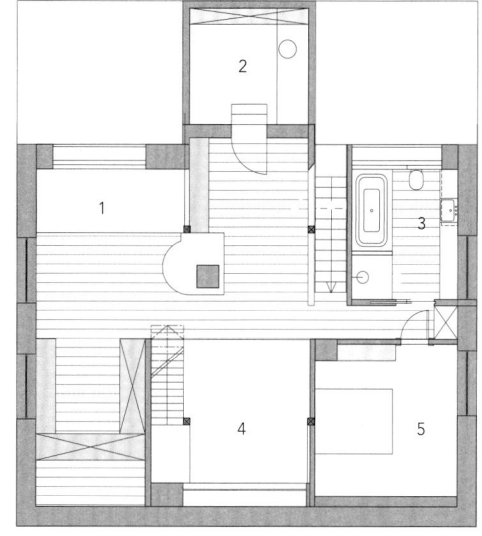

2. Obergeschoss

1 Ankleiden/Arbeiten
2 Hauswirtschaft
3 Bad
4 Wohnen/Lesen
5 Schlafen/Gäste

1. Obergeschoss

1 Kochen
2 Bad
3 Bibliothek/Gäste
4 Essen
5 Wohnen

Vorher

Bauzeit

Durchdacht bis ins kleinste Detail

Barocke Hofanlage in Darmstadt

Eine historische Hofanlage, eine Gruppe junger Senioren und ein durchdachtes Konzept zum gemeinsamen Wohnen und Leben – mithilfe versierter Architekten entstand hieraus ein bemerkenswertes Wohnprojekt in Darmstadt.

Die Geschichte des Hauses und seiner Sanierung

Projekte für gemeinschaftliches Wohnen im Alter abseits üblicher Seniorenheime sind zunehmend beliebt. Jedoch: Meist werden sie von Dritten konzipiert und stoßen vor allem auf Interesse bei Menschen ab Ende siebzig.

Ganz anders in diesem Fall: Hier fanden sich vier Ehepaare der „Generation 55+" zusammen und entwickelten in Eigenregie ein individuelles Konzept zum gemeinschaftlichen und dennoch eigenständigen Wohnen „ins Alter hinein".

Die Bauherrengemeinschaft erwarb eine innerörtliche Hofanlage aus städtischem Besitz. Deren barockes Wohnhaus wurde 1758 in Fachwerkbauweise errichtet – ursprünglich als Nebengebäude eines benachbarten Hofs. Die genaue Geschichte ist nicht bekannt, doch irgendwann im Laufe der Jahrhunderte wurde das Gebäude zum Wohnhaus umgebaut und gegen Ende des 19. Jahrhunderts um Scheune und Werkstatt aus Bruchsteinmauerwerk ergänzt.

Zum Zeitpunkt des Kaufs reichlich marode, verlangte das Haus nach einer tiefgreifenden Sanierung, die aufgrund der Fachwerkbauweise besonders viel Fachwissen erforderte. Die Bauherren gingen das Projekt gemeinsam mit den ortsansässigen Architekten Ute Schauer und Franz Volhard an. Obwohl kaum mehr erhalten werden konnte als ein Großteil des Holzfachwerks und einige vorgefundene Lehmausfachungen, gelang letztlich eine sehr sensible Restaurierung, die viel vom vormaligen Charakter des Hauses bewahrte und charmant mit Neuem kombinierte. Bezahlbar blieb dies durch einen hohen Eigenleistungsanteil der heutigen Bewohner.

Details der Sanierung

In einer Tiefgängigkeit und einem Detaillierungsgrad, wie man sie selten findet, befassten sich sowohl die Architekten wie die Bauherren mit der historischen Bausubstanz und entwarfen ein individuell abgestimmtes Konzept. Ziel war es, das Denkmal nicht nur oberflächlich, sondern bis in verdeckt liegende Details der Konstruktion hinein zu bewahren und neu entstehen zu lassen. Dies alles mit authentischen und natürlichen Materialien, ablesbaren, jedoch stilsicheren modernen Ergänzungen – und unter Einhaltung eines vertretbaren Kostenrahmens.

Letztlich zeigte sich auch hier, dass durch intelligente und dem ersten Anschein nach etwas aufwendigere Planung gerade bei der Sanierung ein hochwertigeres und zugleich konstruktiv einfacheres und besseres Ergebnis erzielt werden kann. So hatte eine vor Beauftragung der Architekten erstellte statische Berechnung ergeben, dass die Fachwerktragstruktur des Hauses an zahlreichen Stellen durch Stahlträger und Stahlauskreuzungen ertüchtigt werden müsse. Übersehen wurde dabei die Funktion von Fachwerkgebinden als zusammenhängendes Gesamttragwerk, bei dem es oft weniger auf das statische Vermögen eines einzelnen Balkens, sondern auf das eines Gesamtgefüges, beispielsweise einer geschosshohen, hausbreiten Wand ankommt. Hinzu kam, dass die Neuplanung der Grundrisse das Bestandsgefüge weitgehend aufnahm, und somit nur in die über Jahrhunderte funktionierende Tragstruktur eingriff, wo es un-

Die ehemalige Hofanlage mit Nebengebäude (rechts), ehemaliger Scheune (heute Gemeinschaftshaus) und dem Wohnhaus (links). Die Verformungen der Fachwerkwände wurden im Zuge der Sanierung nicht komplett revidiert.

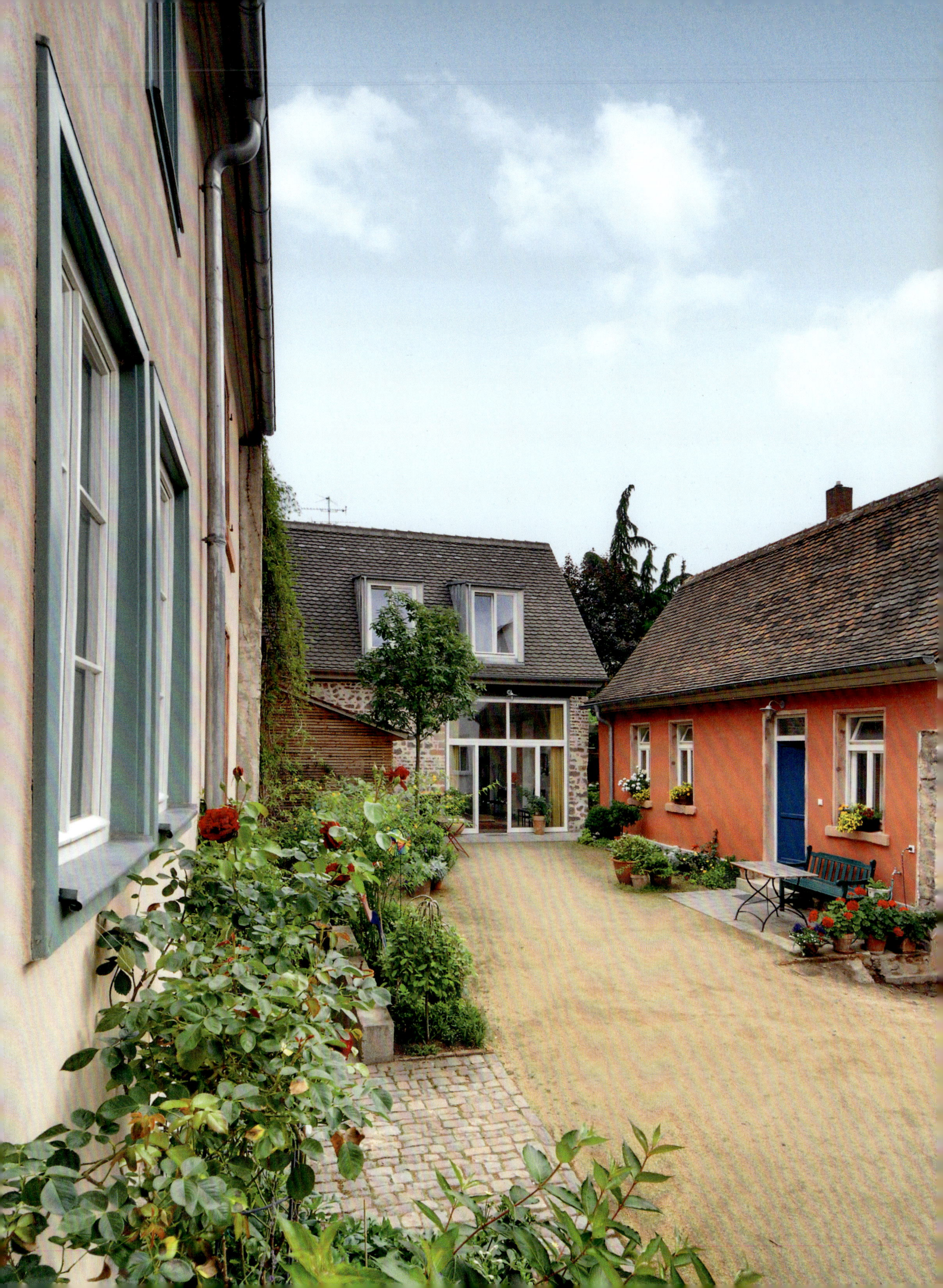

umgänglich war. Die statische Ertüchtigung der Tragstruktur konnte somit auf ein Minimum reduziert werden. Sie ergab sich teilweise aus heutigen, geänderten Anforderungen und erfolgte durch Einfügen von Brettschichtholzträgern, die Querschnittsmaße der Bestandshölzer aufnahmen.

Der Aufwand der Sanierung war dennoch hoch: Das Gebäude wurde bis auf die Fachwerkkonstruktion und erhalt- oder sanierbare Lehmgefache rückgebaut. Es stellte sich heraus, dass das Gebäude trotz seiner Größe ohne jegliches Fundament errichtet worden war. So wurde die Fachwerkkonstruktion mithilfe von Schwerlastspriessen angehoben und unterfangen. Um eine kostspielige Komplettunterfangung jedoch zu vermeiden, wies man rechnerisch nach, dass auch eine „halbe Unterfangung" den statischen Anforderungen genügte. Wie bei einer vollständigen Unterfangung wurden auf Lücke Fundamentkörper eingebracht, ohne die Lücken jedoch später mit weiteren Fundamentkörpern zu schließen. In Verbindung mit der eingebrachten Stahlbetonbodenplatte war es dennoch möglich, die erforderliche Grundbruchsicherheit nachzuweisen. Zugleich wurden nach außen gewölbte Teile des Sockelmauerwerks saniert, ebenso nach außen gewölbte Fachwerkwände. Auch vertikale Verformungen wurden, soweit erforderlich, mithilfe der Spriessen korrigiert. Hierbei war nicht angestrebt, die über Jahrhunderte durch Setzungen verformte Konstruktion komplett gerade zu stellen, sondern für heutige Anforderungen nutzbar zu machen und akzeptable Deckenhöhen zu ermöglichen. Ausgetauscht werden mussten die Schwellenhölzer, große Teile des Dachstuhls und einige Hölzer der Innen- und Außenwände. Ebenso wurden neu geplante Innenwände als Pfosten-Riegel-Konstruktion, die einer Fachwerkwand ähnelt, mit Mittelriegel ausgeführt und mit Lehmsteinen und Lehmmörtel ausgemauert. Nicht tragende Wände wurden als 8 bis 10 Zentimeter dicke Trockenbaukonstruktionen mit Holzpfosten und Zellulosefaserdämmung erstellt, beplankt mit dünn verputzten Lehmbauplatten, in Neben- und Feuchträumen mit Gipsfaserplatten.

Auch für die Decken kam Lehm in historischer Konstruktionsweise zum Einsatz, wobei die Decke über dem Erdgeschoss großenteils erhalten werden konnte. Hier fanden sich sogenannte Lehmwickel – mit Strohlehm umwickelte Stakhölzer –, die in Nuten der Deckenbalken eingeschoben waren. Nicht weiter verwendbare Deckenbalken wurden ersetzt und die Deckenfelder mit neu angefertigten Lehmwickeln geschlossen. So waren auch zwischen gesunden Balken kleinflächige, materialidentische Reparaturen möglich.

Anders musste man mit der Decke oberhalb des Obergeschosses verfahren. Trotz minimiertem Bodenaufbau hätte

links und oben Das ehemals landwirtschaftlich genutzte Anwesen liegt inmitten eines dörflich geprägten Ortsteils.
rechte Seite oben Lauschige Sommeridylle im gemeinschaftlich genutzten Hof.
rechte Seite unten Neben und hinter der früheren Scheune wurde ein ebenfalls gemeinsam genutzter Garten angelegt.
Seite 40/41 Einer der Bewohner und Miteigentümer hat sich im Dachgeschoss des Gemeinschaftshauses ein Atelier eingerichtet.

hier die lichte Raumhöhe nur 2,10 Meter betragen – nach heutigen Maßstäben bedrückend niedrig. So schlug man hier die 20 Zentimeter der Deckengefache dem Raum zu, die entstandene strukturierte Deckenuntersicht verputzt und einheitlich weiß gestrichen. Die neue Decke wurde als Balkenlage mit Steinfüllung auf die alten Deckenbalken, quer zu diesen, aufgelegt und verschraubt. So entstand ein steifer Trägerrost aus alten und neuen Deckenbalken, der die Gesamtkonstruktion des Hauses zusätzlich stabilisiert. Die Steinausfachung hilft beim Schallschutz und bringt Wärmespeichermasse ins Haus.

Die vorgefundenen historischen Dachziegel wurden sortiert und für die von unten sichtbare Mansarde des Dachs wiederverwendet. Die für das äußere Erscheinungsbild der Anlage so wichtigen Fenster wurden zweiflügig mit stilgerecht feingliedrigen Rahmen und Sprossen ausgeführt. Auf Dreh-Kipp-Beschläge verzichtete man, wodurch zum einen mehr nutzbare Fensterbreite zur Verfügung steht, und man zum anderen Kosten sparen konnte. Als Fußböden wurden weiß pigmentierte, gewachste Kieferndielen verlegt. Alle gewählten Konstruktionen und Materialien sind somit nicht nur an die ursprüngliche Bauweise angepasst, sondern auch nachhaltig und ökologisch.

Die heutige Nutzung

Heute sind in dem Anwesen insgesamt fünf Wohnungen untergebracht, eine davon als Maisonette über zwei Etagen. Im Erdgeschoss befindet sich linker Hand zudem ein derzeit vermietetes Appartement, das später bei Bedarf einer Pflegekraft zur Verfügung gestellt werden könnte.

Jede der Wohnungen verfügt über 67 bis 77 Quadratmeter Wohnfläche, die sich auf drei jeweils etwa gleich große Räume verteilen: ein Wohnzimmer, eine Essküche sowie ein Schlafzimmer. Die Erschließungsflure erhielten Neben-

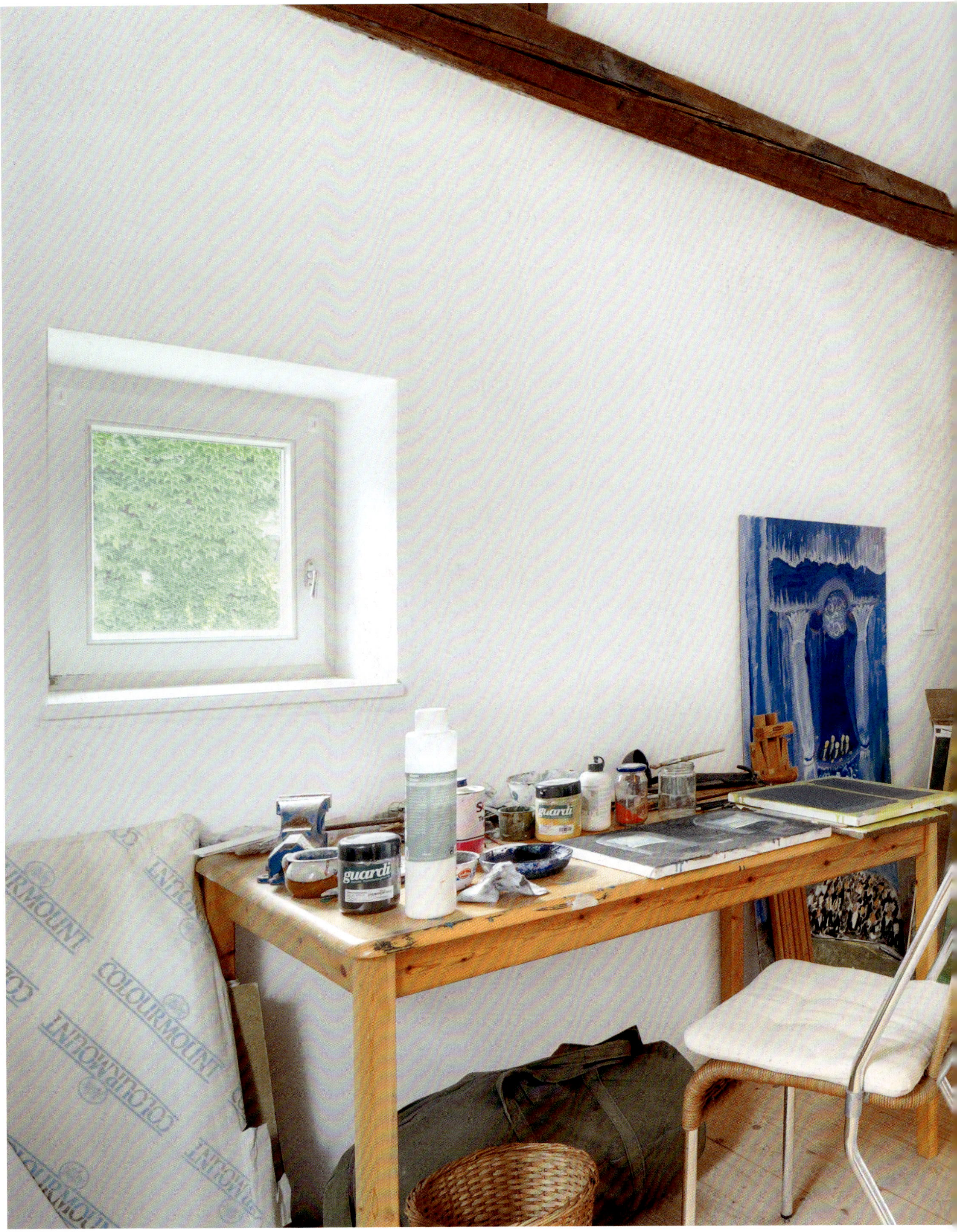
COLOURMOUNT
guardi
guardi

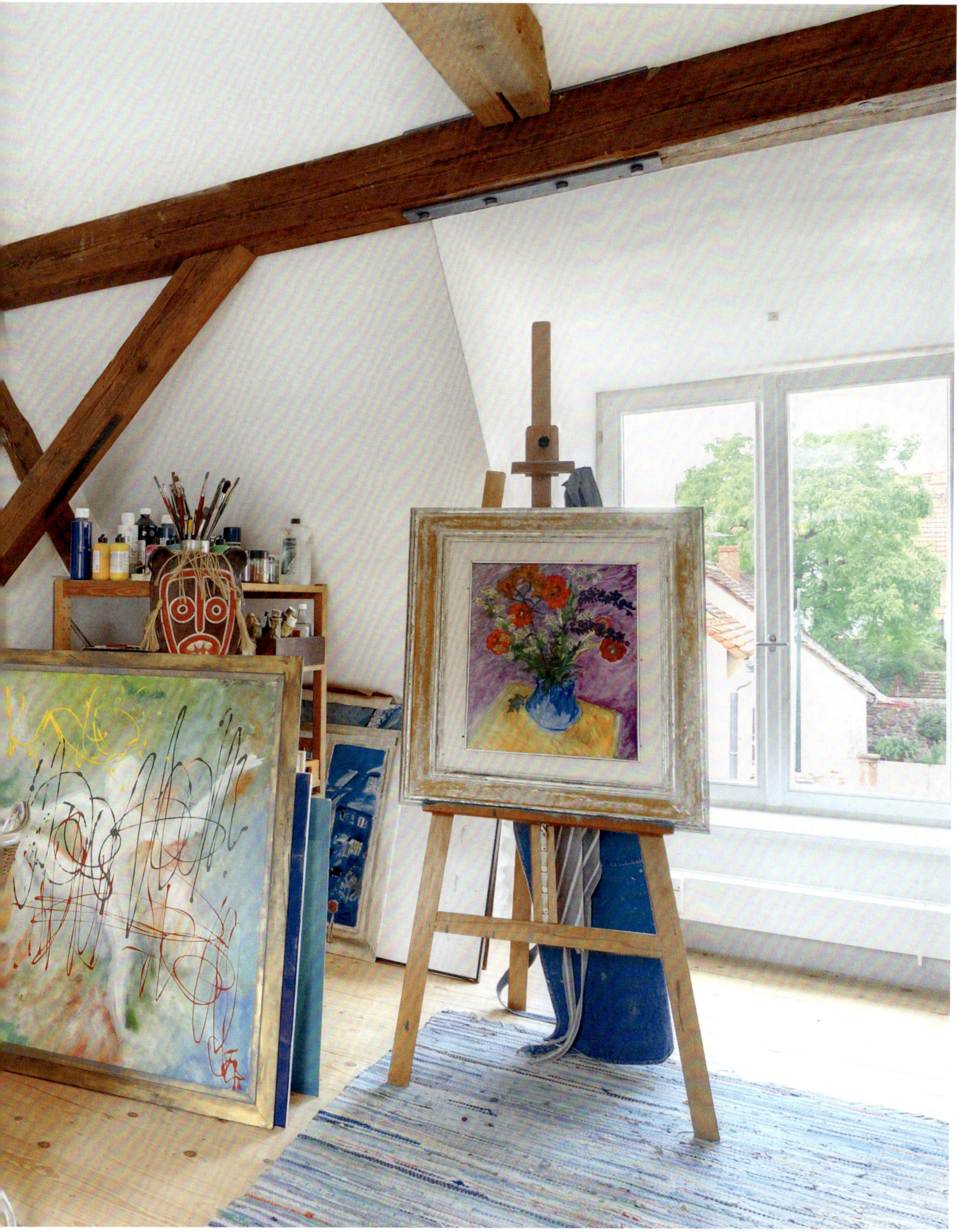

funktionen nach Wunsch der jeweiligen Bewohner, etwa Einbauschränke oder kleine Arbeitsnischen. Innerhalb der Wohnungen gibt es keine Türschwellen, die Duschen sind niveaugleich ausgeführt, die Türen mindestens 80 Zentimeter breit, sodass eine Nutzung auch mit Rollstuhl möglich wäre. Zur barrierefreien Erschließung ist die zentrale Treppe mit einer Breite von etwa 1 Meter so großzügig ausgeführt, dass die spätere Installation eines Treppenlifts problemlos möglich wäre. Sogar das mehrere Stufen hohe, außenseitige Podest vor dem Hauseingang ließe sich bei Bedarf mittels einer Hubvorrichtung erreichen: Ein Segment des Geländers aus Flachstahl ist aufklappbar ausgeführt.

Alle Bewohner des Anwesens verfügten in ihren früheren Domizilen über mehr Wohnfläche als heute. Dass sie dennoch nichts vermissen, liegt an den gemeinschaftlich genutzten Flächen in den beiden Nebengebäuden. So wurde die Scheune im Erdgeschoss zu einem großen Mehrzweckraum mit angegliederter Küche umgebaut, hier fand sogar ein Konzertflügel Platz. Neben den regelmäßigen Versammlungen der Bewohner und anderen gemeinschaftlichen Aktivitäten, die hier stattfinden, steht der Raum auch jedem der Paare einzeln zur Verfügung.

Im Dachgeschoss darüber befinden sich Übernachtungsmöglichkeiten für Gäste. Einer der Bewohner hat sich hier sein Malatelier eingerichtet, ein Schreibtisch dient als Büro der Eigentümergemeinschaft.

Im zweiten, kleineren Nebengebäude sind eine Werkstatt, die gemeinsam genutzte Waschmaschine mit Trockner sowie ein allen zur Verfügung stehendes Bad mit Wanne untergebracht – die kompakten Bäder der Wohnungen sind ausschließlich mit Duschen ausgestattet. Im Keller unter der Werkstatt befinden sich eine Sauna sowie die gemeinsame Heizungsanlage – eine Gas-Brennwerttherme, die von Sonnenkollektoren auf der Südseite der Scheune bei der Brauchwassererwärmung unterstützt wird.

Um den Energieverbrauch von vornherein möglichst gering zu halten, ohne durch außenseitig angebrachte Wärmedämmungen das historische Erscheinungsbild des Gebäudeensembles zu beeinträchtigen, entschied man sich für Innendämmungen mit Zellulosefaserflocken.

oben und rechte Seite Die Innenräume – hier ein Wohnzimmer im ersten Obergeschoss – werden durch die kleinen, aber zahlreichen Fenster mit filigraner Sprossenunterteilung geprägt.
links Die Treppe mit historischem Erscheinungsbild wurde so breit ausgeführt, dass gegebenenfalls später ein Treppenlift installiert werden könnte.

Seite 44 oben links Dezent integierter Garderobenschrank in einer der Wohnungen.
Seite 44 oben rechts Durchblick vom Flur einer Wohnung ins Esszimmer.
Seite 44 unten Die Treppe im Gemeinschaftshaus, verziert mit selbst getöpferten Gefäßen eines der Bewohner.
Seite 45 Innentreppe einer Maisonette-Wohnung, darunter wurde die Gästetoilette untergebracht.

Ansicht

Projektdaten

Ursprüngliches Baujahr 1758, Nebengebäude 19. Jahrhundert.
Größere Umbauten Umbau des Nebengebäudes des Nachbarhofs zum eigenständigen Hof, Zeitpunkt nicht bekannt
Wohnfläche (vor Sanierung/aktuell) nicht bekannt/447m²
Wandbaustoffe und Fassaden Holzfachwerk mit Lehmausfachung, neue Gefache mit Lehmsteinen oder Zelluloseflockendämmung; Putzfassade
Wandoberflächen (nach Sanierung) Lehmputz mit Kalkfarben
Fußböden (vor Sanierung/aktuell) überwiegend Massivholzdielen
Dacheindeckung Biberschwanzziegel, im sichtbaren Bereich Wiederverwendung des vorgefundenen Materials
Energiesparmaßnahmen nach Sanierung Dämmung der neuen Bodenplatte und des Dachs nach Energieeinsparverordnung, Innendämmung der Außenwände mit vorgesetztem Holzständerwerk, ausgeblasen mit Zelluloseflocken
Beheizung Gas-Brennwerttherme; Solarthermiepaneele zur Warmwasserbereitung

Sanierungsplanung

Schauer + Volhard, Architekten BDA
Ute Schauer, Franz Volhard
Moserstraße 25
64285 Darmstadt
www.schauer-volhard.de

Fotos Johannes Kottjé

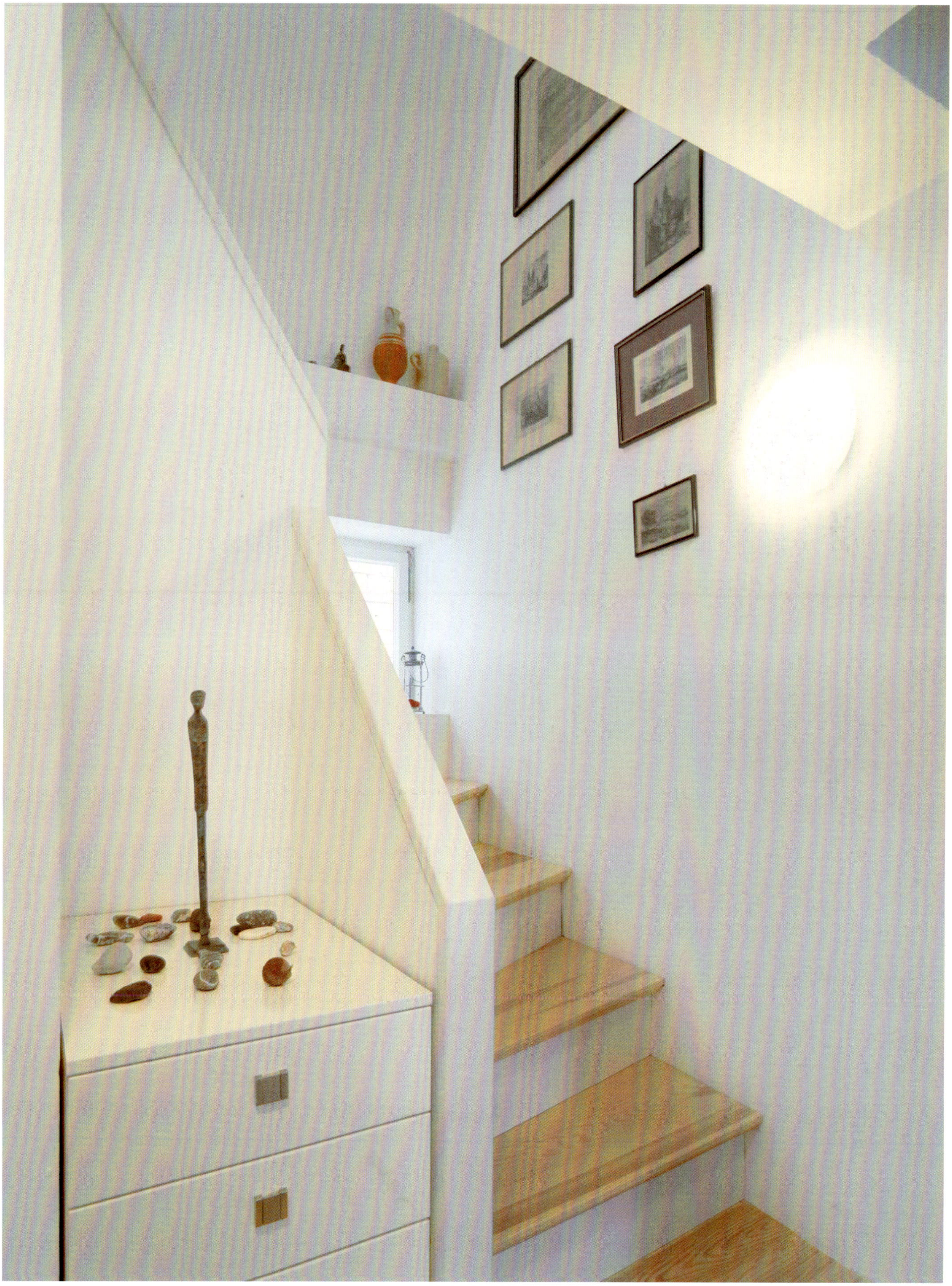

Energiekonzept

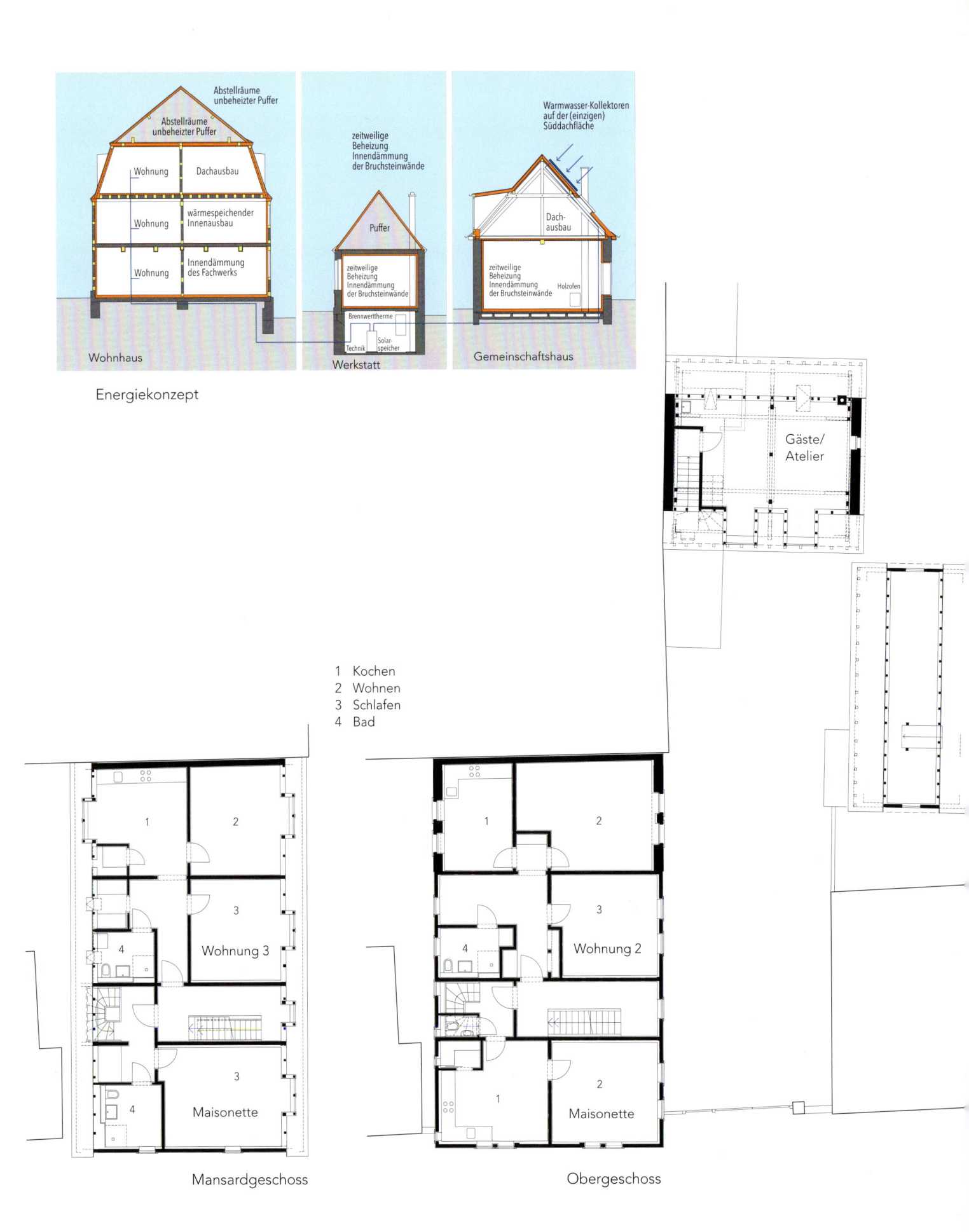

Wohnhaus
- Abstellräume unbeheizter Puffer
- Abstellräume unbeheizter Puffer
- Wohnung / Dachausbau
- Wohnung / wärmespeichernder Innenausbau
- Wohnung / Innendämmung des Fachwerks

Werkstatt
- zeitweilige Beheizung Innendämmung der Bruchsteinwände
- Puffer
- zeitweilige Beheizung Innendämmung der Bruchsteinwände
- Brennwerttherme
- Technik / Solarspeicher

Gemeinschaftshaus
- Warmwasser-Kollektoren auf der (einzigen) Süddachfläche
- Dachausbau
- zeitweilige Beheizung Innendämmung der Bruchsteinwände
- Holzofen

Gäste/Atelier

1 Kochen
2 Wohnen
3 Schlafen
4 Bad

Wohnung 3 / Maisonette — Mansardgeschoss

Wohnung 2 / Maisonette — Obergeschoss

46

1 Kochen
2 Wohnen
3 Schlafen
4 Bad

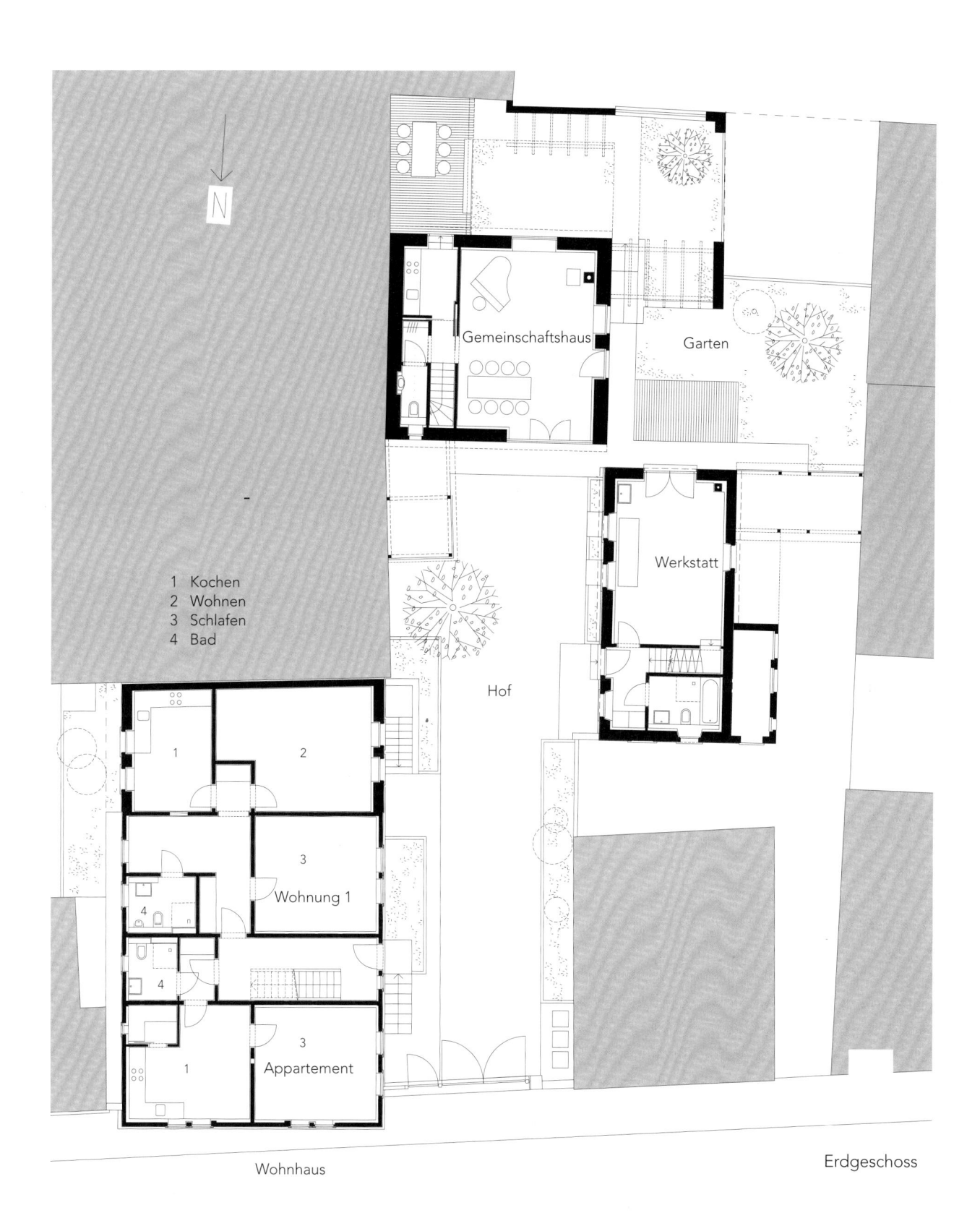

Gemeinschaftshaus

Garten

Werkstatt

Hof

Wohnung 1

Appartement

Wohnhaus

Erdgeschoss

Vorher

Bauzeit

Eigenleistung – auch beim Denkmal eine Option

Ein „Schwarzwaldhaus" im Fichtelgebirge

Die Sanierung eines denkmalgeschützten Gebäudes fällt aufgrund zeitaufwendiger Arbeiten oft kostenintensiver aus als eine gängige Altbauinstandsetzung. Doch lassen sich die Kosten durch ein populäres Instrument zur Kostensenkung dämpfen: Eigenleistung. Nun gibt es für alte, nicht mehr gebräuchliche Handwerkstechniken keine Do-it-yourself-Anleitungen oder Bausätze im Baumarkt, und eine historische Holzvertäfelung zu sanieren ist etwas anderes als eine Bekleidung aus Nut-und-Feder-Brettern anzuschrauben – doch wenn Bauherren das nötige Interesse und die handwerklichen Fähigkeiten mitbringen, finden sie in Fachliteratur für Restauratoren das erforderliche Wissen.

Auch das Internet hilft selbstverständlich weiter, allerdings sind hier viele Beiträge in entsprechenden Foren oder von Firmen mit Vorsicht zu sehen.

Die Eigentümer der hier vorgestellten ehemaligen Direktorenvilla, das Ehepaar Krystina und Reinhard Stegert, hatten Mut und Elan, insbesondere aber auch Durchhaltevermögen genug, viele Arbeiten selbst durchzuführen – von Goldkanten mit feinen Pinselstrichen bis hin zu Erdbewegungen im parkartigen Garten mit dem eigens angeschafften Radlader.

Die Geschichte eines skurrilen Hauses

Vor wenigen Jahren konnte man den Eindruck haben, das „verwunschene Schloss" vieler Märchen stünde im Fichtelgebirge: Durch ein breites Tor gelangte man in hohen Wald mit dichtem Unterholz, auf dem gewundenen Weg knirschte der Kies, und schließlich stand man vor einem altem Gebäude mit dem melancholischen Charme vergangener Herrlichkeit. Weiß gestrichene Sprossenfenster stehen im Kontrast zur dunkel gestrichenen Holzfassade, ein großes, abgewalmtes Dach überdeckt die drei Geschosse des Hauses und kragt weit über die Fassaden hinaus. „Erbaut im Jahre 1904. H. Geyer" steht über einem Fenster eingraviert. Verhältnismäßig viel ist bekannt aus der über 100-jährigen Geschichte des Hauses: als Hermann Geyer, damals Direktor einer größeren Firma, seine Villa gegenüber dem Unternehmen errichten ließ, bewohnte er sie zunächst lange Zeit allein mit seiner Haushälterin. Rings um das Haus im Schwarzwaldstil breitete sich ein Park von über 13.000 Quadratmetern aus, eingeteilt in einen Ziergarten, einen Nutzgarten und einen als Naturwald belassenen Streifen an der Grundstücksgrenze.

links, rechte Seite und Seite 52/53 Die Villa wurde im „Schwarzwaldstil" im Fichtelgebirge errichtet, umgeben von einem weitläufigen Park, der im Zuge der Sanierung ebenfalls wiederhergestellt wurde.

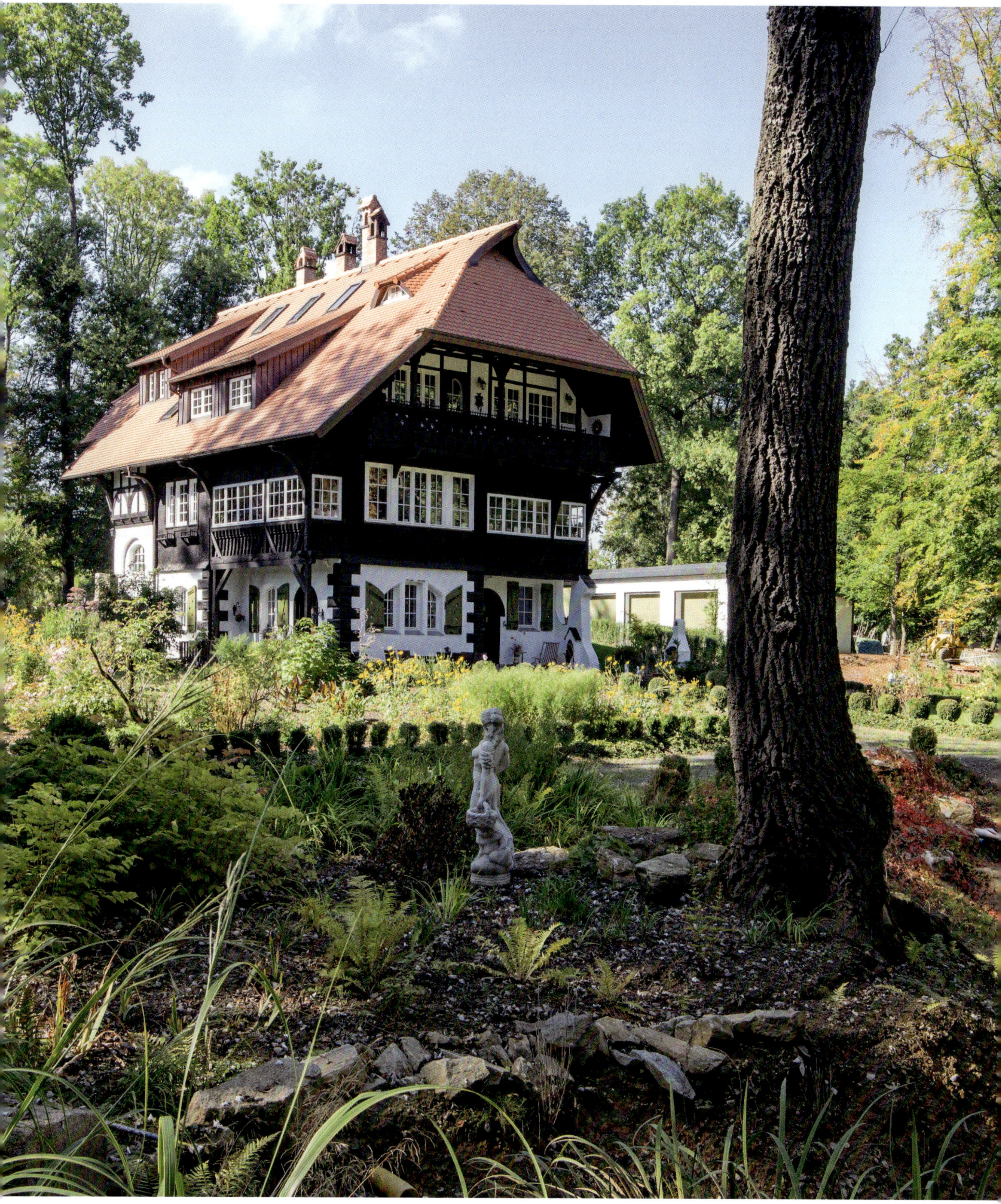

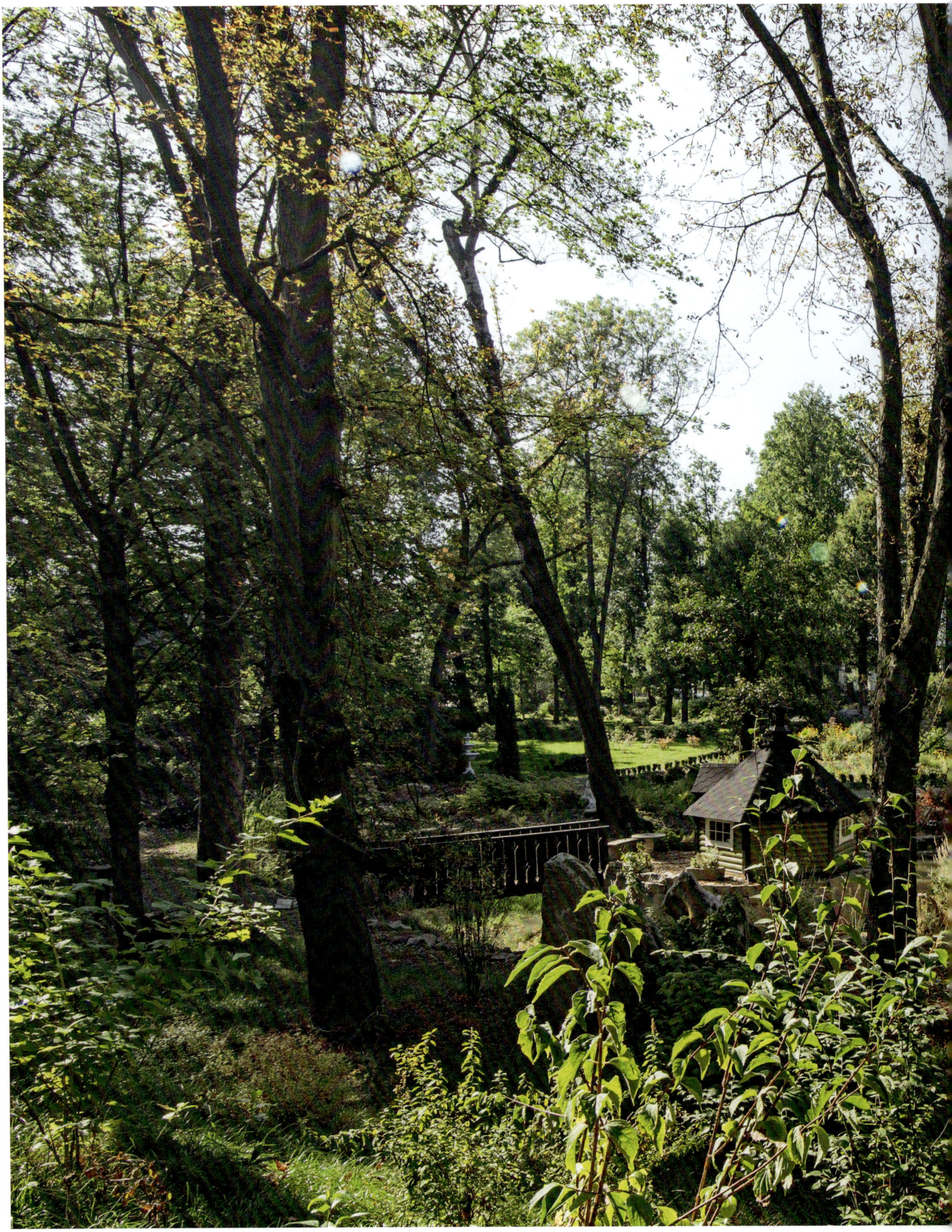

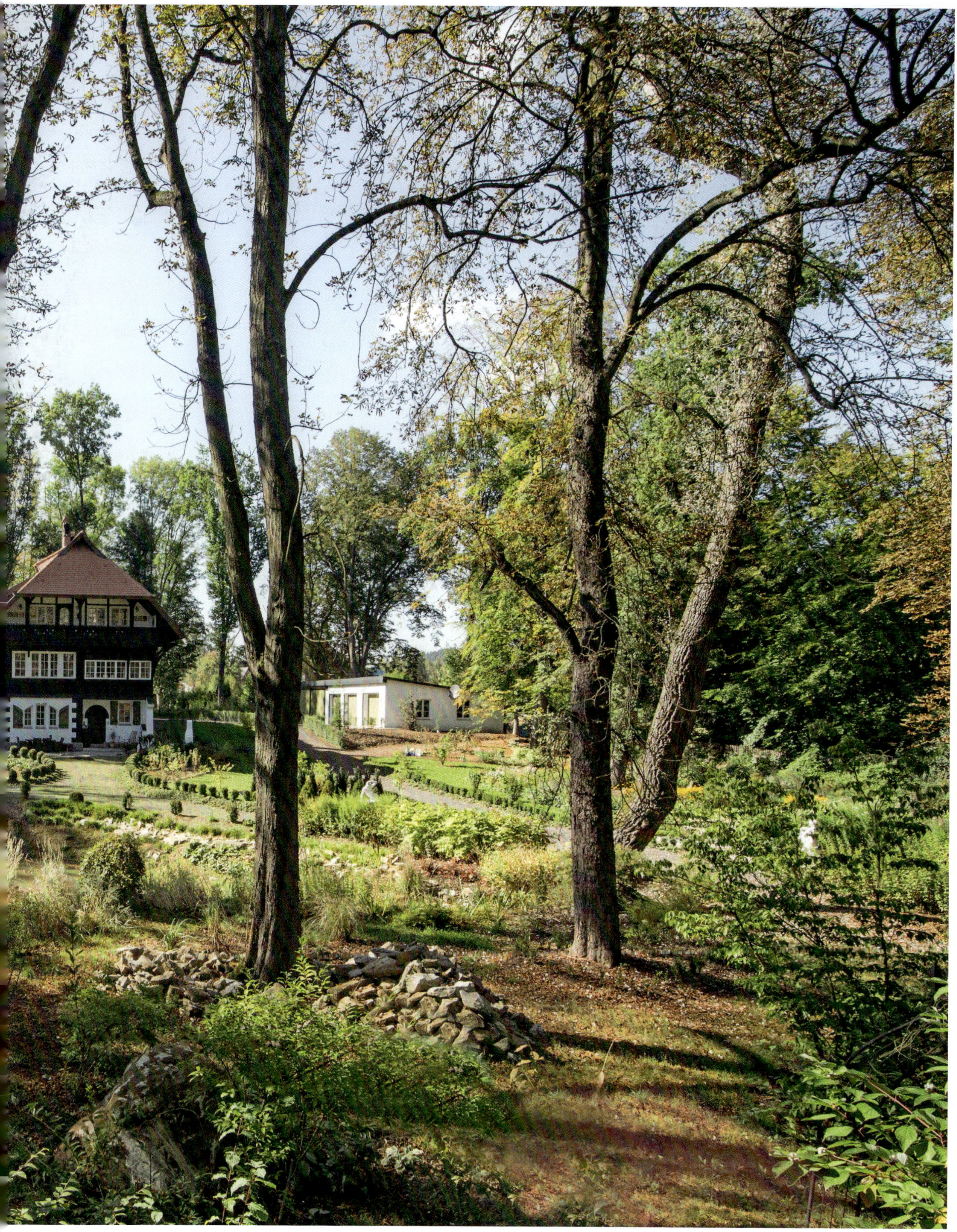

Im Erdgeschoss gab es einen Salon und ein Herrenzimmer, jeweils mit Loggia, Besuch wurde zunächst in der feudalen Diele empfangen. Auch die Küche fand sich auf dieser Ebene des Hauses.

Über eine breite Treppe aus dunklem Holz gelangte man zu den Schlafräumen im Obergeschoss, wo außerdem die Bibliothek und der Tagesraum der Dame des Hauses angeordnet waren. Unter dem Dach hatte das Dienstmädchen sein Zimmer.

Mehrere kleine Nebengebäude ergänzten das Ensemble: ein Teehäuschen, Stallungen, ein Bienenhaus, ein Hühnerhaus. Das Teehäuschen wurde zwischenzeitlich abgerissen, die Grotte befindet sich heute auf einem abgetrennten Teil des Grundstücks. Die Stallungen wurden zu einem repräsentativen Wohnhaus umgebaut. Der Park selbst verwilderte.

Hermann Geyer heiratete später; seine Frau Johanna und die gemeinsame Tochter Eleonore bewohnten die Villa bis 1939. Dann verkauften sie sie an die die Porzellanfabrik Rosenthal. Deren Eigner, der als sozialdemokratischer Unternehmer überregional bekannte Philipp Rosenthal, richtete sich hier 1948 ein Büro ein und ließ im Park einen unterirdischen Bunker anlegen.

15 Jahre später verkaufte Rosenthal den einstigen Repräsentationsbau an ein kleines, benachbartes Unternehmen – von nun an ging es endgültig bergab, das Schwarzwald-Schlösschen wurde verschandelt. Im Inneren entstanden durch behelfsmäßige Unterteilungen vier Mietswohnungen für Firmenmitarbeiter, das Nobelwohnhaus wurde zur Notbehausung. Teile der Holzvertäfelung der Wände verheizte man in kalten Wintern und brachte auch ansonsten dem greisen Gebäude wenig Respekt entgegen. Im Jahr 2005 zog der letzte Mieter aus den einstigen Räumen der Familie Geyer aus, lediglich im Souterrain, der ehemaligen Gästewohnung, wohnte noch bis 2010 ein Mieter.

Unbeantwortet bleibt die Frage, warum Direktor Geyer sein Domizil im Fichtelgebirge im Schwarzwaldstil planen ließ. War es eine persönliche Vorliebe, kombiniert mit dem damaligen Zeitgeist, fremde Stile zu bevorzugen? Fest steht: Auch konstruktiv eiferte der Bau seinen Vorbildern nach und entstand als Fachwerkkonstruktion, die mit Holzschindeln bekleidet wurde. Die Proportionen des Baukörpers sind stimmig, ebenso die Neigung und die Überstände des Dachs.

Der Entwurf ist also nicht vergleichbar mit den zahlreichen, regionale Stile oft auf primitive Art nacheifernden

Häuser, wie sie seit einigen Jahren in typischen Neubaugebieten entstehen: Toskana-Haus neben Schweden-Haus, daneben das „Bayerische Bauernhaus" – und bei näherem Hinsehen alle identisch, nur anderes verziert und mit unterschiedlichen Dachformen versehen.

Die Sanierung

Als die heutigen Eigentümer die Villa erwarben, bot sich ein Bild der Verwüstung: Im Herrenzimmer waren mehrere Sofas abgestellt, alte Matratzen lagen herum. Ein von Rosenthal 1948 in der Diele aufgestellter Kamin war entwendet, Ornamente von irgendjemand irgendwann brutal herausgerissen worden.

Doch in all dem Chaos fiel auch etwas anderes auf: Trotz des Umtriebs ehemaliger Mieter bot das in die Denkmalliste eingetragene Bauwerk erfreulich viel erhaltene Originalsubstanz. Alte Parkettböden und Edelholztüren fanden sich in den meisten Räumen, die Treppe ins Obergeschoss und originale Stuckdecken erinnerten an die Vergangenheit des Hauses. Außenseitig war noch ein Großteil der bauzeitlichen Holzschindeln erhalten.

rechts und oben Die Halle war ursprünglich zweigeschossig gehalten, im Obergeschoss umrahmt von einer Galerie. Diese wurde wohl schon relativ bald nach der Erbauung zu einem weiteren Schlafzimmer erweitert. Eine breite, flache Treppe führt ins Obergeschoss.
linke Seite Rustikal, teilweise wuchtig wirkt das mit dunklem Holz gestaltete Innere vieler Räume – hier der Eingangsbereich mit Garderobe.

Das Dach dagegen musste neu mit Biberschwanzziegeln gedeckt werden. Die nicht mehr bauzeitlichen Fenster wurden gegen neue getauscht, die heutigen Anforderungen entsprechen, aber die von Fotos bekannten Originale zumindest imitieren. Im Inneren wurden – zum Großteil in Eigenleistung – die Einbauten aus der Zeit als Mietshaus entfernt: eine Abtrennung der Treppe, der Fliesenbelag im ehemaligen Herren- und heutigen Arbeitszimmer, die Sanitäreinrichtungen. Letztere hatten einen immensen Schaden hinterlassen, sodass im vorderen Teil des Gebäudes ein Stück Decke und Wände wegen Schwammbefalls ersetzt werden musste.

In diesem Zuge wurde dort der Grundriss ein wenig umorganisiert. Eine ehemalige Loggia wurde zur relativ kleinen Küche, die vormalige Küche zum Esszimmer und dieses über einen Wanddurchbruch mit dem Arbeitszimmer verbunden. Dort wird der Durchbruch gerahmt von großteils originalen Einbauregalen. Die kunstvoll bemalte Decke, nach wenigen Jahren vom seinerzeitigen Bauherrn Geyer zur besseren Wärmedämmung bekleidet, legten die heutigen Eigentümer frei und restaurierten sie. Gleiches geschah mit der Stuckdecke im Salon daneben.

Ebenfalls um die Wärme besser im Haus zu halten, ließ Geyer die ursprünglichen Balkone vor Herrenzimmer und Salon zu Loggien aufrüsten. Das Restauratorenehepaar ergänzte das 100-jährige Energiesparkonzept mit heutigen Mitteln: Selbstverständlich wurde vor Auflegen der neuen Dacheindeckung eine Zwischensparrendämmung eingebracht. Die Außenwände erhielten dort, wo dies möglich und sinnvoll war, eine Innendämmung. Wo bauzeitliche Bekleidungen dafür hätten abgenommen oder die Stuckatur hätte beeinträchtigt werden müssen, verzichtete man darauf.

Im Obergeschoss wurde nach der Schwammsanierung das Bad erneuert. Der Grundriss blieb hier unverändert, auch das zusätzlich eingebaute Zimmer über der einst zweigeschossigen Halle beließ man. Unterm Dach entstand ein

oben Im Arbeitszimmer – bauzeitlich Bibliothek – rekonstruierten die Bauherren mit großer Akribie die ursprüngliche Deckenbemalung.
rechte Seite oben Als heller Kontrast zur dunklen Halle gibt sich der Salon hinter dieser. Der Deckenstuck war weitgehend original erhalten.
rechte Seite unten Insbesondere um einen besseren Wärmeschutz zu erreichen, ließ der Erbauer des Hauses nach kurzer Zeit Balkone zu geschlossenen Loggien umbauen.

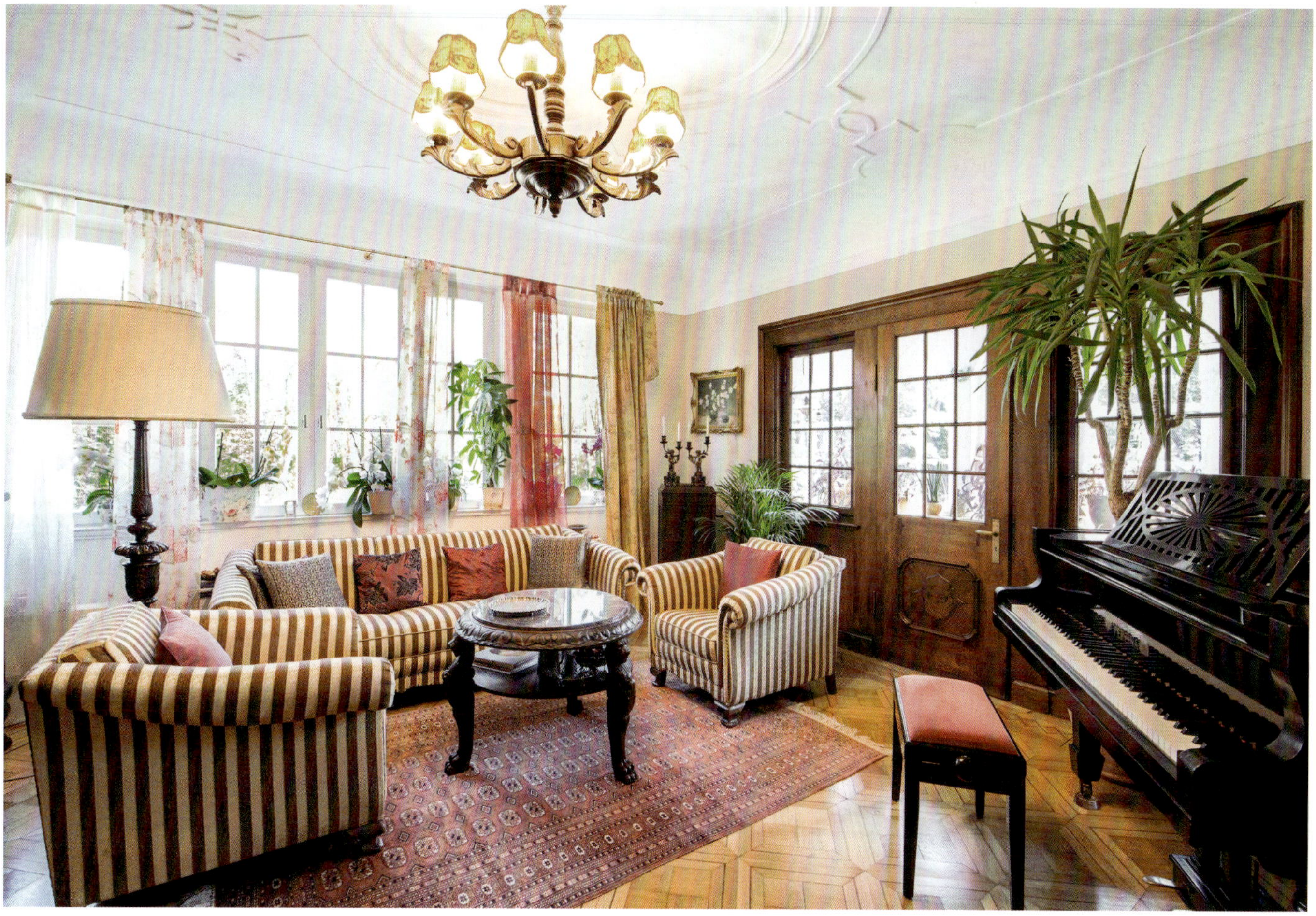

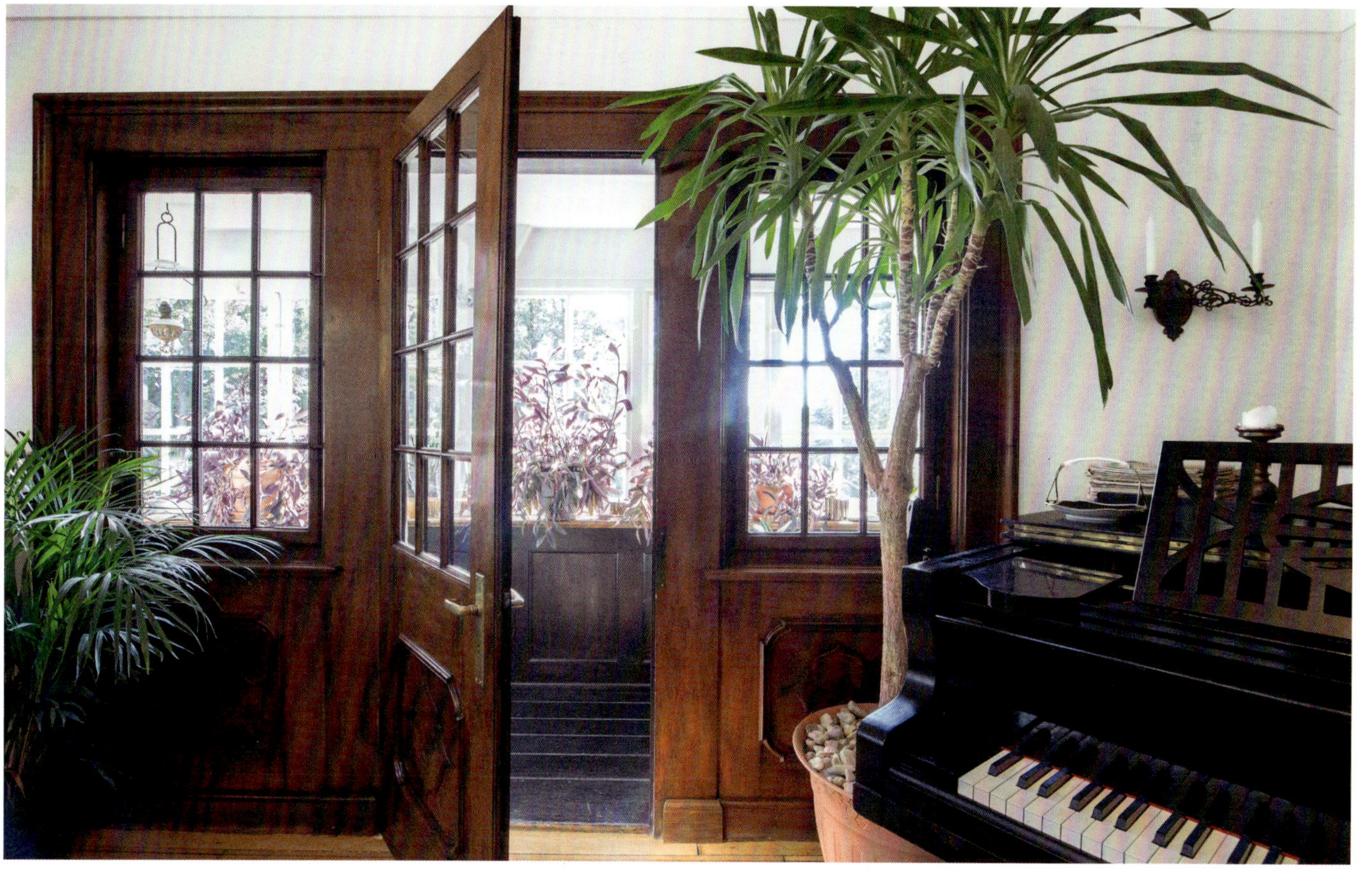

oben Über eine halbgeschossige Steintreppe erreicht man den geschützt liegenden Hauseingang.
rechte Seite Der Erschließungsgang im Obergeschoss.

Grundriss

großzügiges Jugendzimmer mit eigenem Bad. Im Zuge von dessen Einbau entdeckten die Bauherren hinter ehemaligen Abseitenbekleidungen die Überreste einer Hanfplantage vormaliger Mieter.

Der inzwischen zum Wald gewordene Garten wurde wieder zum von Bäumen umstandenen Park, frei angelehnt an den auf Fotos überlieferten Ursprungszustand. Der Teich wurde wieder ausgegraben, auf seiner Insel statt des Teeein Grillhäuschen errichtet.

Im Garten nahmen die Bauherren besonders viele Arbeiten in Eigenleistung vor. Doch auch am Haus selbst ist mehr als beachtlich, welches Pensum sie allein oder den Handwerkern zur Hand gehend erledigten. Holzböden und -bauteile wurden abgeschliffen oder abgebeizt, etwa die originalen, im Keller aufgefundenen Klappläden des Souterrains mehrerer Farbschichten entledigt und neu gestrichen. Im Arbeitszimmer zog der Bauherr mit dem Pinsel feine Linien nach, im Salon restaurierte er den gefliesten offenen Kamin.

Die Zusammenarbeit mit den Denkmalbehörden

Sowohl das städtische Denkmalamt wie das Bayerische Amt für Denkmalpflege standen den Bauherren während der gesamten Sanierung hilfreich und wohlwollend zur Seite. Im Vordergrund stand, dass das bereits verloren geglaubte Haus gerettet wurde, noch dazu mit so viel persönlichem Engagement und unter Erhalt großer Teile der Substanz.

Die finanzielle Förderung fiel mit etwa einem Zehntel der Gesamtkosten auf den ersten Blick nicht so hoch aus, wie man vielleicht vermuten möchte. Das eigentliche Ziel einer solchen Förderung, den Mehraufwand gegenüber einer nicht denkmalgerechten Sanierung abzufedern, dürfte aber erreicht worden sein – sofern man die unzähligen Eigenleistungsstunden ohne Wertansatz lässt.

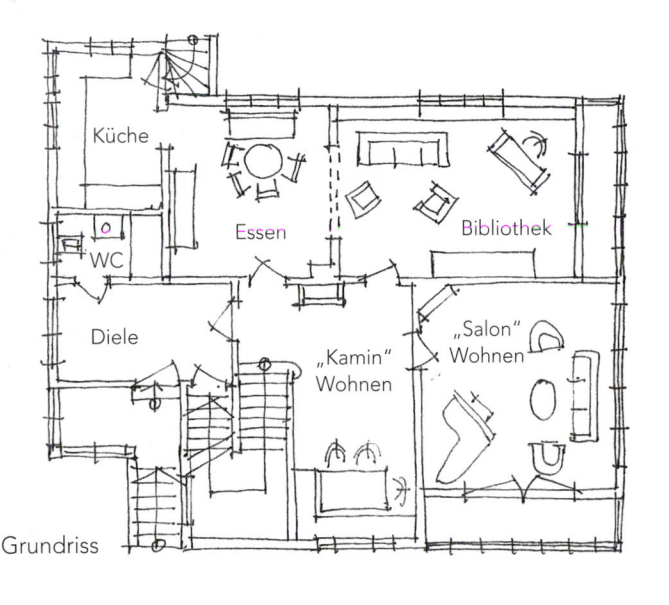

Projektdaten

Baujahr 1904
Größere Umbauten 1948 und 1960er-Jahre
Wohnfläche (vor Sanierung/aktuell) ca. 400 m²
Wandbaustoffe und Fassaden Holzfachwerk mit Schindelbekleidung
Wandoberflächen Putz; teilweise Vertäfelung
Fußböden originales Parkett, teilweise keramische Fliesen
Dacheindeckung Biberschwanz
Energiesparmaßnahmen teilweise Innendämmung, Dachdämmung, Isolierfenster
Beheizung Gastherme, 3 Kachelöfen, 1 Kassettenofen
Sanierungs- und Umbauplanung erfolgte durch die Bauherren in Verbindung mit den Denkmalbehörden

Fotos Johannes Kottjé

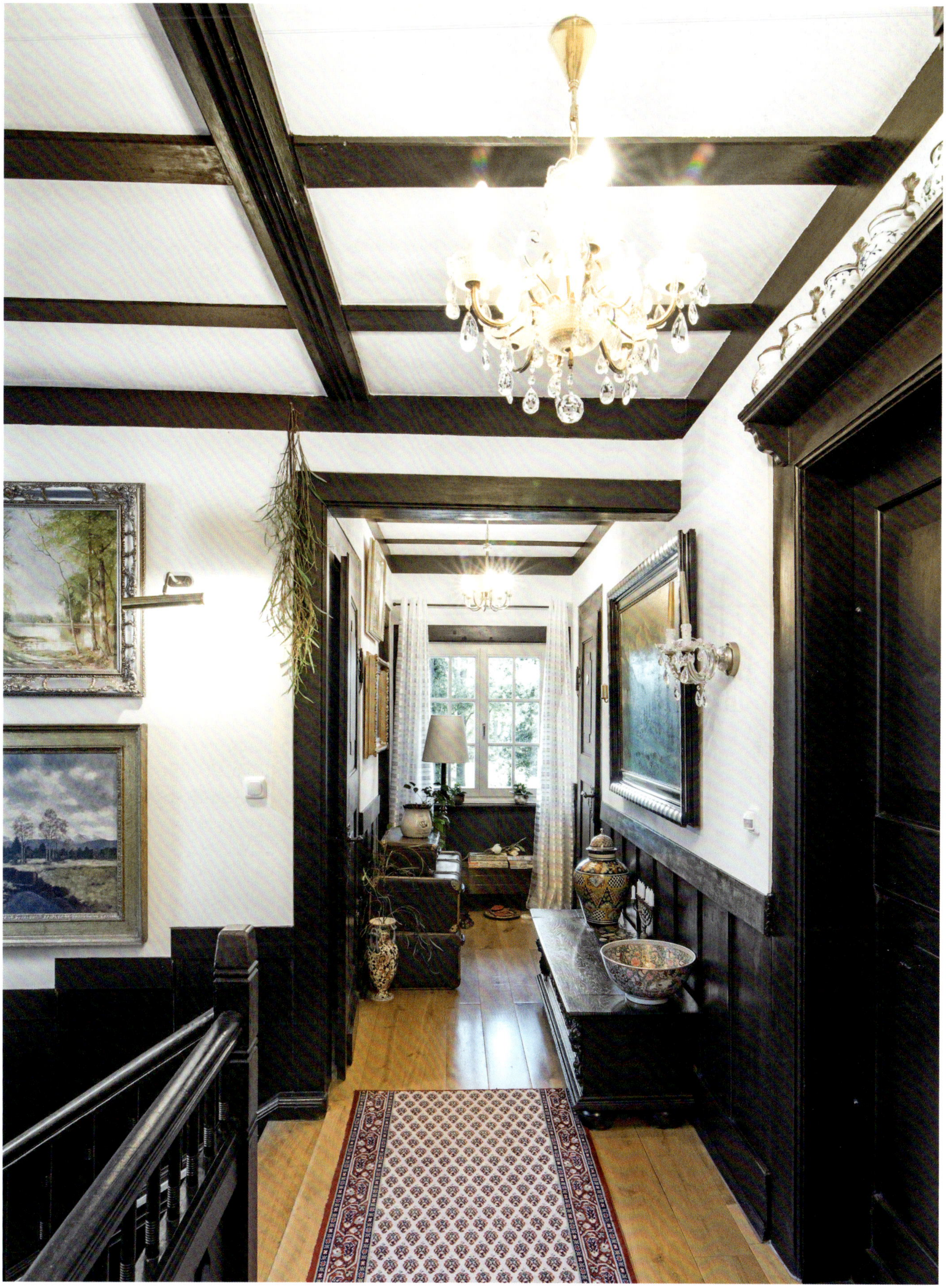

Vorher

60

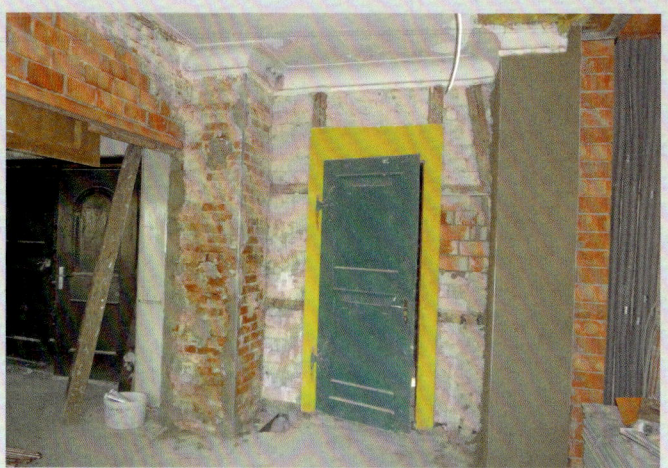

Bauzeit

61

Das Haus der Kindheit

Winkelhof in einem Eifel-Dorf

Landläufig gibt es einige Mutmaßungen darüber, was ein Baudenkmal sei, die mit der Realität nur teilweise zu tun haben. Dass sich ein Gebäude durch repräsentative Ästhetik oder anspruchsvolle Architektur auszuzeichnen habe, nur um unter Schutz gestellt zu werden, gehört ebenso zu diesen Irrmeinungen, wie dass es eine herausragende Einzelstellung einnehmen müsse. Gerade in den letzten zwei Jahrzehnten wurde immer mehr erkannt, dass keines dieser Merkmale erforderlich ist, um ein Haus als erhaltenswert zu betrachten. Bei der Unterschutzstellung geht es nicht allein darum, kunsthistorisch Wertvolles vor Überformung oder Abriss zu schützen, sondern genauso darum, die Baukultur früherer Epochen und Generationen auch künftig noch originalgetreu erleben zu können. Ein Großteil der Bauten aller Zeiten waren und sind schlichte, funktionale Gebäude. Früher waren dies vor allem die Wohnhäuser und Zweckbauten von Kleinbauern, errichtet mit dem, was regional zur Verfügung stand und so konstruiert, wie es diese Materialien ermöglichten und wie das örtliche Klima oder die Topografie es verlangten. So entstanden ganze Dörfer mit weitgehend homogener Bebauung, immer gleichen Baustoffen, Dachformen und -neigungen. Viele solcher dörflicher Bauten existieren noch, heute freilich meist versteckt unter Fassaden- und Dachmaterialien, Kunststofffenstern und Gartenzäunen aus dem Sortiment von Baumärkten und überformt mit mal zweckmäßigen, mal pseudo-repräsentativen Anbauten, die der früheren Einheitlichkeit spotten.

Nun wäre es übertrieben, Häuser dieser Art vor Abriss oder moderner Umgestaltung bewahren zu wollen. Aufgrund der oft einfachen Bausubstanz, der niedrigen Raumhöhen und eines nicht selten heruntergekommenen Zustands wäre dies oft auch gar nicht mit angemessenem Aufwand realisierbar. Doch wo es die Chance gibt, dörfliche Bausubstanz und -strukturen, wie sie vor wenigen Jahrzehnten noch selbstverständlich waren und heute immer mehr verschwinden, mit vertretbarem Aufwand exemplarisch für die Nachwelt zu bewahren, sollte man sie nutzen. Mehr noch als bei Bauten mit allgemein anerkanntem historischen Wert funktioniert dies jedoch nur, wenn einerseits die Bauherren für die Geschichte ihres Hauses sensibilisiert sind und andererseits die zuständigen Denkmalschutzbehörden einen gewissen Pragmatismus an den Tag legen und die Bauherren mit ihren Vorgaben nicht überfordern. Hier gilt, worauf an anderen Stellen in diesem Buch immer wieder hingewiesen wird: Auch in früheren Zeiten haben sich Häuser ständig weiterentwickelt, und jedes Haus, das einige Jahrzehnte oder sogar Jahrhunderte alt ist, weist ganz selbstverständlich Elemente aus allen durchlebten Epochen auf.

links Die heute holzbekleidete Rückseite der ehemaligen Scheune des kleinen Hofs.
rechte Seite oben Die Bruchsteinfassade des Wohnhauses wurde wieder freigelegt, die zum neuen, zweigeschossigen Wohnraum umgebaute Scheune mit einer modernen, filigranen Holzlamellenstruktur bekleidet.
rechte Seite unten Die historische Haustür ist original, das Scheunentor wurde durch eine Glasfassade ersetzt. Im Hintergrund sind der frei stehende Küchenblock und der Esstisch zu erkennen.

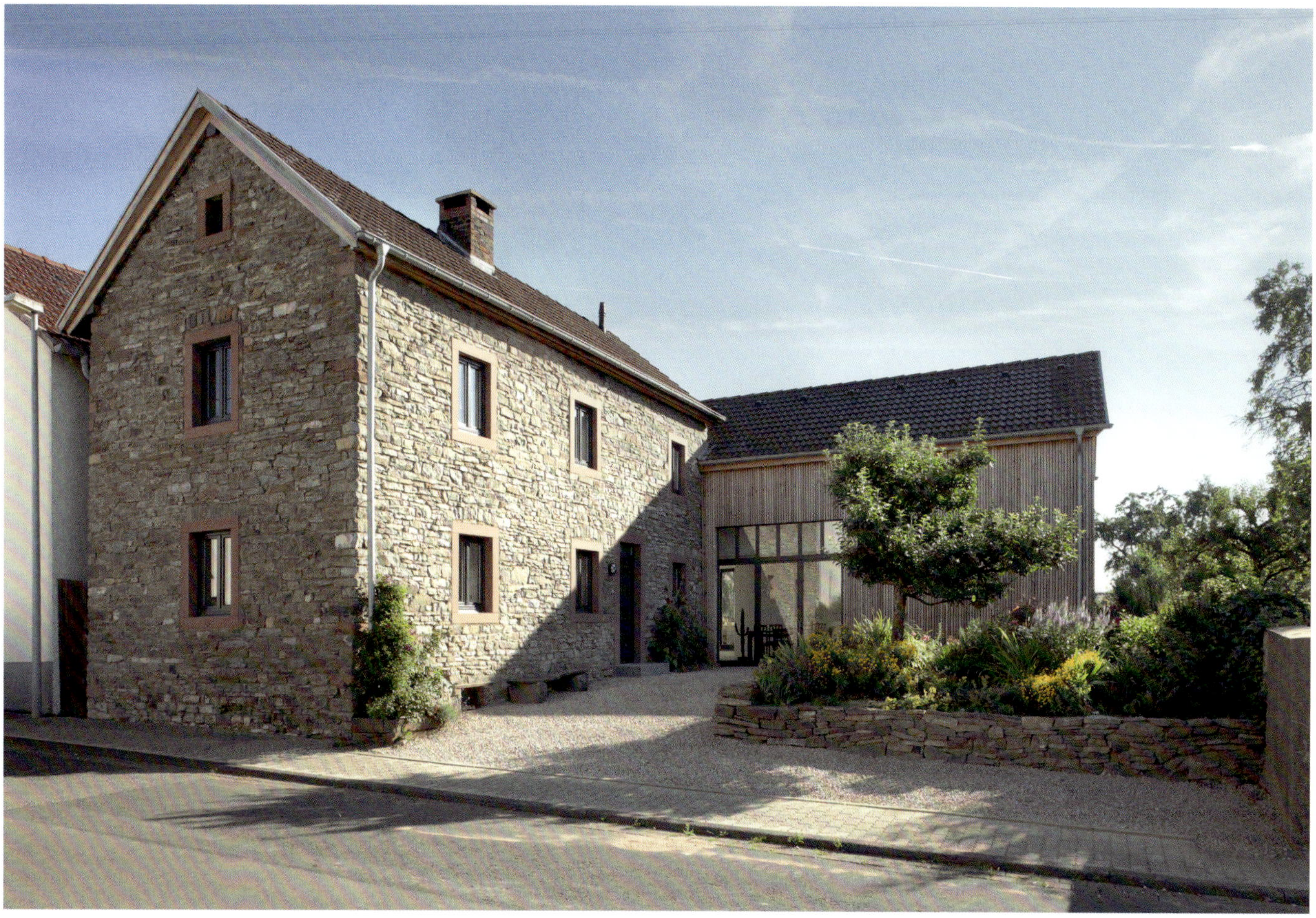

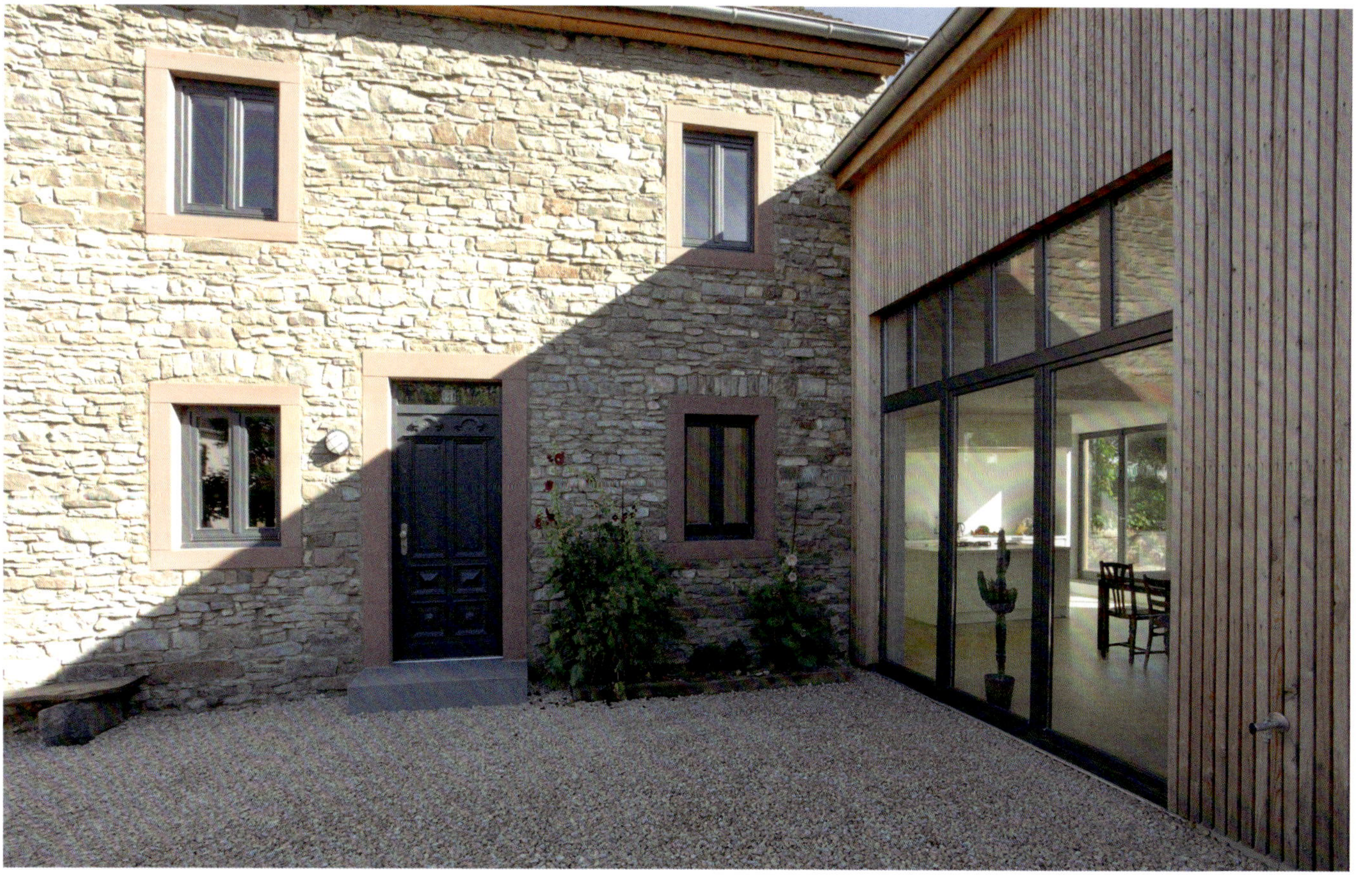

Das Haus und seine Geschichte

Das Anwesen steht mitten in einem ehemaligen Bauerndorf, dessen Erscheinungsbild ursprünglich von kleinen Gehöften in Winkelform geprägt wurde. Die zweigeschossigen Wohnhäuser mit steilen Satteldächern standen mit ihren schmalen Giebeln unmittelbar an der Straße, im hinteren Teil des Grundstücks schloss quer zum Haus die Scheune an. Infolge des Höfesterbens der letzten Jahrzehnte gab es auch hier weitreichende Nutzungsänderungen und damit einhergehend einen Wandel des Dorfbilds.

Den hier vorgestellten Hof, erbaut um 1905, erwarb der Vater der heutigen drei Eigentümer in den 1970er-Jahren als Wochenendhaus für die Familie. Die etwa 60 Quadratmeter Wohnfläche reichten aus, größere Änderungen waren nicht erforderlich, die ehemalige Scheune wurde als Abstellraum und Garage verwendet. Das Haus hatte damals bereits zehn Jahre leer gestanden, und der Vater brachte es wieder so weit in Schuss, dass es den gewünschten Zweck erfüllte. Dörfliche Idylle suchte man nicht im originalen Erscheinungsbild, sondern in einer vorgetäuschten Fachwerkfassade, aufgesetzt auf dem Außenputz, der die Bruchstein-Außenwände damals umhüllte.

Das Sanierungskonzept

Nach dem Tod des Vaters nutzten die drei inzwischen erwachsenen Kinder das ihnen ans Herz gewachsene Anwesen weiterhin an Wochenenden und in den Ferien. Inzwischen hatten sie selbst Familien und den Wunsch, freie Tage hier gemeinschaftlich verbringen zu können – mit insgesamt immerhin 12 Personen. So wurden die Architekten Andrea Denzer und Georg Poensgen mit einer modernisierenden Sanierung und einem die Wohnfläche erweiternden Umbau beauftragt. Durch ihre lange Verbundenheit mit dem Haus hatten die Besitzer freilich einen viel stärkeren Bezug zu dessen Geschichte als andere Bauherren bei der Sanierung eines frisch erworbenen Gebäudes.

rechte Seite Der weitgehend zweigeschossige Wohnraum wird im Obergeschoss von einer Galerie gefasst.
unten Blick von der Küche Richtung Treppe und Wohnraum mit Essplatz und Sitzgruppe.

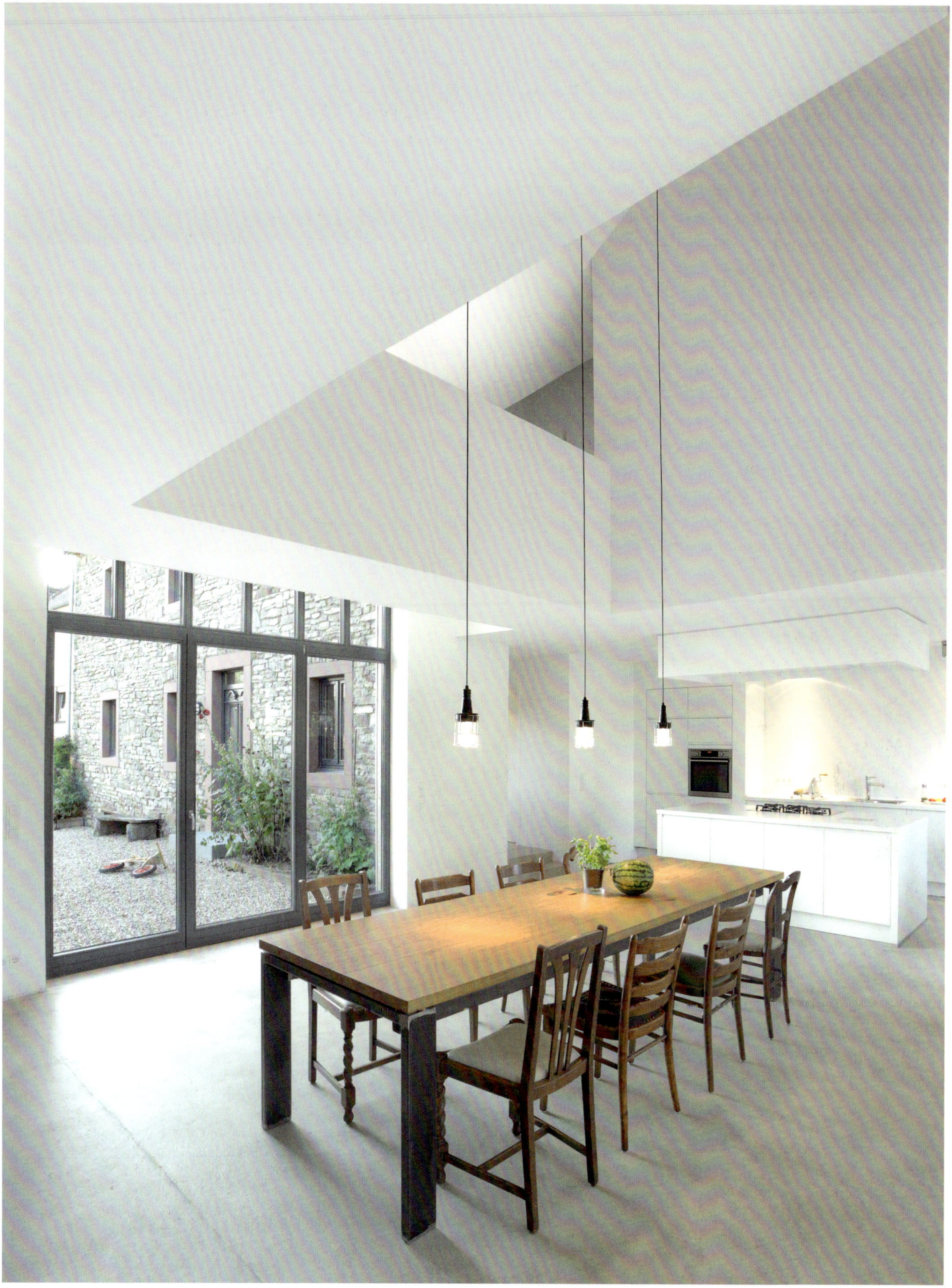

Das Entwurfskonzept der Architekten lässt sich folgendermaßen umreißen: Das äußere Erscheinungsbild des Wohnhauses sollte weitgehend wieder dem der Erbauungszeit angeglichen werden; die zur Erweiterung des Wohnraums umgebauten sowie die neu gestalteten Räume sollten sich modern geben und zugleich die Tradition sowie die historischen Materialitäten neu interpretieren.

Im Einzelnen bedeutete dies, dass die Sichtmauerwerkfassade aus Grauwacke-Bruchsteinen wieder freigelegt und mit stilistisch passenden, zweiflügeligen Fenstern mit profilierten Holzrahmen versehen wurde. Ein wohl romantisierend gemeinter größerer Dachüberstand aus der Zeit der vorgesetzten Fachwerkfassade wurde rückgebaut, die originale Haustür aufgearbeitet. Von der Scheune waren an Originalsubstanz nur die beiden Bruchstein-Giebelwände erhaltbar, die heute im Innern sichtbar sind. Zwischen ihnen entstand aus Bimsstein und Beton die gewünschte Wohnraumerweiterung. Außenseitig erhielt dieser Gebäudeteil eine Holzbekleidung, die die ortsübliche Materialität der Scheunen in moderner Form aufgreift und die Außenhaut vor einer heutigen Ansprüchen genügenden Wärmedämmung bildet. Eine große Glasfassade zum Hof hin greift das Motiv des Scheunentors auf.

Die Erschließung des Inneren erfolgt weiterhin über die ursprüngliche Hauseingangstür, hinter der der originale Treppenraum erhalten blieb. Straßenseitig befindet sich heute auf beiden Ebenen des alten Hauses je ein Schlafraum, auf der anderen Seite des Treppenraums je ein Bad. Das Erdgeschoss der ehemaligen Scheune nimmt ein durchgängiger Wohn-/Essraum mit offener Küche an einer Giebelseite ein, groß genug, um auch der gesamten Familie einen Ort zum gemütlichen Beisammensein zu bieten. Über eine neu eingefügte weitere Treppe, einläufig entlang der hinteren Gebäudelängswand, gelangt man auf eine Galerie, die das Obergeschoss erschließt. Hier sind drei weitere Doppelschlafzimmer und ein drittes Bad untergebracht.

Die Sanierung gelang es auf spannende und intelligente Weise, einerseits viel vom historischen Charakter des alten Winkelhofs zu erhalten und wieder herzustellen und andererseits etwas völlig Neues entstehen zu lassen. Erhalt durch Weiterentwicklung, auch wenn diese tiefgreifend ist – ein oft sinnvoller, gangbarer und von allen Beteiligten akzeptierter Weg in der Denkmalpflege!

Blick von der Galerie ins Erdgeschoss.

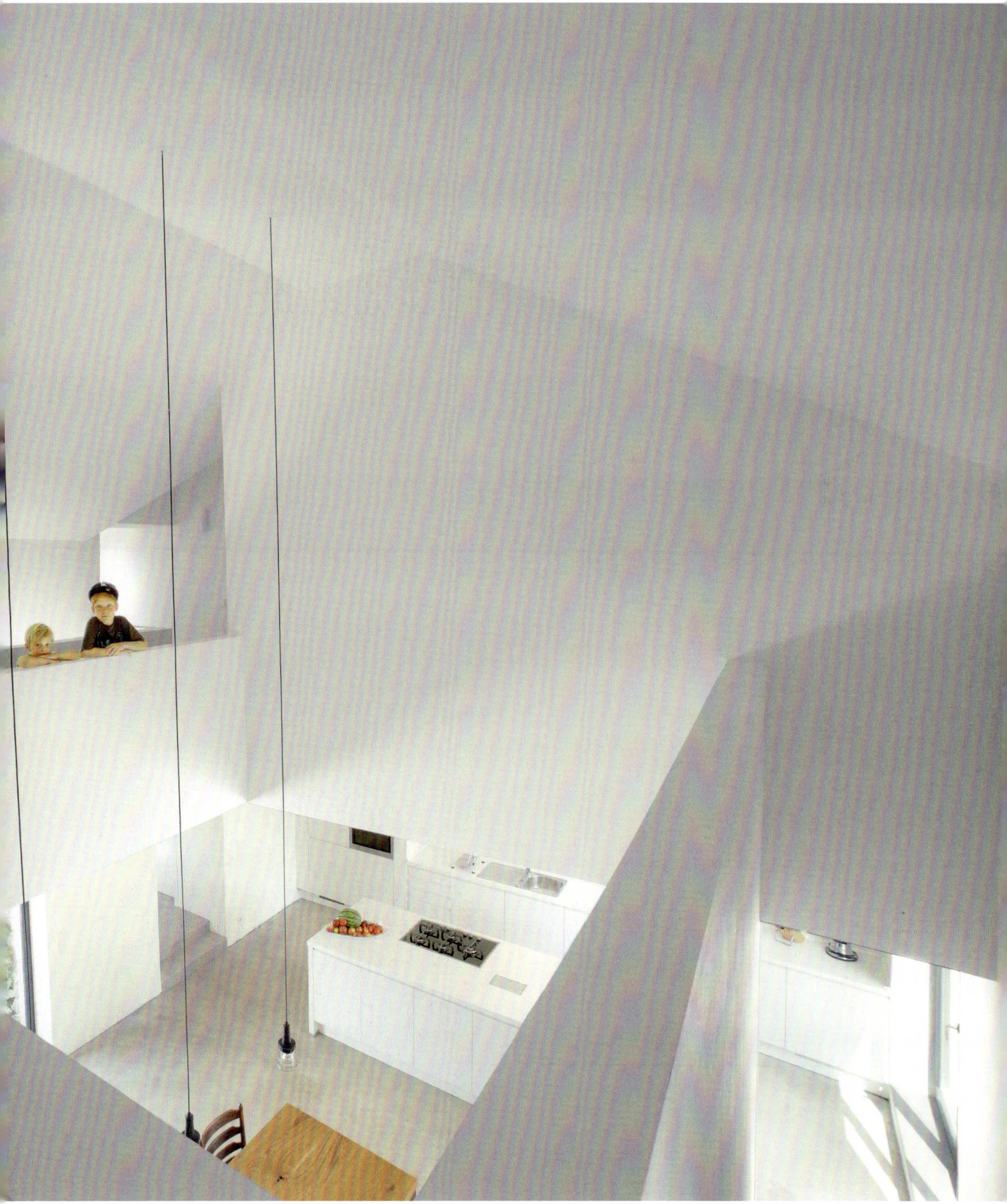

oben Die Bruchsteingiebelwand der ehemaligen Scheune blieb erhalten und ist heute innenseitig sichtbar. Sie prägt im hinteren, niedrigen Teil den Wohnraum.
unten Der Eingangsbereich im alten Wohnhaus wurde originalgetreu saniert.

Projektdaten

Ursprüngliches Baujahr 1905
Größere Umbauten: 1970er-Jahre
Wohnfläche (vor Sanierung/aktuell) 60 m²/173 m²
Wandbaustoffe und Fassaden Außenwände Wohnhaus Grauwacke-Sichtmauerwerk; Innenwände Grauwacke und Bimsstein; ehemalige Scheune Grauwacke und Bimsbetonstein, Holzbekleidung
Wandoberflächen (nach Sanierung) Putz, weiß gestrichen; Grauwacke-Sichtmauerwerk (Giebel der ehemaligen Scheune)
Fußböden (vor Sanierung/aktuell) keramische Fliesen und Lehmboden/Feinsteinzeug und Sichtestrich
Dacheindeckung Ziegel
Energiesparmaßnahmen nach Sanierung altes Wohnhaus: Dämmung des Dachs; ehemalige Scheune: Dämmung Boden, Fassaden, Dach nach Energieeinsparverordnung
Beheizung Gas-Brennwerttherme

Sanierungsplanung

denzer&poensgen Architektur & Innenarchitektur
Zum Rott 13
53947 Marmagen
www.denzer-poensgen.de

Fotos Rainer Mader

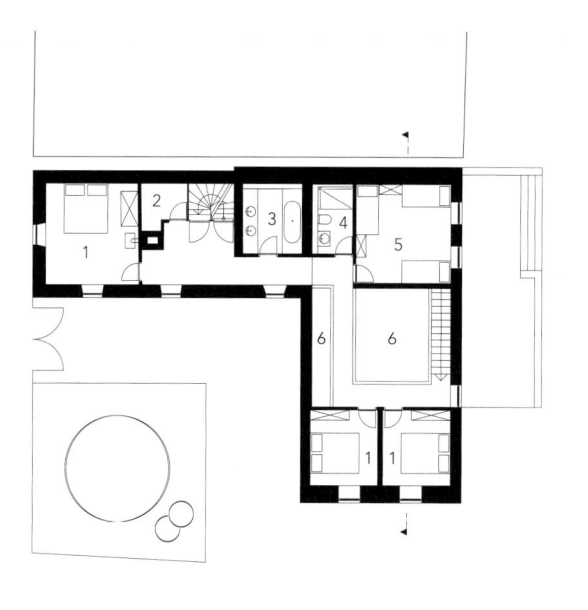

Obergeschoss

1 Schlafen
2 Abstellraum
3 Bad
4 WC
5 Kinder
6 Luftraum

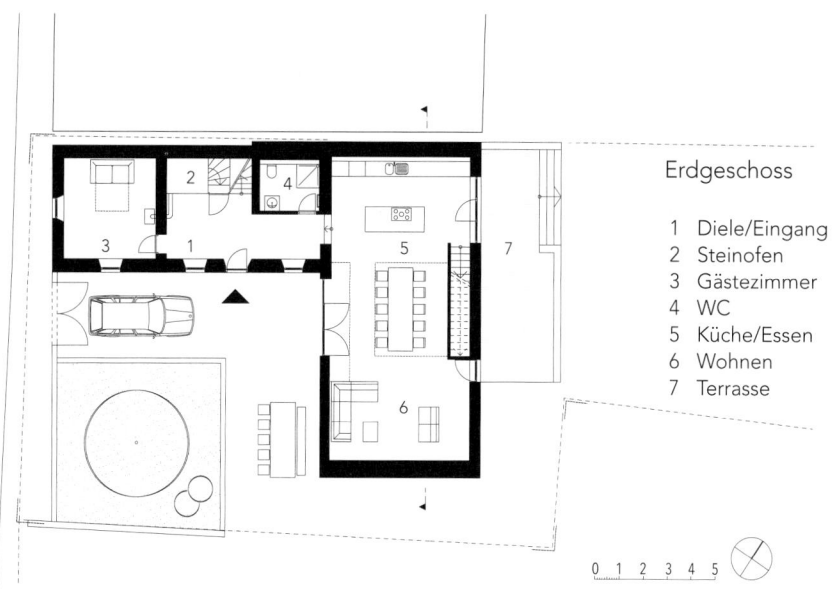

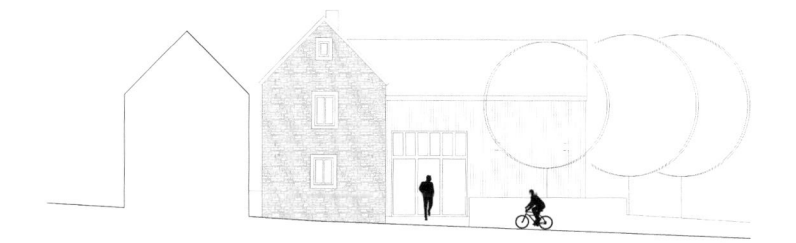

Erdgeschoss

1 Diele/Eingang
2 Steinofen
3 Gästezimmer
4 WC
5 Küche/Essen
6 Wohnen
7 Terrasse

Ansicht Straße

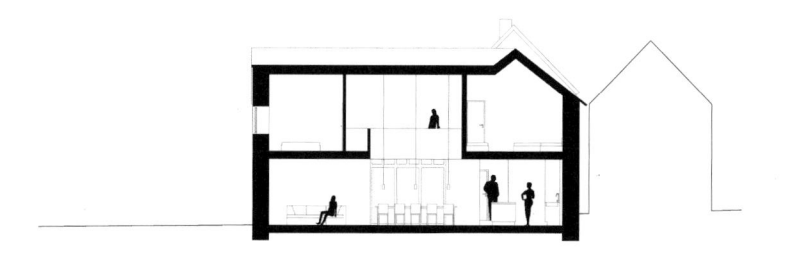

Schnitt

Vorher

Bauzeit

Vom Abrisskandidaten zum Baudenkmal

Historisches Walmdachhaus mit puristischem Anbau in Düsseldorf

Immer wieder schrecken Kaufinteressenten vor einer angebotenen Immobilie zurück, weil diese unter Denkmalschutz steht. Mal ist es die Sorge, das eigene Haus nicht nach eigenem Willen gestalten zu können, mal werden unnötig hohe Kosten durch Auflagen des Denkmalamts befürchtet. Aus denselben Gründen wehren sich manche Hauseigentümer gegen eine von den Behörden angedachte Unterschutzstellung ihres Eigenheims. Oft resultieren diese Ängste aus Unkenntnis, etwa über die umfangreichen Hilfen, die Eigentümer von Baudenkmälern in Form von Kompetenz und finanzieller Förderung erhalten können. Oft ist nicht bekannt, dass zumindest ein sachorientiert denkender Denkmalpfleger es keinem Hauseigentümer verwehren wird, sinnvolle und notwendige Weiterentwicklungen vorzunehmen. Oder auch über die steuerlichen Vorteile, die mit der Sanierung eines unter Denkmalschutz stehenden Gebäudes verbunden sind.

Doch es gibt auch Eigentümer, die sowohl den bauhistorischen Wert ihres Hauses wie die mit der Unterschutzstellung verbundenen Vorteile erkennen und sich selbst um Eintragung in die Denkmalliste bemühen. So der Käufer dieses Hauses, das kurz davor gestanden hatte, zugunsten eines Neubaus, der das Grundstück besser ausnutzen würde, abgebrochen zu werden.

Das Haus und seine Geschichte

Niemals wäre der Architekt Michael Dahmen, Partner des für seine oft puristischen Entwürfe bekannten Büros Döhring Dahmen Joeressen Architekten, auf den Gedanken gekommen, eines Tages in einem Haus mit Krüppelwalmdach und vorgeblendeten Fachwerkfassaden zu wohnen. Dass er gemeinsam mit seiner Ehefrau ein solches Haus schließlich nicht nur erwarb, sondern sorgsam in seinem bauzeitlichen Zustand zurückversetzen und unter Denkmalschutz stellen ließ, lag zunächst an dem großen, uneinsehbaren Gartengrundstück und den noch aus heutiger Sicht überzeugenden Grundrissen. Auch die äußere Bauform hatte mit Krüppelwalmdach-Häusern, wie sie heute Bauträger und Fertighausfirmen anbieten, wenig zu tun: bei diesen passen sich beispielsweise Proportionen und Dachneigung einer optimalen Ausnutzung des Baufensters und dem Bebauungsplan an und wirken daher meist wie Karikaturen. Beim hier vorgestellten historischen Beispiel waren diese Merkmale durchaus stimmig, die Details wie Fensterrahmen und Dachanschlüsse filigran, die Gesamtform somit durchaus harmonisch.

Dabei wären zu dem Zeitpunkt, als die Dahmens das Anwesen in einem Inserat entdeckten, sogar der Abriss des Hauses und die Neubeplanung des Grundstücks möglich gewesen. Der Immobilienmakler hielt diese Lösung aus wirtschaftlicher Sicht für die interessanteste und hatte bereits eine entsprechende Anfrage gestellt.

Ein Abriss hätte die ungewöhnliche Geschichte des Gebäudes trostlos beendet. 1912 hatte es der damals in Düsseldorf nicht unbekannte Architekt Ludwig Fettweis entworfen. Die 1918 geborene Tochter der Bauherren verbrachte bis zu ihrem Tod im Jahre 2007 ihr gesamtes Leben in diesem Haus. Zwar ließ sie in den 1970er-Jahren das Erdgeschoss als vermietbare Wohnung abtrennen, doch fielen die Änderungen der Bausubstanz wohl deutlich geringer aus, als über einen Zeitraum von knapp 100 Jahren bei mehreren Eigentümer- und Bewohnerwechseln sonst üblich. Sogar die originalen Holzfenster mit Sprosseneinteilung überdauerten die Zeit und finden sich bis heute im Gebäude.

rechte Seite alle Der renovierte Altbau und sein puristischer Anbau aus verschiedenen Perspektiven: beide Baukörper wurden durch eine Glasfuge getrennt und verbunden zugleich. Der Anbau nimmt die Maßstäblichkeit des ursprünglichen Hauses auf und ordnet sich diesen an der Höhe unter. Das Spiel mit verschiedenen Fensterformaten wurde neu interpretiert aufgegriffen.

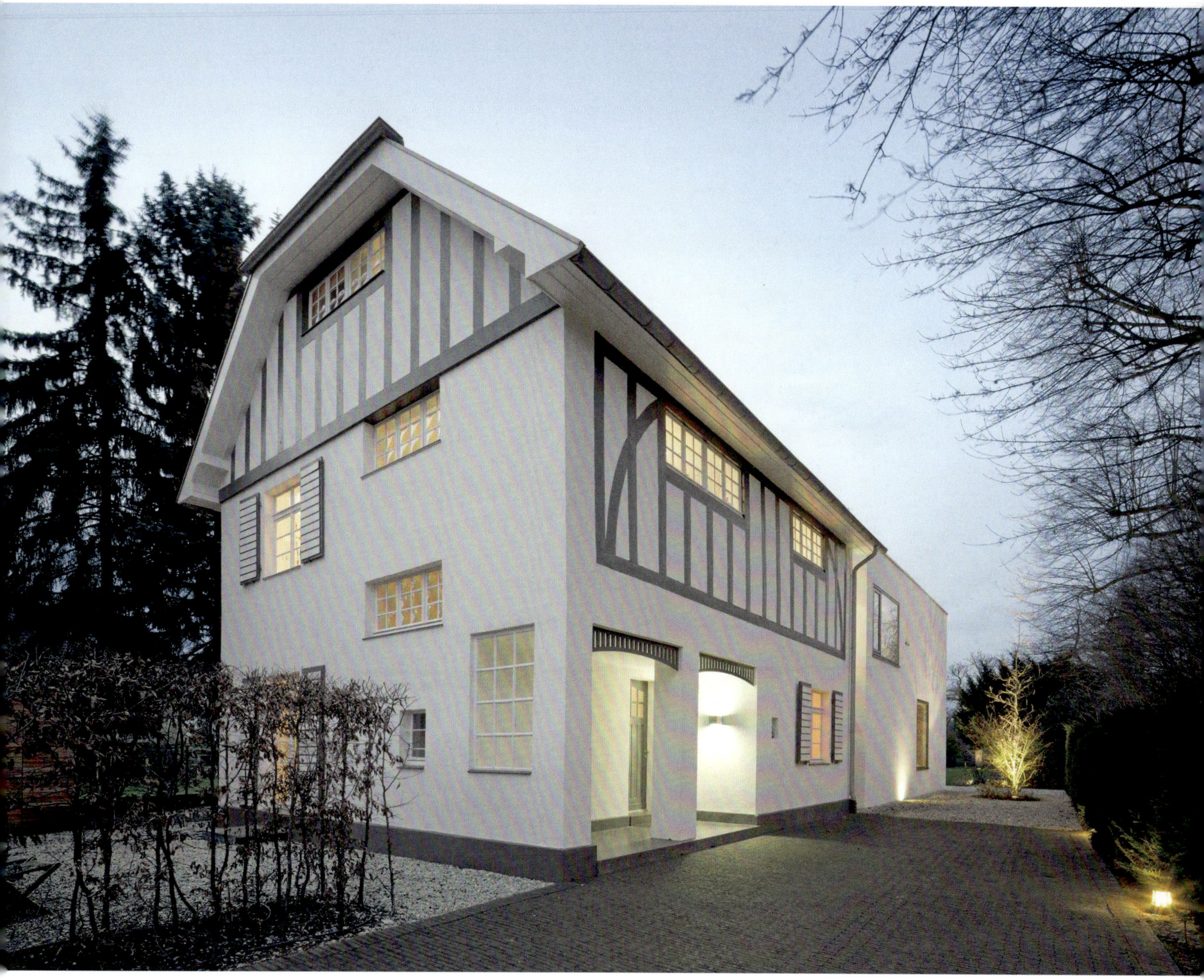

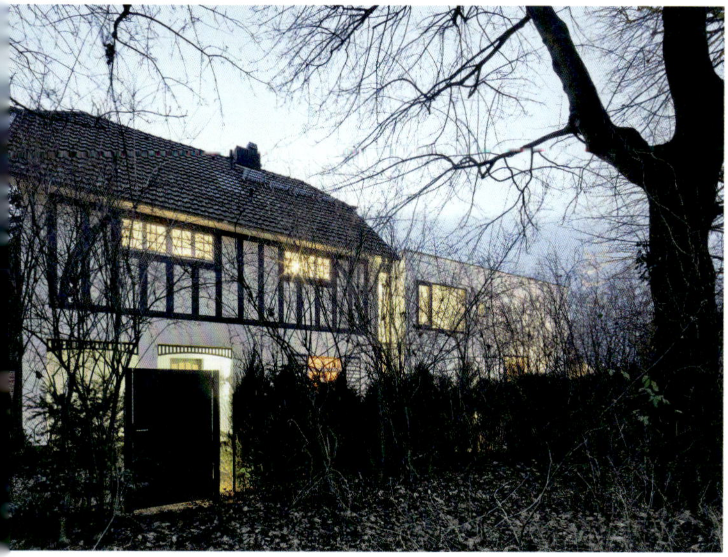

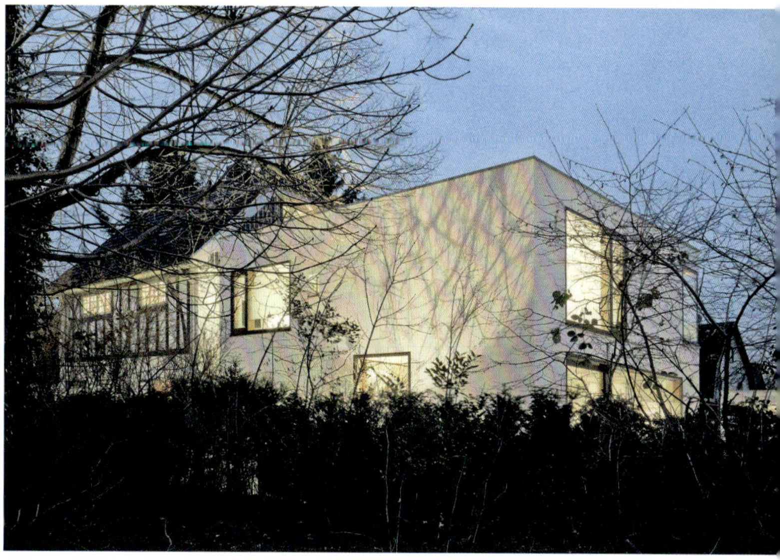

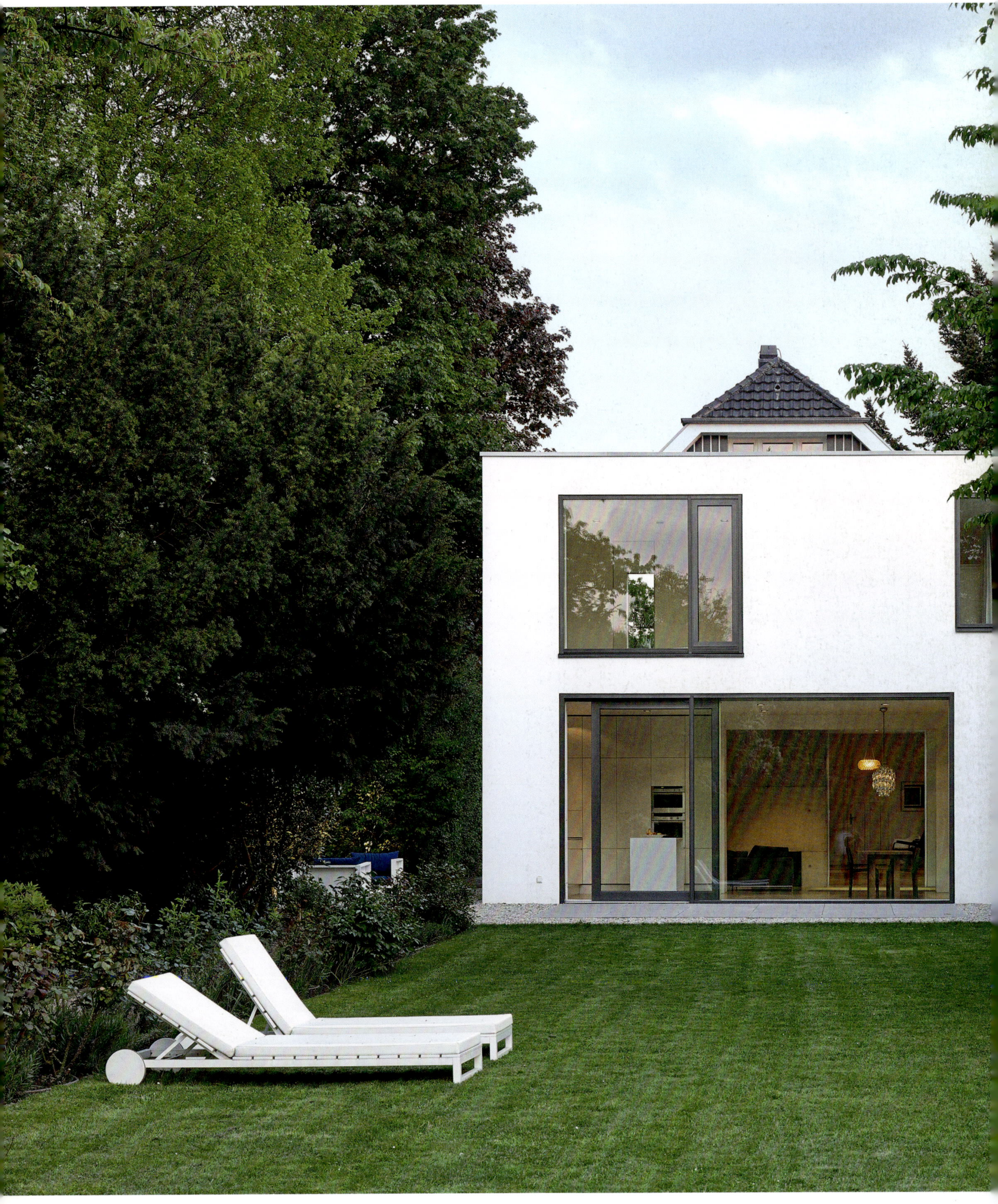

Sanierung und Anbau

Zwar fasste auch Architekt Dahmen von Beginn an einen Neubau in seiner eigenen Architektursprache auf dem Grundstück ins Auge – allerdings nicht anstelle, sondern als aufwertende Ergänzung des Altbaus. Mittels einer Glasfuge ebenso abgesetzt wie angefügt, verband Dahmen den Altbau mit einem zweigeschossigen, puristischen neuen Kubus zu einem großzügigen Wohnhaus für seine fünfköpfige Familie. Der Altbau wurde zum Einfamilienhaus rückgebaut und substanzwahrend saniert. Das Ergebnis ist faszinierend und muss sowohl Liebhaber idyllischer Altbauten wie Bauhaus-Anhänger überzeugen – umso mehr jedoch Architekturinteressierte, die hochwertige Bauten jeder Epoche und Stilrichtung schätzen. Gerade durch die klare formale Abgrenzung des Anbaus lässt jeder der beiden Baukörper den anderen respektvoll eigenständig wirken. Der Neubau versucht weder den Altbau zu übertrumpfen, noch macht er sich vor ihm klein. Vielmehr wahrt er den vorgefundenen Maßstab und nimmt das Spiel mit unterschiedlichen Fensterformaten neu interpretiert auf.

Nicht nur aufgrund des deutlich erweiterten Raumangebots erfuhr das alte Haus durch den Anbau eine Aufwertung, sondern auch dadurch, dass dieser es erstmals mit dem weitläufigen Garten auf seiner Nordseite verbindet. Fenster in diese Richtung hatte der Altbau nämlich nicht, vielmehr waren hier Garagen vorgebaut, und zwischen Gebäude und Garten war im Laufe der Zeit ein kleiner Wald emporgewachsen. Der Anbau, bereits vier Jahre nach seiner Fertigstellung um einige Meter nahtlos erweitert, öffnet sich heute über große Glasflächen zum Garten. Im Erdgeschoss befindet sich der große, helle Wohnraum mit offenem Kamin, in den im Zuge der nochmaligen Erweiterung auch die Küche aus dem Altbau verlagert wurde. Im Obergeschoss darüber sind der Elternbereich und ein Kinderzimmer untergebracht, zwei weitere im Obergeschoss des Altbaus.

Der Anbau öffnet sich großflächig zum Garten – eine Chance, die ein Jahrhundert lang ungenutzt blieb.

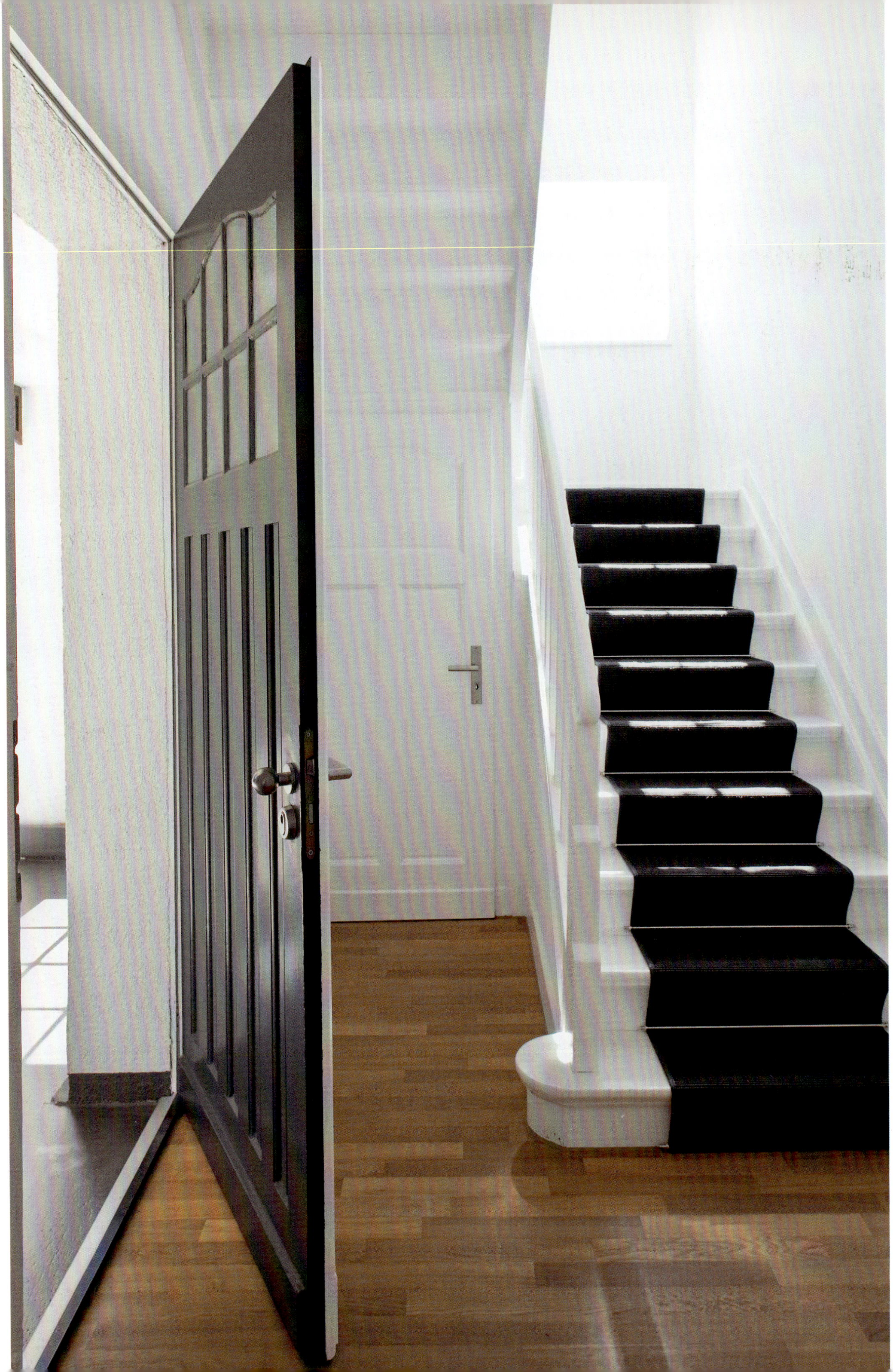

oben links Durchblick vom Altbau in den Anbau.
oben rechts Vom Gästezimmer unterm Dach aus blickt man über den Anbau hinweg in den Garten.
rechts Die sorgsam restaurierte Treppe mit bauzeitlichen Details.
linke Seite Der Zugang zum Haus erfolgt auch heute noch durch die originale Eingangstür.

oben „Fenster-Bank" mit Gartenbezug: die Höhe der rahmenlosen Verglasung wurde so gewählt, dass man im Sitzen optimalen Ausblick in den Garten hat.
ganz oben Die Küche wurde im Zuge der zweiten Erweiterung in den Anbau verlegt, bietet Gartenbezug und Reminiszenzen an die Grafik klassischer Fliesenspiegel.
rechte Seite oben Blick vom Essplatz Richtung Sitzgruppe mit Kamin und in den Altbau.
rechte Seite unten Der Gegenblick zum Bild oben: die Sichtachse aus dem Altbau, vorbei am Kamin und über den Essplatz hinweg in den Garten.

Projektdaten

Ursprüngliches Baujahr 1912
Größere Umbauten 2008 (Anbau des 2012 nochmals erweiterten Kubus)
Wohnfläche (vor Sanierung/aktuell) 110 m²/315 m²
Wandbaustoffe und Fassaden Altbau und Anbau in Mauerwerk, Altbau Putzfassade, Anbau Wärmedämmverbundsystem
Wandoberflächen (nach Sanierung) Putz, weiß gestrichen
Fußböden Altbau originales Eichenholzparkett, Anbau Sichtestrich
Dacheindeckung Altbau Dachziegel, Anbau extensiv begrüntes Flachdach
Energiesparmaßnahmen nach Sanierung (Altbau) Dämmung des Krüppelwalmdachs
Beheizung Gas-Brennwerttherme

Sanierungsplanung
Döring Dahmen Joeressen Architekten
Hansaallee 321
40549 Düsseldorf
www.ddj.de

Fotos Manos Meisen (S. 73–75, 78–79), Ike Branco (S. 76–77)

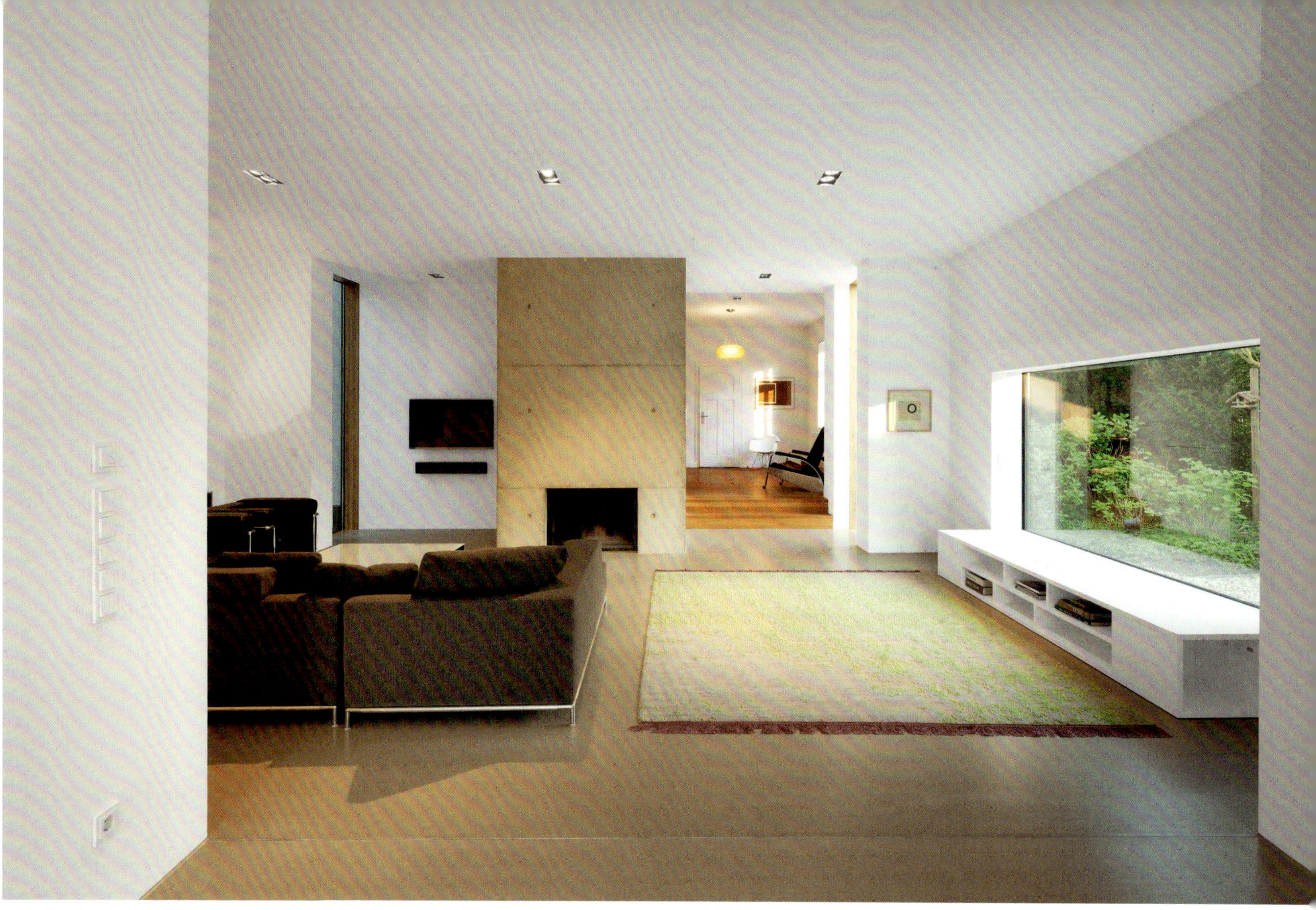

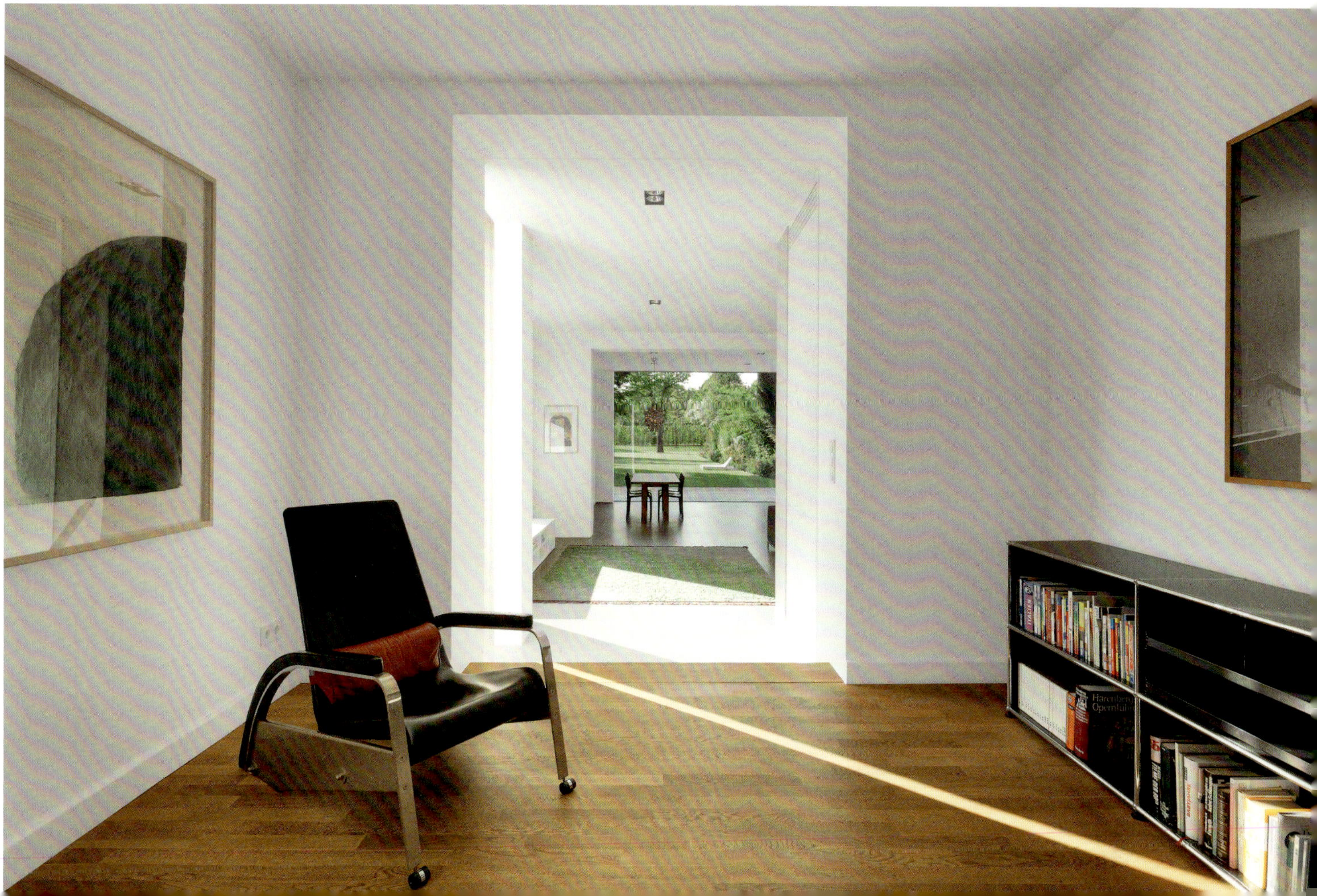

Bauzeit

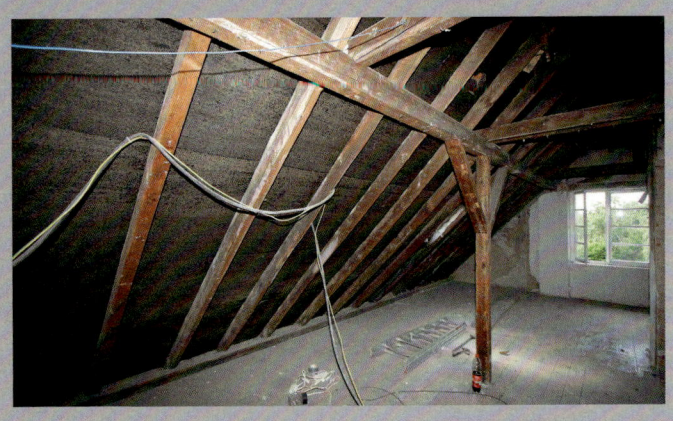

Vorher

80

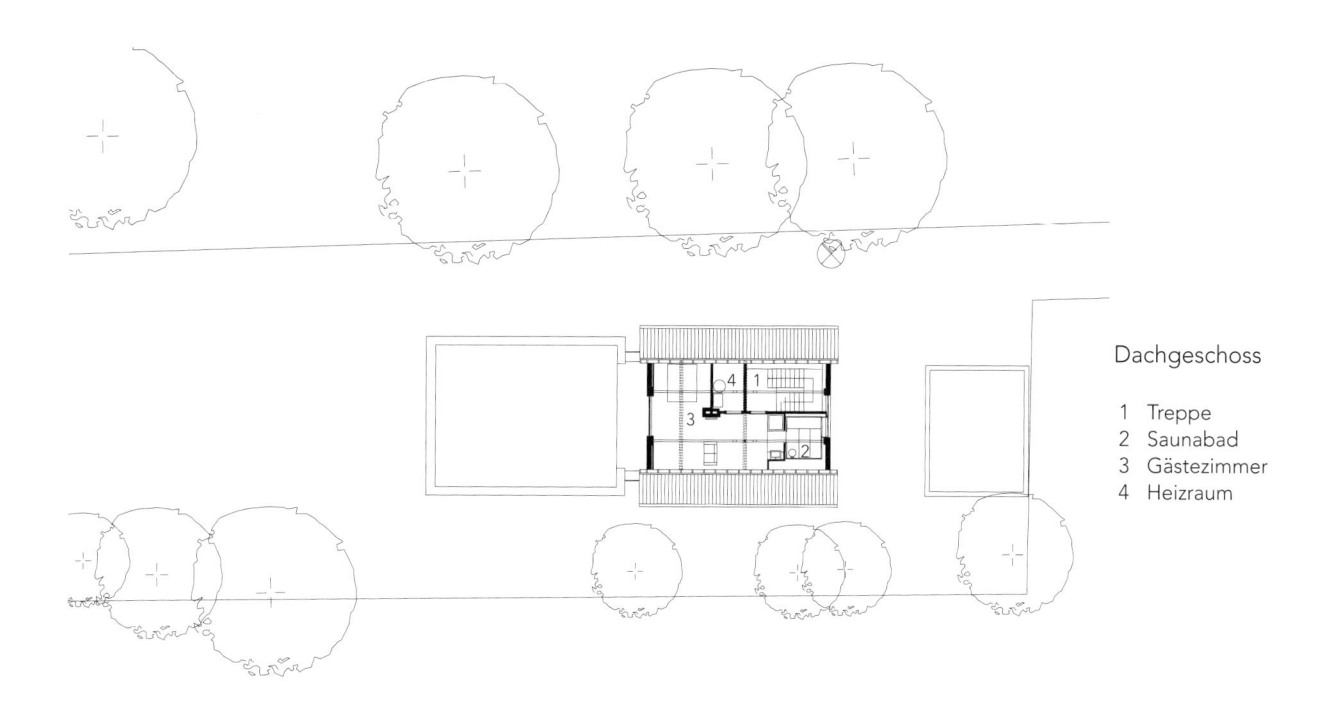

Dachgeschoss

1 Treppe
2 Saunabad
3 Gästezimmer
4 Heizraum

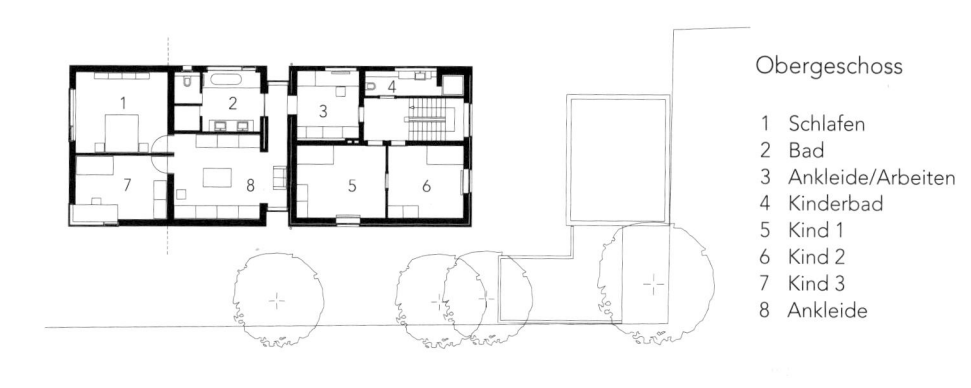

Obergeschoss

1 Schlafen
2 Bad
3 Ankleide/Arbeiten
4 Kinderbad
5 Kind 1
6 Kind 2
7 Kind 3
8 Ankleide

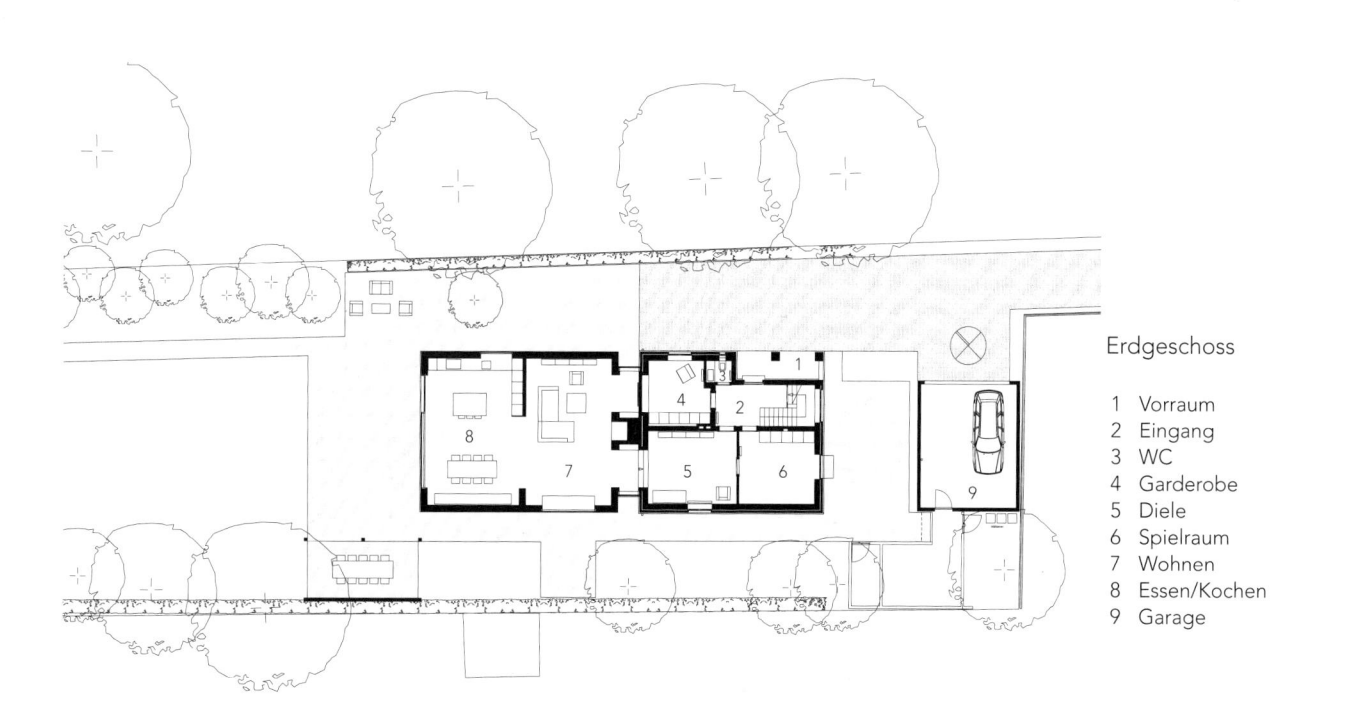

Erdgeschoss

1 Vorraum
2 Eingang
3 WC
4 Garderobe
5 Diele
6 Spielraum
7 Wohnen
8 Essen/Kochen
9 Garage

Fragmente eines Denkmals

Alter Kotten mit neuem Anbau in
Mülheim a. d. Ruhr

Der Begriff „Denkmal-Schutz" bedeutet im Wortessinn, dass ein vorhandenes Denkmal geschützt werden soll, also ein Gebäude, das aufgrund seines architekturhistorischen Werts oder als besonderer Zeuge eines Teils der Geschichte von erheblicher Bedeutung ist. Schützen lässt sich allerdings nur, was noch vorhanden ist. Im Zusammenhang mit einer Rekonstruktion wie etwa der Dresdner Frauenkirche von Denkmalschutz zu sprechen, ist also unzutreffend.

Nun gibt es immer wieder Gebäude, deren Substanz der Zahn der Zeit so weit zugesetzt hat, dass ein Großteil davon unrettbar zerstört ist – zu schützen gibt es nicht mehr viel. Dann lässt sich diskutieren, welcher Anteil an Originalsubstanz noch vorhanden sein sollte, um einen Wiederaufbau – also eine Teilrekonstruktion – des gesamten Gebäudes nach denkmalpflegerischen Kriterien fordern zu können, und manchmal verlieren die zuständigen Behörden dabei angemessene Relationen und Maßstäbe aus den Augen.

So geschah es bei dem auf diesen Seiten vorgestellten Kotten, einem einfachen, aber frei stehenden Arbeiterhaus. Umso erfreulicher, dass im Nachhinein alle Beteiligten zufrieden sind und die Bauherren sich in ihrem Haus wohlfühlen – genau genommen ein denkmalgeschützter Neubau unter Verwendung einiger Stützbalken von 1765.

Die Geschichte der Sanierung

Das 1765 erbaute einfache Haus war bis 2010 durchgängig bewohnt. Längeren Leerstand gab es also nicht, dennoch waren die Holzfachwerkkonstruktion und die Lehmgefache so marode, dass die Gefache und ein erheblicher Anteil der Holzbalken nicht zu erhalten waren. Insbesondere galt dies für die Schwellhölzer und die unmittelbar darauf aufstehenden Ständer. Mit lichten Raumhöhen zwischen gerade einmal 1,80 und 2,10 Metern wäre das Haus zudem nach heutigen Vorstellungen kaum noch bewohnbar gewesen.

Schön wie nie strahlt das ehemals einfache Häuschen nach seiner Kernsanierung. Der Anbau spricht eine eigenständige architektonische Sprache und ließ die Kubatur des Altbaus unverändert.

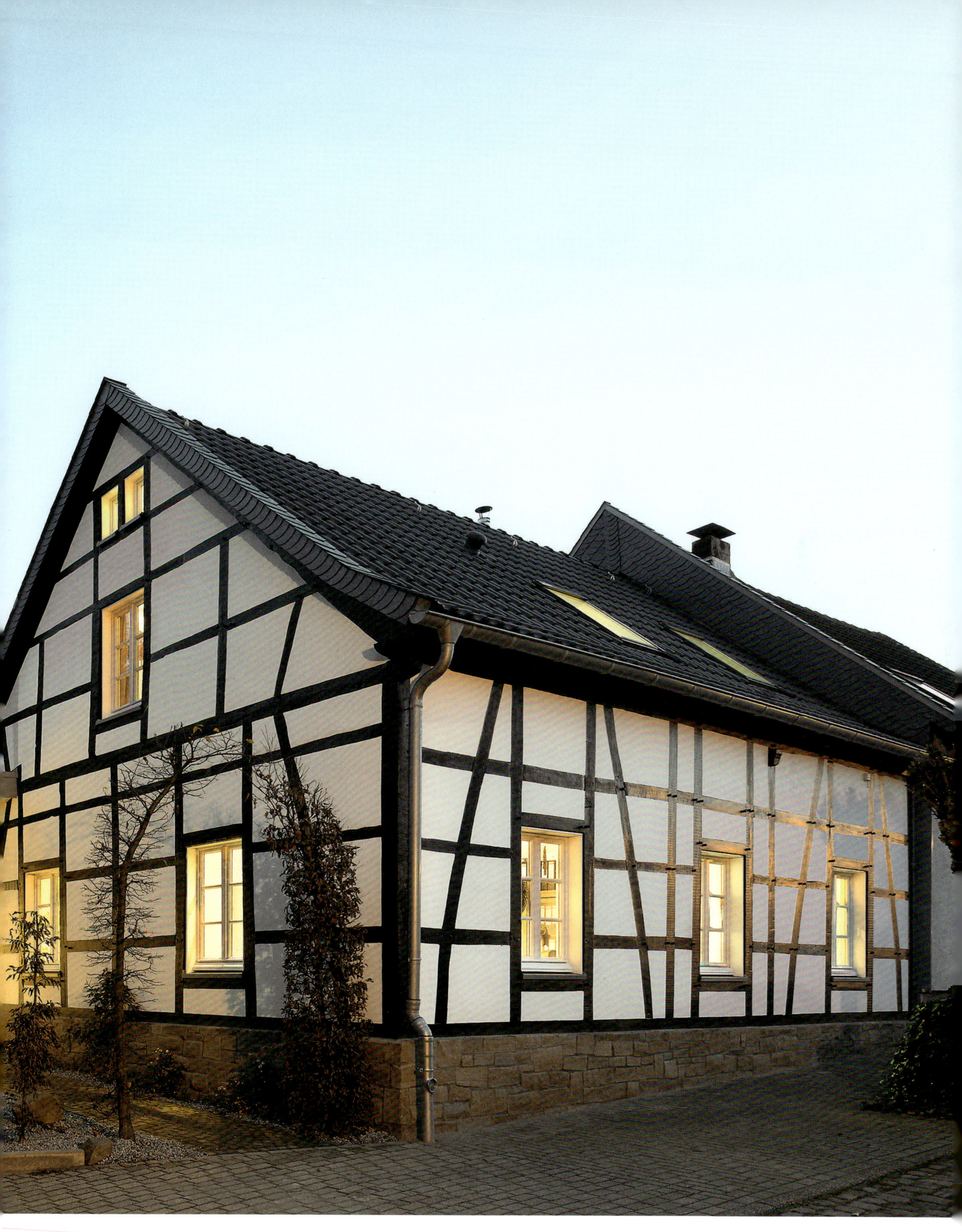

Kurzum: Gekauft wurde es nicht, um es zu sanieren, sondern um es zu abzubrechen und das Grundstück anschließend neu zu bebauen. Planung und Bauantrag für den Neubau waren bereits erstellt, als ein Nachbar das Denkmalamt auf den alten Kotten hinwies. Das Amt fand das Haus schützenswert und forderte seinen Erhalt.

Von Erhalt kann allerdings heute nur in Bezug auf etwa Dreiviertel des Holzfachwerks die Rede sein, da durch die massive, unumkehrbare Schädigung der übrigen Hölzer und der Ausfachungen eine komplette Entkernung erforderlich war. An deren Ende stand der Rest eines Holzfachwerks aufgeständert in der Luft. So konnte man die zerstörten Hölzer austauschen und das bis dahin nicht vorhandene Fundament nachrüsten. Eine Bodenplatte wurde eingezogen, tiefer als das vormalige Fußbodenniveau, die Gefache mit Lehmsteinen materialgerecht erneuert, die Wände innen passend mit Lehmputz versehen. Ein neues Dach und neue, weiße Holzfenster mit Sprossengliederung komplettierten die Außenhülle des neuen Altbaus.

Trotz der erzwungenen Planungsänderung und manch herber Rückschläge – etwa zwei Wassereinbrüchen kurz vor Fertigstellung – ließen sich die Bauherren und ihr Architekt nicht in ihrem Engagement beirren. Das Innere des kleinen Hauses gestalteten sie durch einen vom Erdgeschoss bis unters Dach reichenden und mit einer Dachverglasung gekrönten Luftraum betont großzügig.

Entwurfskonzept und Anbau

Die im erneuerten Fachwerkhaus erzielbaren gut 100 Quadratmeter Wohnfläche entsprachen nicht den Vorstellungen der vierköpfigen Familie. So wurde in die Neuplanung ein Anbau mit einbezogen. Dieser sollte den Altbau in jeder Hinsicht erkennbar belassen, woraus ein insgesamt dreiteiliger Entwurf resultierte: der zweigeschossige Anbau, der auf beiden Ebenen je ein Appartement für eines der Kinder

rechte Seite Das Innere des Altbaus wurde komplett neu gestaltet, Erd- und Obergeschoss galerieartig verbunden.
Seite 86/87 Die ehemalige Außenwand wurde zwischen der Küche im Fachwerkhaus und dem Essplatz im Neubau großflächig aufgebrochen. Neu und Alt verschmolzen und bilden eine charmante Symbiose.
unten Hinter dem Anbau entstand ein kleiner, geschützter Gartenhof.

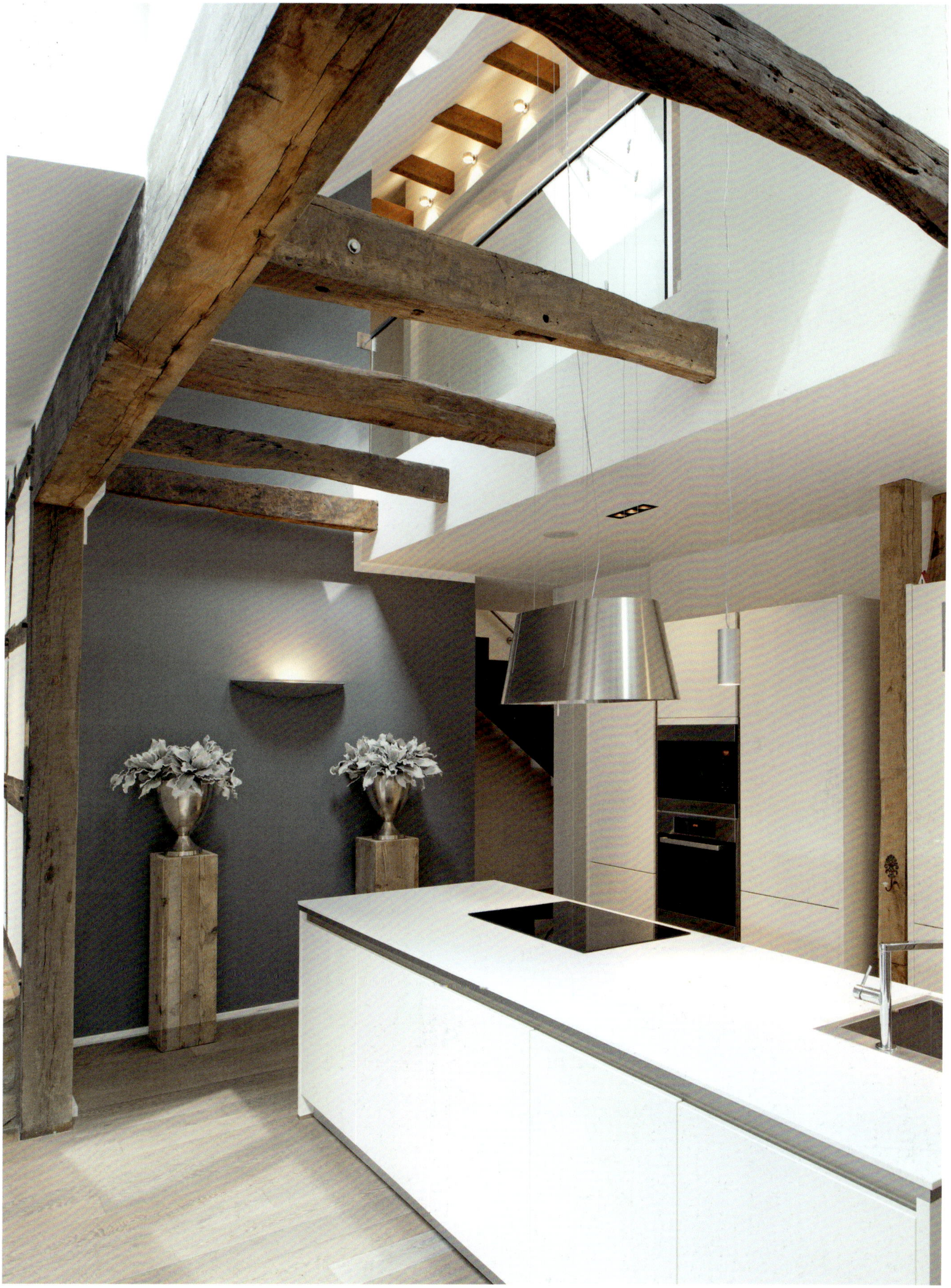

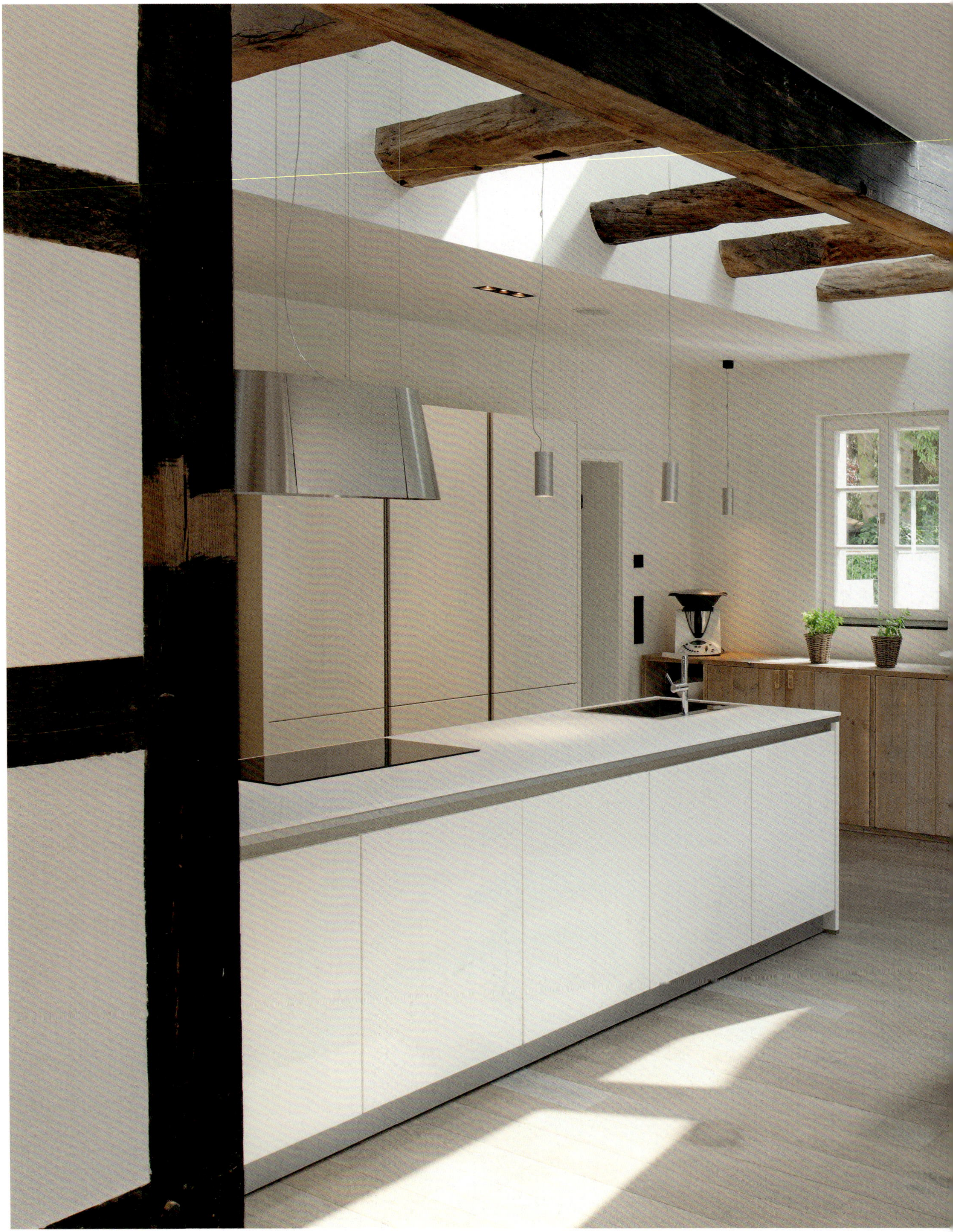

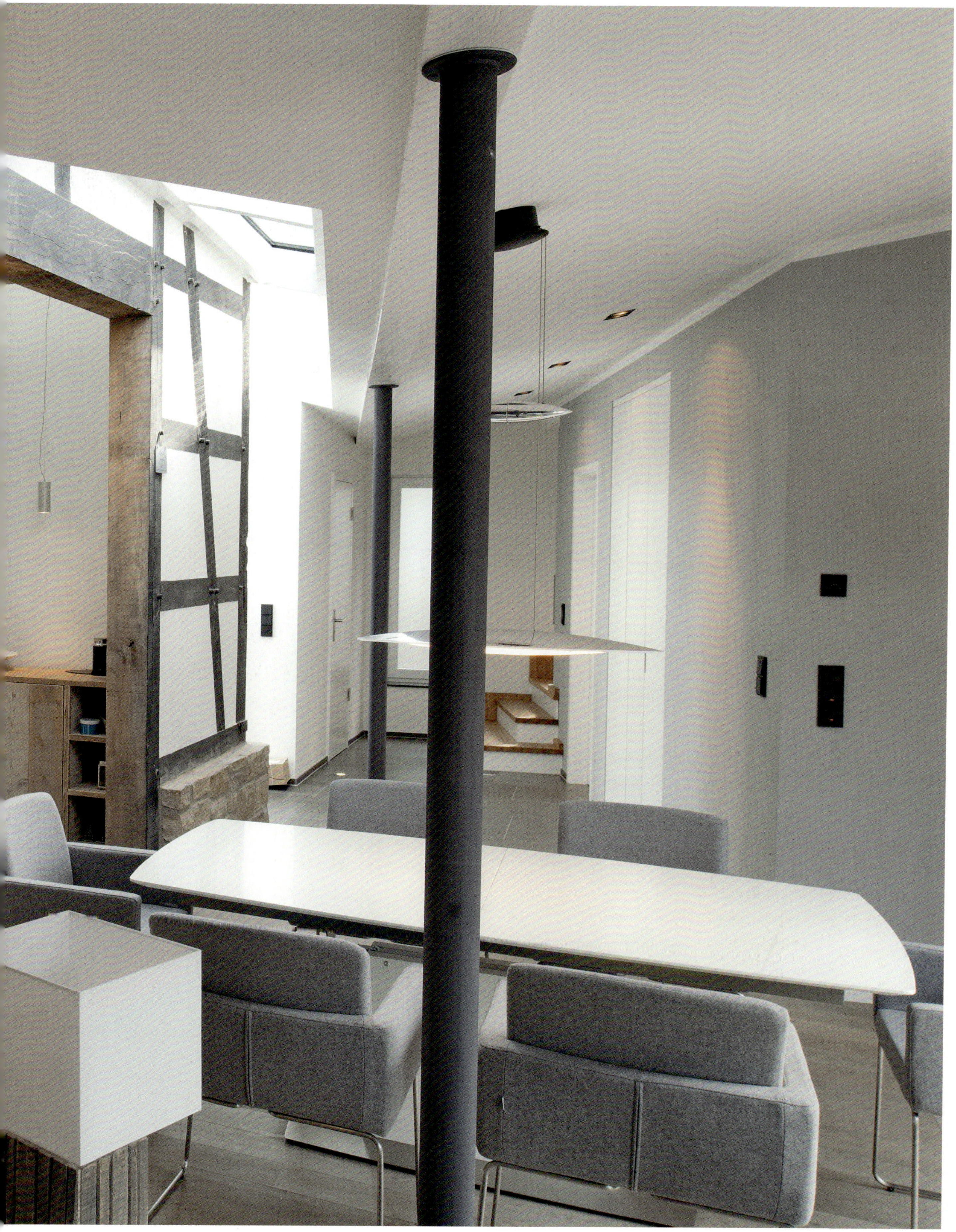

bietet, wurde an die Grundstücksgrenze zum Nachbarn gerückt und schließt hier zugleich eine städtebauliche Lücke. Der neue Baukörper entstand ebenfalls in Holzbauweise, kontrastiert jedoch optisch mit dem Fachwerkbau durch eine graue Putzfassade. Auch formal setzt er sich deutlich ab. Ein eingeschossiger Zwischenbau in der Architektursprache des Kindertrakts verbindet Alt und Neu. Er nimmt den Eingangsbereich und den Essplatz auf, der über einen Durchbruch der südlichen Traufseite des Fachwerkhauses mit der dort angeordneten Küche offen verbunden wurde. Hinter der Küche befinden sich ein Arbeitszimmer und der Hauswirtschaftsraum, darüber der Elternbereich, über den Luftraum galerieartig angebunden.

Auch wenn der Anteil historischer Bausubstanz am heutigen Gebäude noch so gering sein mag: Das Gesamtergebnis überzeugt und erfüllte letztlich auch die Bauherren mit Stolz, die heute in einem charmanten, höchst individuellen Zuhause leben.

oben links Einbauschränke – hier auf der Galerie im Obergeschoss – bieten großzügigen Stauraum, ohne die Räume durch eingestellte Möbel optisch einzuengen.
oben Eines der Kinderzimmer im Anbau.
links Durch wechselseitig unterbrochene Wangen bietet die eigentlich klassisch gehaltene Treppe einen überraschenden, markanten Anblick.
rechte Seite Blick von der Galerie auf Küche und Essplatz; ein Dachflächenfester erhellt den Raum.

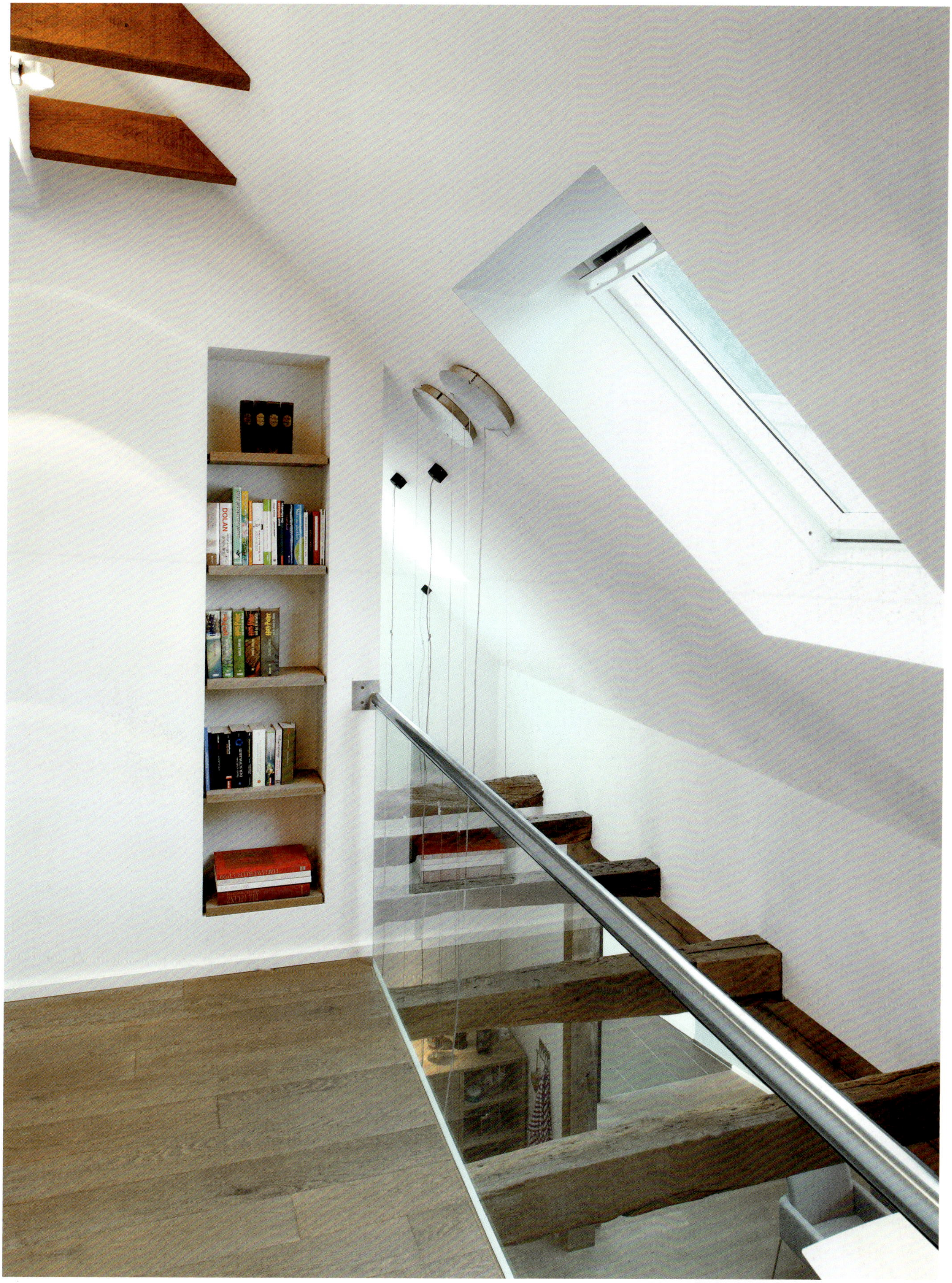
DOLAN

Vorher

Bauzeit

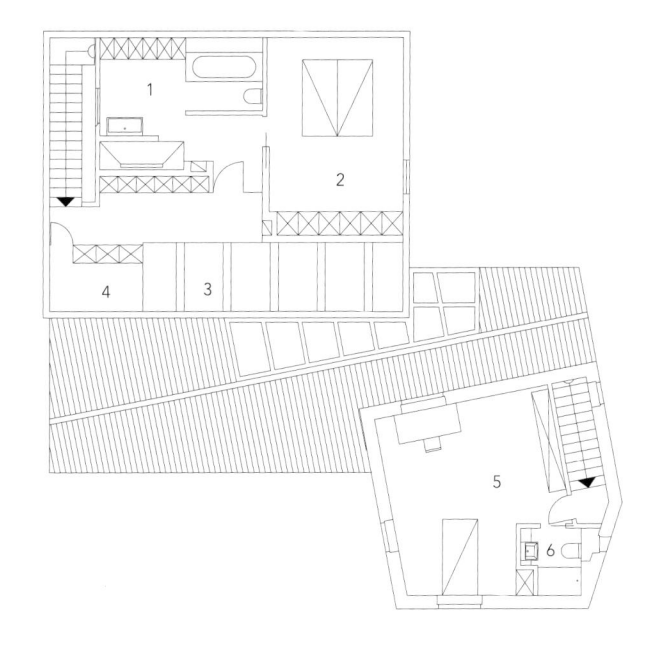

Obergeschoss

1 Bad
2 Schlafen
3 Abstellraum
4 Luftraum
5 Kind
6 Bad

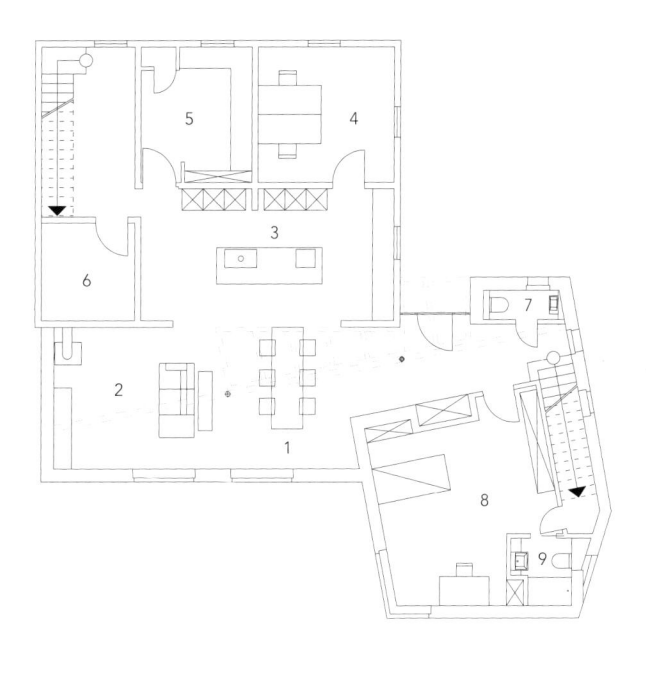

Erdgeschoss

1 Essen
2 Wohnen
3 Kochen
4 Arbeiten
5 Hauswirtschaft
6 Abstellraum
7 WC
8 Kind
9 Bad

Projektdaten

Baujahr 1765
Wohnfläche vor Sanierung/aktuell 121m²/103 m² (nur Altbau)
Wandbaustoffe und Fassaden sichtbar belassenes Holzfachwerk mit Leinölanstrich und Lehmausfachung (Altbau), Holzrahmenbau mit Putzfassade (Anbau)
Wandoberflächen Lehmputz (Altbau), Gipskarton, gespachtelt und gestrichen (Anbau)
Fußböden Eiche-Dielen, teilweise farbig pigmentiert
Dacheindeckung Tonziegel anthrazit engobiert
Energiesparmaßnahmen Innendämmung der Fachwerkaußenwände
Beheizung Gas-Brennwerttherme

Sanierungsplanung und Entwurf Anbau
Dipl.-Ing. Ekkehardt Schröer
Innenarchitektur + Möbeldesign
Wesselswerth 6
45239 Essen
www.ekkehardtschroeer.de

Fotos Peter Stockhausen

Rückgebaut und neu ergänzt

Villa in München

Ein sensibles Gespür für historische Bausubstanz und deren Wert, kombiniert mit einer logischen und stringenten Herangehensweise – eine hervorragende Mischung als Ausgangsbasis für eine Denkmalsanierung! Architekt Thomas Unterlandstättner verfügt über beide Fähigkeiten, wie er bei mehreren Projekten mit überzeugendem Ergebnis unter Beweis gestellt hat. Sein Konzept dabei ist immer ähnlich, doch stets auf die individuelle Situation abgestimmt.

Raum für Raum, Bauteil für Bauteil, Schicht für Schicht wird die vorgefundene Substanz untersucht und differenziert: Was ist denkmalpflegerisch wertvoll und erhaltenswert, welche späteren Zutaten sollten entfernt werden, an welchen Stellen sind Restaurierung oder gar Rekonstruktion zur Wiederherstellung des historischen Gesamtbilds sinnvoll? Diese Genauigkeit ist bei Denkmälern wie Schlössern oder Kirchen üblich, bei Wohnhäusern keinesfalls.

Alles, was anschließend in die so bereinigte und wieder hergestellte historische Hülle neu eingebracht wird, wird reversibel montiert oder nur lose platziert und gibt sich in jedem Fall durch die Ausprägung seiner Form, manchmal

rechts Die Eingangsveranda und der Erker im Obergeschoss setzen Akzente und werten das Haus nicht nur optisch auf.
unten Die Straßenansicht des Hauses entspricht einem um 1900 gängigen Muster. Sie zeigt sich heute wieder in einem der Bauzeit ähnlichen Zustand. Moderne Ergänzungen wie die Gauben oder die Garage setzen sich bewusst ab.

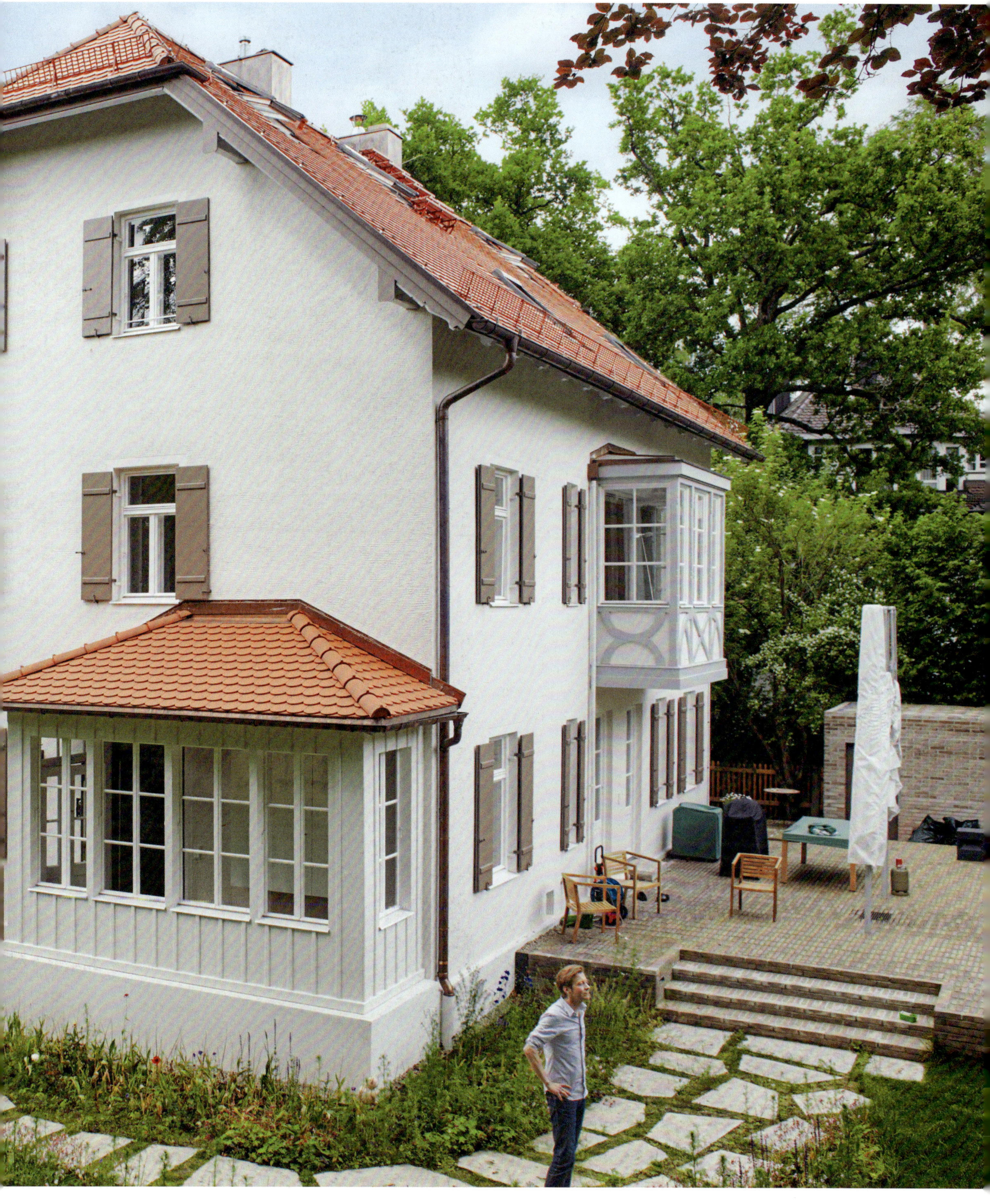

oben Die Eingangsveranda wurde mit modernen Stau- und Sitzmöbeln ausgestattet, deren Oberflächenstruktur sich an Fußboden und Wänden orientiert.
rechte Seite oben Im Erdgeschoss wurden wenige Wände entfernt, wodurch ein großzügigeres Raumgefühl möglich wurde.
rechte Seite unten Der Erker im Obergeschoss lässt sich mittels einer Faltfassade abtrennen und bietet dann den Charakter einer Loggia.
unten Gartenansicht mit der neu angelegten Ziegelstein-Terrasse.

auch durch die Wahl hervorstechender, moderner Materialien als Ergänzung unserer Zeit zu erkennen. Gern sieht Unterlandstättner beispielsweise Einbaumöbel mit zeitgemäßen, teils aus dem Rahmen fallenden Lackoberflächen vor. In Kombination mit dem Altbau ergeben sich prägnante Räume, die bei Bedarf jederzeit rückzuversetzen sind in einen Zustand ähnlich der Bauzeit.

Das Haus vor der Sanierung

Viel ist nicht bekannt über die Geschichte der 1902 erbauten Villa. Immer wieder wurde sie im Lauf der Jahrzehnte umgebaut, teilte man ihre etwa 300 Quadratmeter Wohnfläche in drei Einheiten auf. Von der ursprünglichen Bausubstanz ging hierdurch viel verloren, doch neben alten Dielenfußböden überdauerten erfreulicherweise die bauzeitlichen Kastenfenster die Zeit.

Die Innenaufteilung entspricht einem um 1900 gängigen Prinzip: Die im Verhältnis von 2:3 aufgeteilte rechteckige Grundfläche von Erd-, Ober- und Dachgeschoss wurde jeweils in sechs Felder unterteilt. Die meisten davon entsprachen exakt einem Raum, und nahmen in einer Gebäudeecke über alle drei Geschosse hinweg die Treppe auf.

Nach der Sanierung bilden im Erdgeschoss jeweils zwei dieser Felder die Küche und das Wohnzimmer, an das das Kaminzimmer über einen offenen Wanddurchbruch im Winkel anschließt. Im Obergeschoss befinden sich das Elternschlafzimmer und ein Gästezimmer mit eigenem Bad, unterm Dach schlafen die vier Kinder. Drei der Kinderzimmer öffnen sich heute bis in den Spitzboden, wo gemütliche Spielgalerien eingerichtet sind. Über diesen gibt es nach Osten gerichtete Dachflächenfenster, die in Verbindung mit den westlich orientierten Gauben die Kinderzimmer zu jeder Tageszeit mit Sonnenlicht erfüllen.

Maßnahmen der Sanierung

Im Rahmen des oben erläuterten Sanierungskonzepts ließ Unterlandstättner die Fassaden unter Verwendung der originalen, überarbeiteten Kastenfenster wiederherstellen. Ein Zugeständnis an heutige energetische Standards ist lediglich Wärmedämmputz, der im Stil des weitgehend nicht mehr vorhandenen Originalputzes aufgebracht wurde.

Die Terrasse und andere Einbauten im Garten entstanden einheitlich aus kleinformatigem Sichtziegel, wodurch sie sich hier auf dezente Weise als neue Elemente absetzen.

Betont schlicht gehaltene, jedoch teilweise in Farbton oder Haptik ungewöhnlich lackierte Einbaumöbel bestimmen bereits das Bild im Erdgeschoss, wobei sich die Einbauküche mit weißen Fronten und Kochinsel aus heutiger Sicht relativ konventionell gibt. Ebenfalls weiß, jedoch deut-

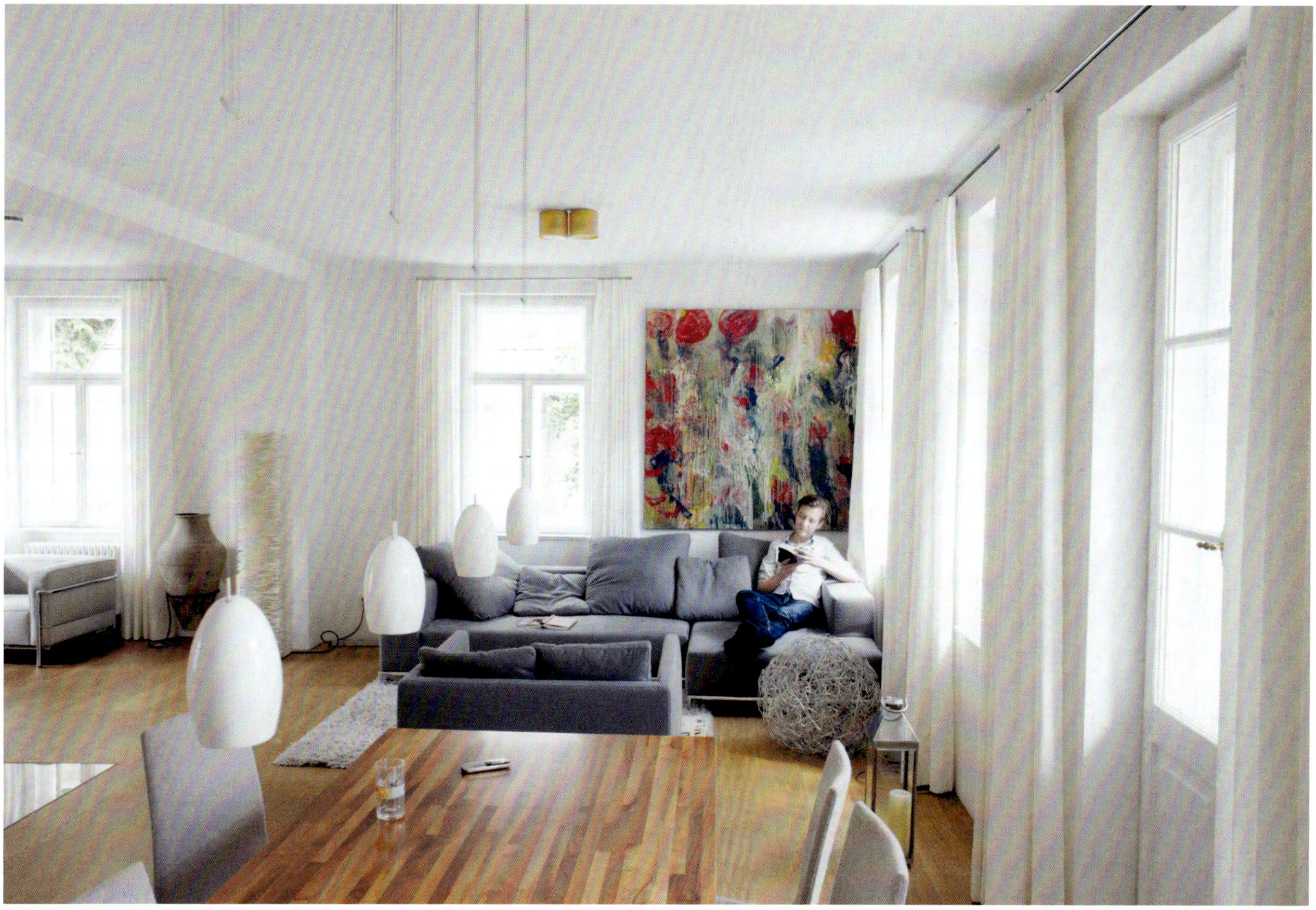

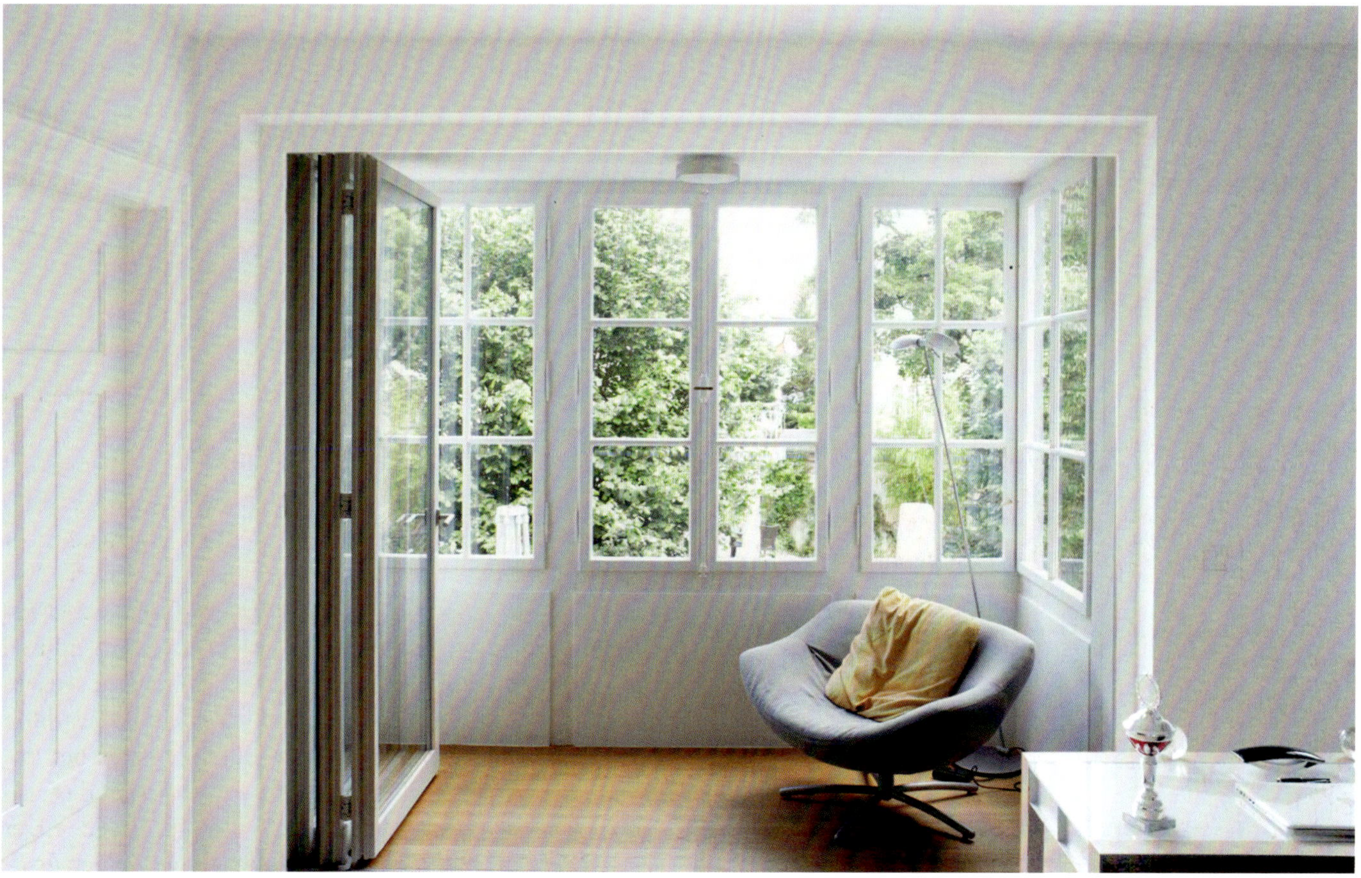

lich markanter fielen die multifunktionalen Einbaumöbel in den Kinderzimmern aus. Die alten Kassettentüren rahmend, bieten sie Stauraum, aber auch die Raumspartreppe zur Galerie. Die untersten Stufen wurden abnehmbar gestaltet, sodass sich die Gesamttiefe des Möbels auf normale Schrankmaße reduzieren lässt und die Treppe nicht in den Raum hineinsteht.

Ansicht Norden

oben links und unten links Die elegante, zweifach gewendelte Treppe wurde weitgehend originalgetreu saniert, im Erdgeschoss ein modernes kleines Einbaumöbel eingefügt.
rechte Seite Die Einbauschränke in den Kinderzimmern umbauen die vom Treppenraum abgehenden Zimmertüren.
ganz unten Detail der Leitertreppen.
unten beide In den Kinderzimmern entstanden Schlafemporen. Sie werden erschlossen über Leitertreppen, die in Einbauschränke integriert wurden, die zugleich als Brüstungen dienen. Die unteren beiden in den Raum stehenden Stufen lassen sich wegnehmen.

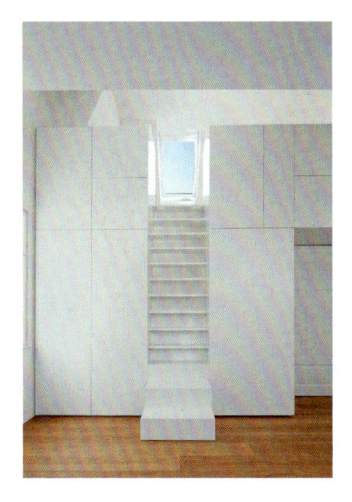

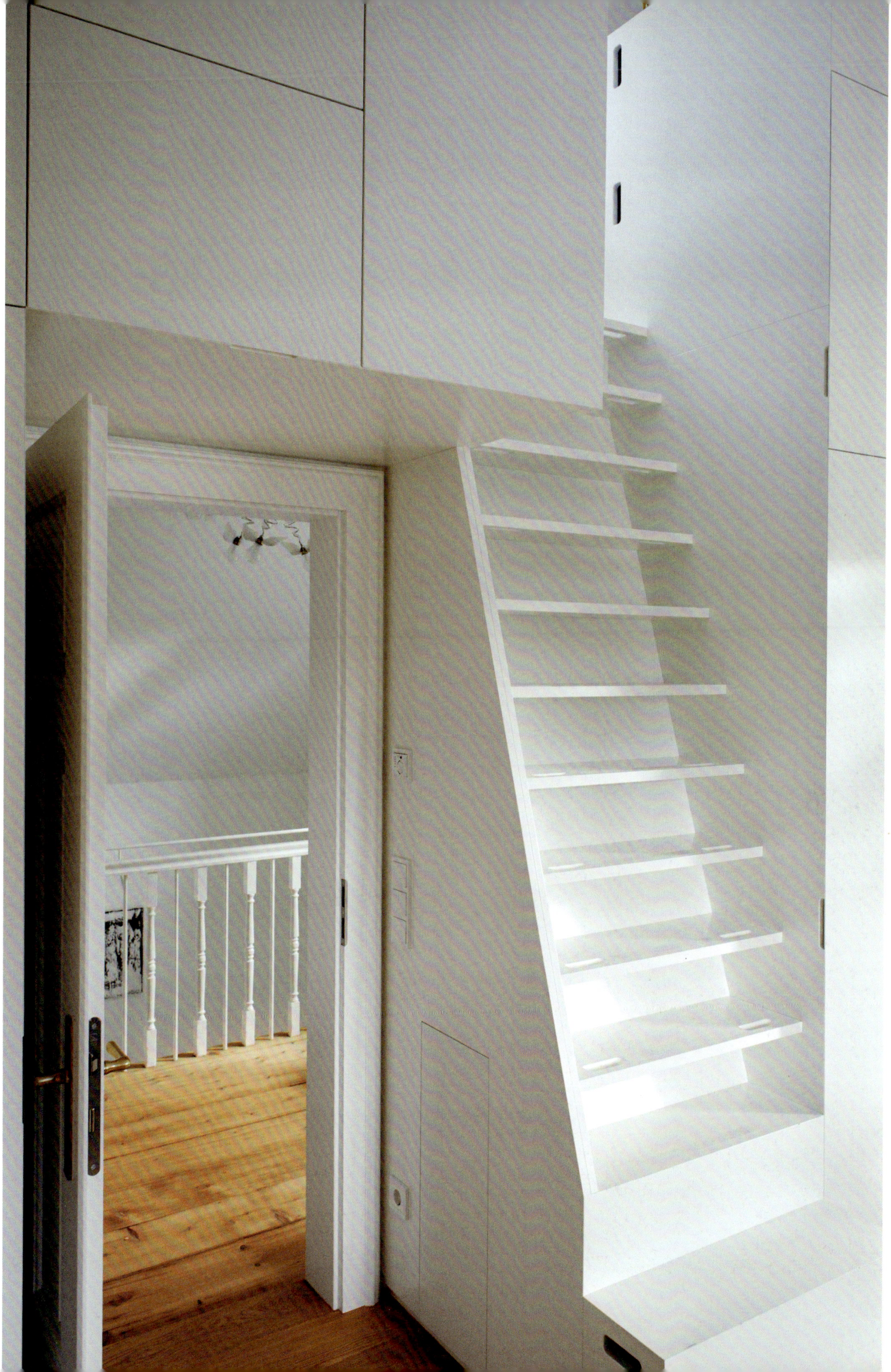

oben Die glattflächig weißen Kücheneinbauten bilden zugleich die raumabschließenden Oberflächen.
unten beide Im ganzen Haus finden sich heute sorgsam restaurierte bauzeitliche Details, hier eine Fensterolive und ein Ausschnitt des Brüstungsgeländers.

Schnitt 1

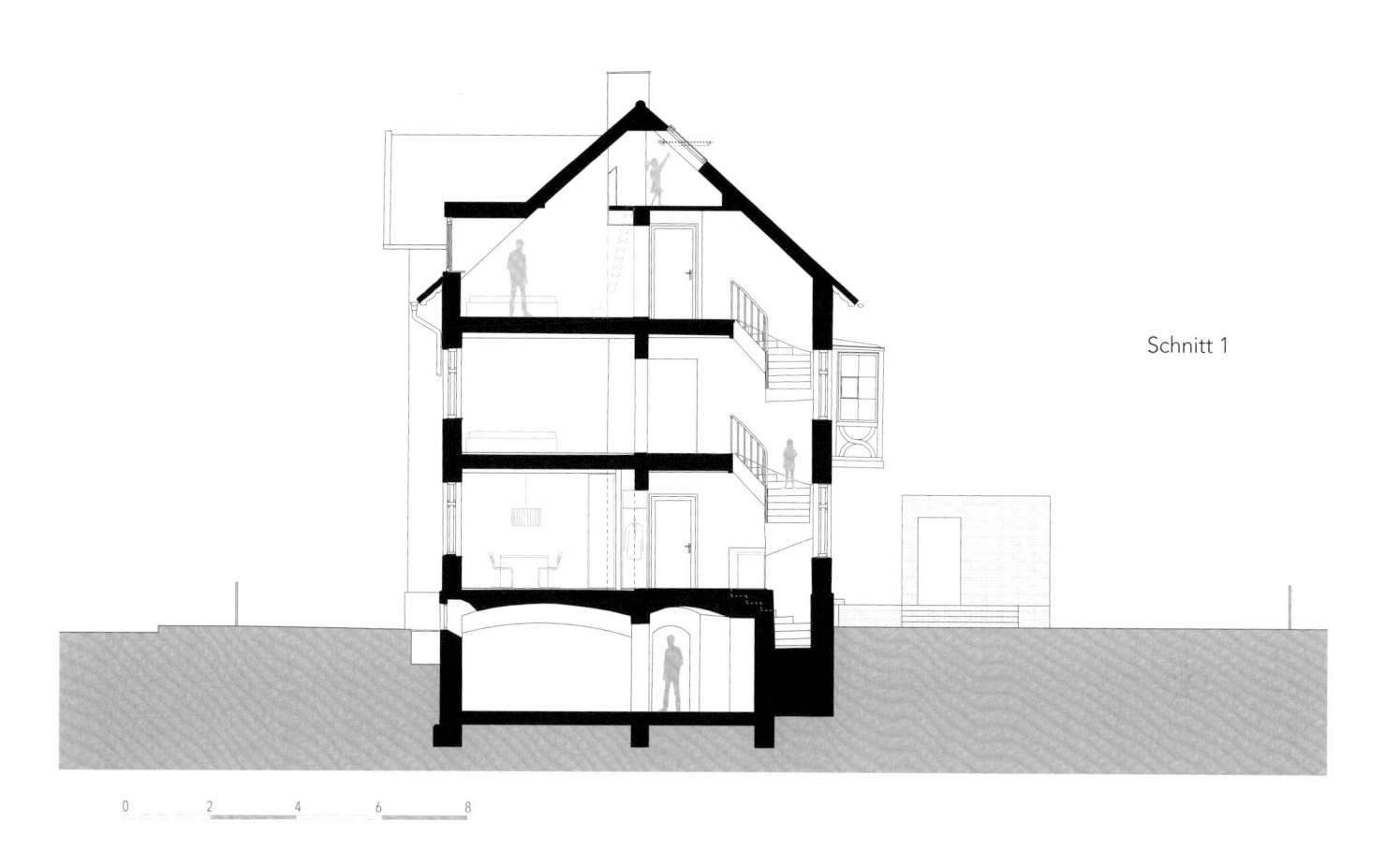

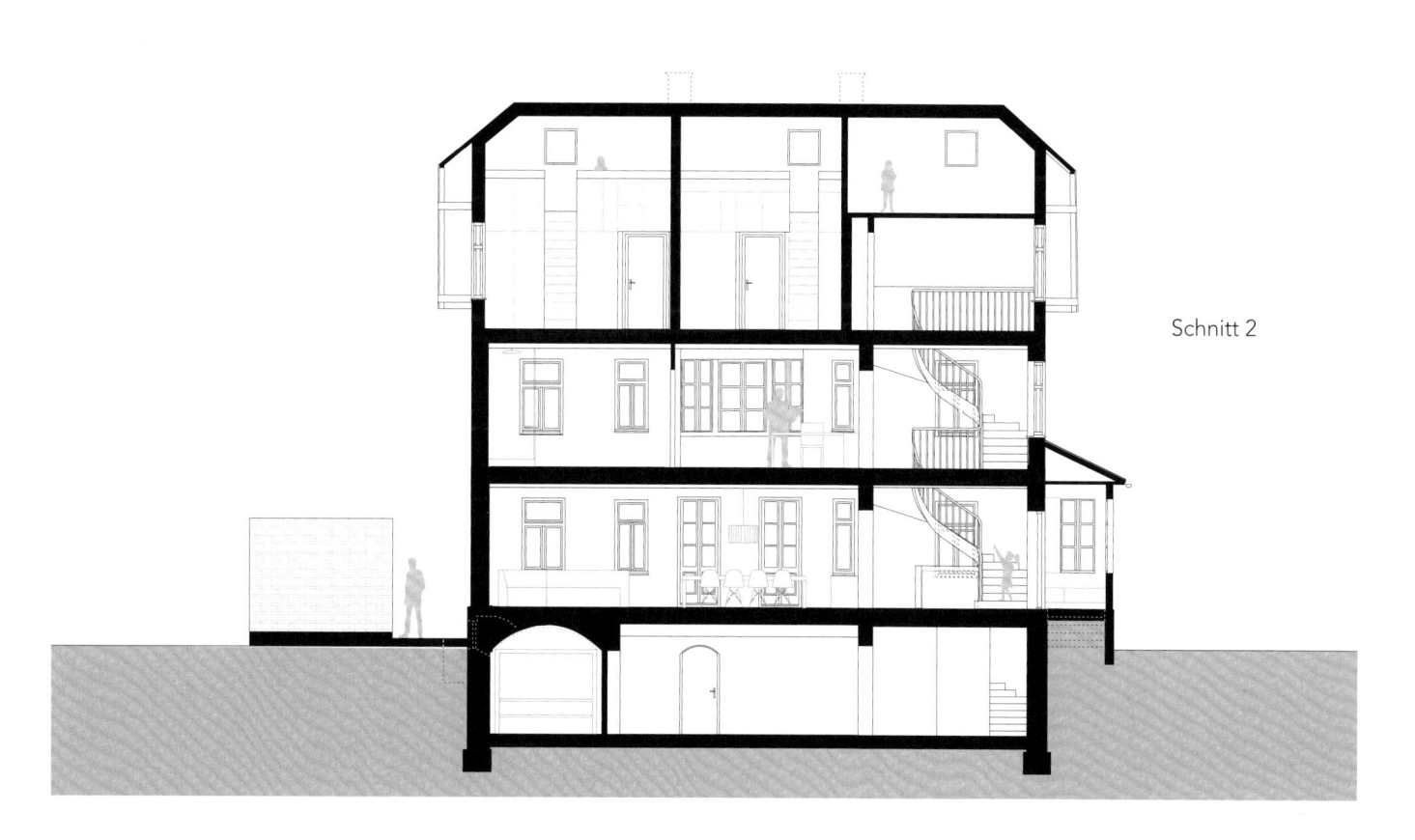

Schnitt 2

99

Projektdaten

Baujahr 1902
Größere Umbauten Unterteilung des Gebäudes in drei Wohneinheiten, Zeitpunkt unbekannt
Wohnfläche 300 m² zzgl. 70 m² Nutzfläche
Baustoff der Wände Vollziegelmauerwerk, neu verputzt mit Wärmedämmputz; Kelleraußenwände aus Stampfbeton; 2. Obergeschoss teilweise Holzständerwerk mit Ziegelausfachung
Wandoberflächen Putz
Fußböden überwiegend aufgearbeitete Holzdielen
Dacheindeckung Biberschwanz
Energiesparmaßnahmen Wärmedämmputz, Dämmung des Dachs, neue, wärmedämmende Verglasung der Kastenfenster
Beheizung Gastherme

Sanierungsplanung
Unterlandstättner Architekten
Holzstraße 7
80469 München
www.u-architekten.de

Fotos Basti Arlt S. 92/93, 94 o., 95 beide, 96 o., 97, 98 u. beide; Michael Heinrich S. 92, 94 u., 96 u.li.; Florian Holzherr S. 96 re. Mitte beide, 98 o.

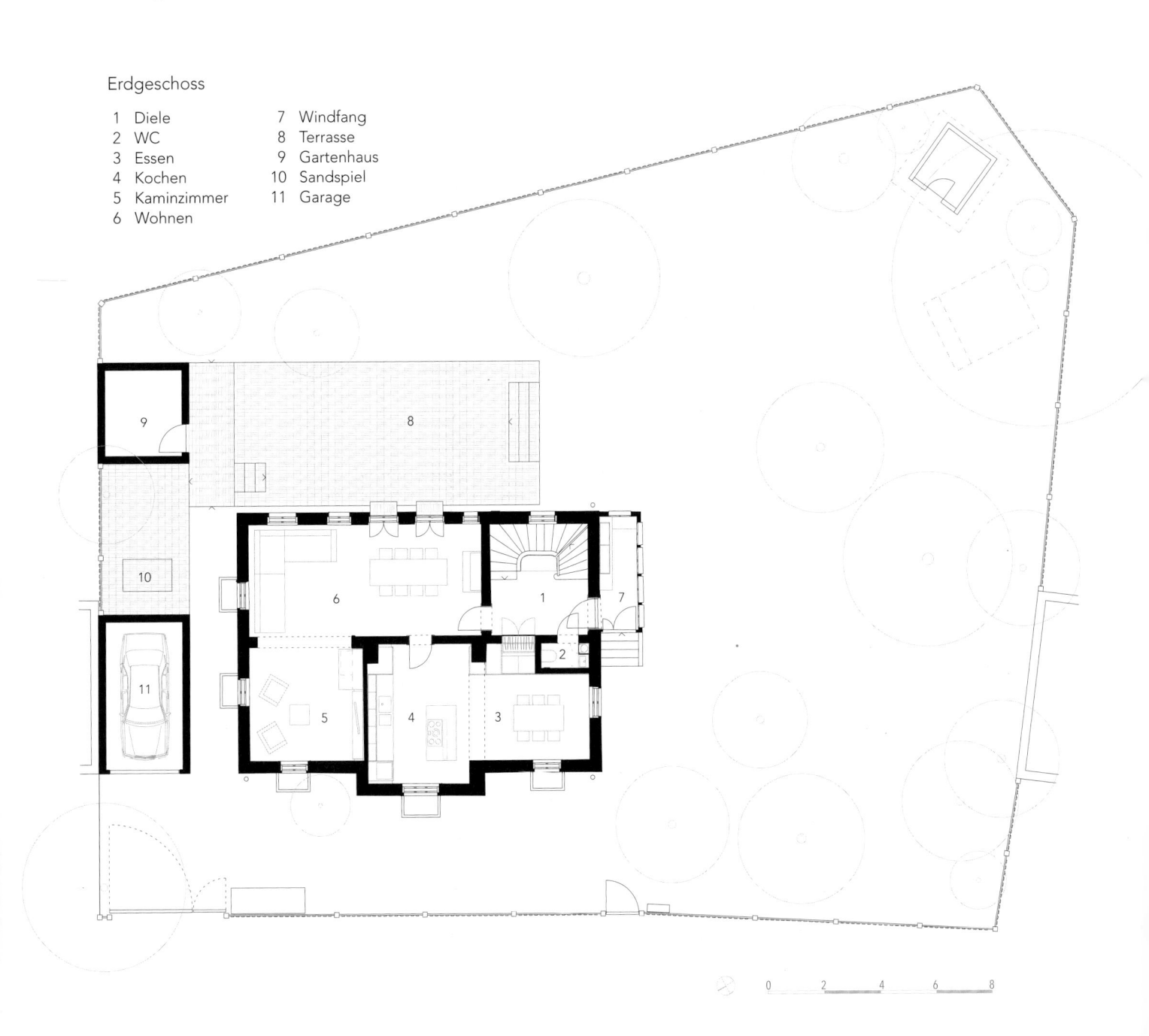

Erdgeschoss

1 Diele
2 WC
3 Essen
4 Kochen
5 Kaminzimmer
6 Wohnen
7 Windfang
8 Terrasse
9 Gartenhaus
10 Sandspiel
11 Garage

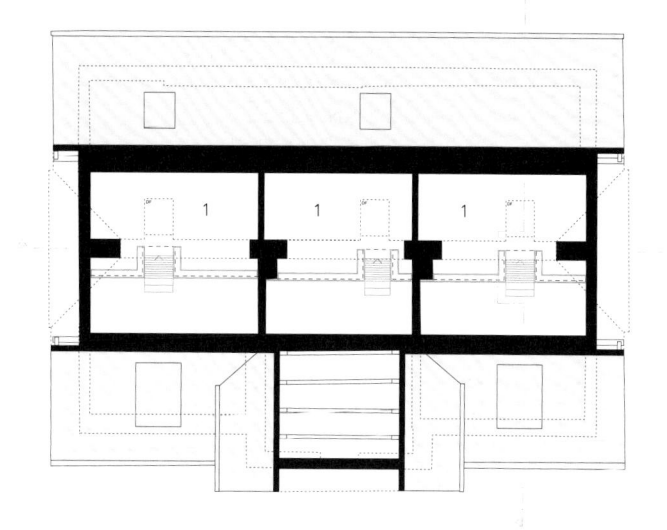

Spielgalerie

1 Kind

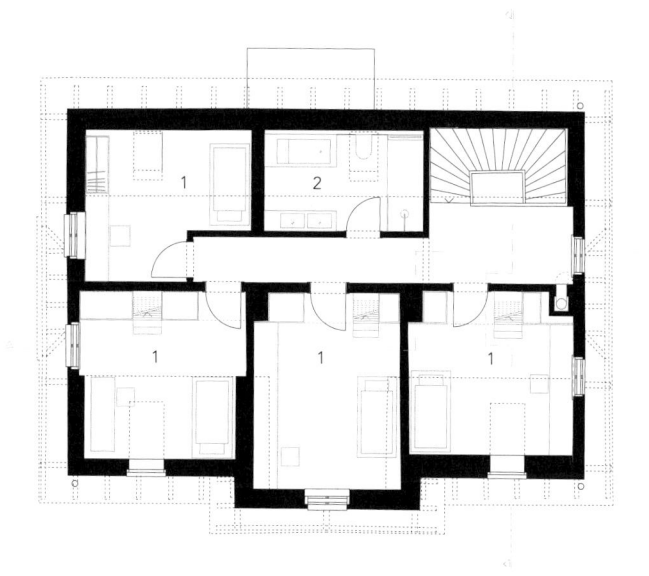

Dachgeschoss

1 Kind
2 Bad Kinder

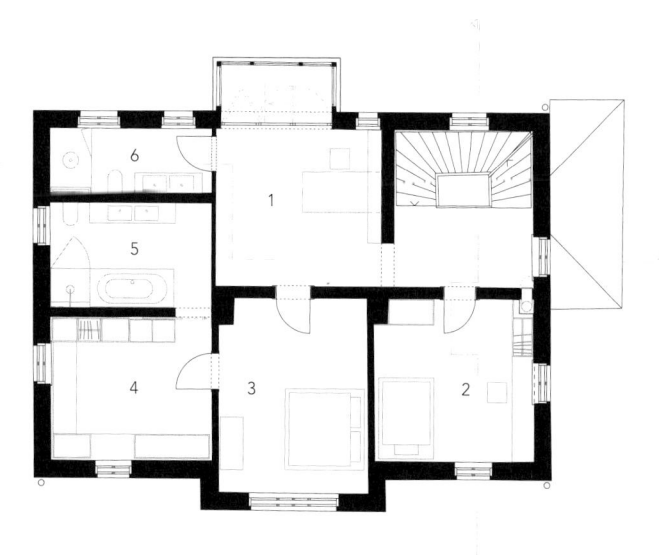

Obergeschoss

1 Arbeiten
2 Gästezimmer
3 Schlafzimmer Eltern
4 Ankleide
5 Bad Eltern
6 Bad Gäste

Vorher

Bauzeit

Souveränität durch Kontraste

Hanghaus bei München

Weitreichender als beim zuvor vorgestellten Projekt konnte Architekt Thomas Unterlandstättner einen ähnlichen Entwurfsansatz zur Sanierung bei einem noch repräsentativeren Wohnhaus bei München umsetzen. Auch hier war sein Ziel, den Altbau als solchen so weit möglich in seiner bauzeitlichen Substanz zu bewahren und diese sensibel zu ergänzen, wo sie über die Jahre Schäden erlitten hatten. Kleine Eingriffe in den wiederhergestellten Grundriss, etwa Wanddurchbrüche, sorgen auch hier für ein luftigeres Raumgefühl. Neue Einbauten und ein neuer Anbau im Hanggeschoss setzen sich so deutlich ab, dass gerade dadurch die Souveränität des Historischen gewahrt bleibt.

Die Geschichte des Hauses und seiner Sanierung

Wie vielen einst noblen Wohnhäusern erging es auch dieser Villa, die 1890 an einem relativ steilen Hanggrundstück errichtet wurde: 1912 erweitert und 1993 durch der Architektur nicht angemessene Eingriffe in zwei Wohnungen aufgeteilt, litten Statik und Bauphysik massiv. Risse, abgesackte Decken und verzogene Türen waren die Konsequenzen, ebenso Feuchteschäden an tragenden Holzbauteilen als Folge des Einbaus von Fenstern vor der Loggia. Das Schließen des offenen Raums hatte die Bauphysik durcheinandergebracht.

Ziel der neuen Eigentümer war es, dem inzwischen denkmalgeschützten Gebäude im Wesentlichen seinen ursprünglichen Charakter wiederzugeben. Dabei sollte allerdings der Grundriss an ein paar Stellen sensibel an die Bedürfnisse der Bauherren angepasst werden: Außer der vierköpfigen Familie mit zwei kleinen Kindern leben zeitweise die Großeltern mit im Haus, die eigene Räumlichkeiten bekommen haben.

Die innere Aufteilung des Hauses entspricht im Erdgeschoss dem bauzeitlichen Villentypus mit einem großzügigen, mehrräumigen Wohnbereich, der durch das Herausnehmen von Wandstücken offener gestaltet ist als früher. Im Obergeschoss befindet sich heute der Schlafbereich der Eltern mit großzügiger Ankleide, daneben das Wohnzimmer der Großeltern mit offener Küche und anschließendem Bad. Der zugehörige Schlafraum mit einem weiteren Bad fand unter dem Dach Platz, ebenso die beiden Kinderzimmer.

Die historische Tragkonstruktion wurde denkmalgerecht verstärkt und Schäden wurden fachgerecht beseitigt. Mehrere Versuche, Schäden am originalen, nicht gestrichenen Fassadenputz zu egalisieren, scheiterten jedoch. So wurde

links Schon bauzeitlich stand das Haus auf einem künstlich geschaffenen Plateau am Hang, das als Terrasse genutzt wurde. Das Plateau wurde durch einen nutzbaren Anbau des Hanggeschosses mit Dachterrasse ersetzt.
rechte Seite In der frontalen Seitenansicht wird der steile Geländeabfall des Grundstücks deutlich.

Schnitt

der bestehende Putz unter Berücksichtigung der historischen Putzstrukturen mit differenzierter Körnung im Feld- und Lisenenbereich sowie unter Berücksichtigung der historischen Farbgebung mit einer mineralischen, beige-grauen Oberputzlage versehen und wie vormals nicht gestrichen.

Neubau von Stützwand und Terrasse

Die äußerlich markanteste Veränderung gegenüber dem Ursprungszustand ist der talseitige Anbau eines Wellnessbereichs an das Hanggeschoss. Seine im Grundriss polygonal verlaufende Fassade besteht aus gestocktem Sichtbeton – ein stilisierter Fels am Hang, auf dem die alte Villa nun ruht.

Der Neubau orientierte sich an der vormaligen Stützwand der Terrasse, die dem Gebäude an der Hangkante vorgelagert war. Sie konnte aufgrund irreversibler, umfangreicher Bauschäden nicht dauerhaft erhalten werden.

Mit dem Neuaufbau der Terrasse ergab sich die Möglichkeit, den im Bestand verfüllten Bereich zwischen Stützwand und Kelleraußenwand als Wohnraum zugänglich zu machen und den bis dahin dunklen Keller zu belichten. Überdies ist das parkähnliche Grundstück unterhalb der ehemals

oben und unten Mehrere moderne Einbaumöbel ergänzen heute die historischen Räume, hier das Sideboard im Esszimmer, das sich in der Durchreiche zur Küche fortsetzt.
rechte Seite oben Hinter der Hauseingangstür (rechts im Bild) wurde ein ebenso dezenter wie stilistisch abgesetzter Garderobenschrank eingefügt.
rechte Seite unten Blick vom Hauseingang vorbei am modernen Garderobenschrank zur bauzeitlichen Teppe.

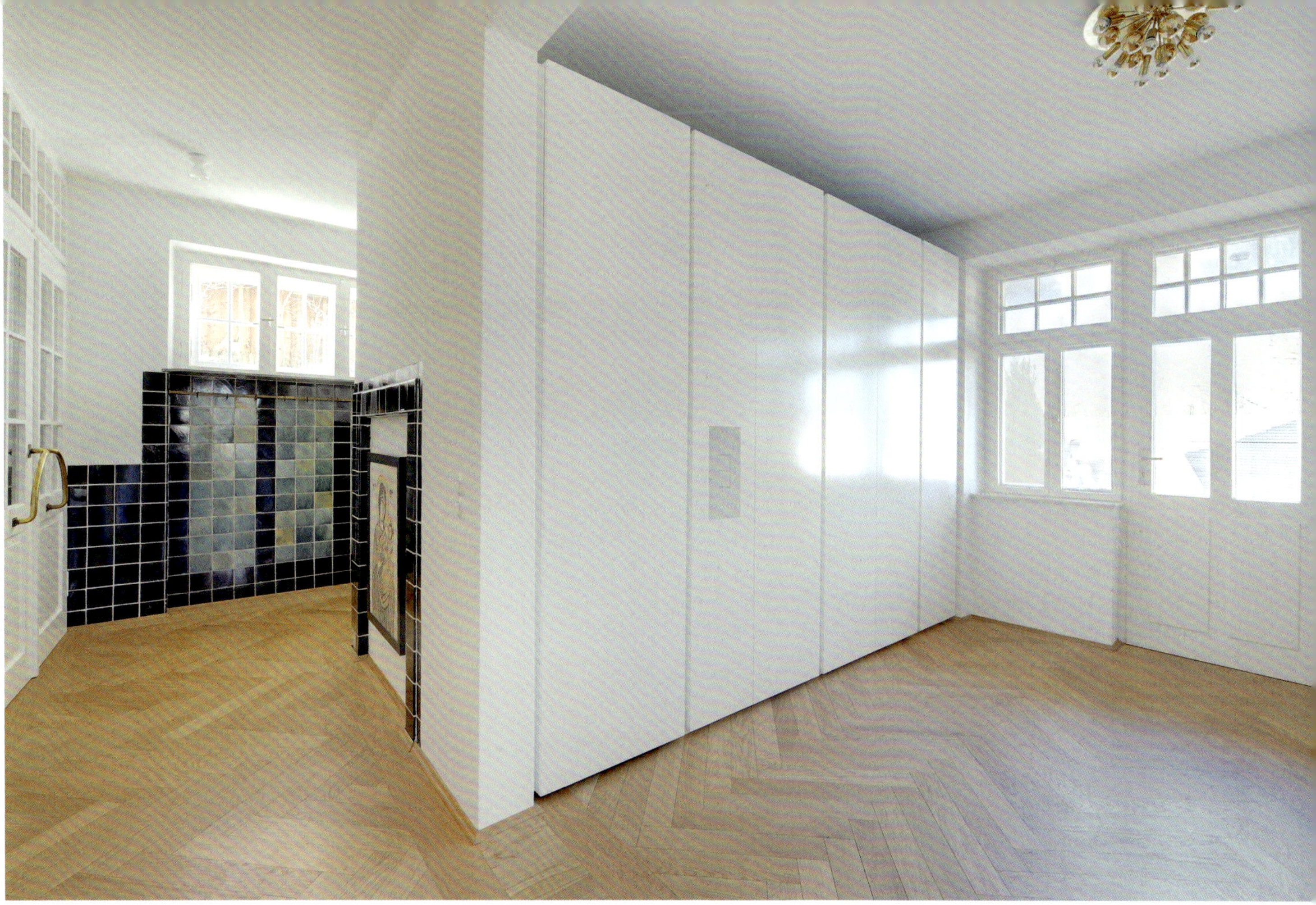

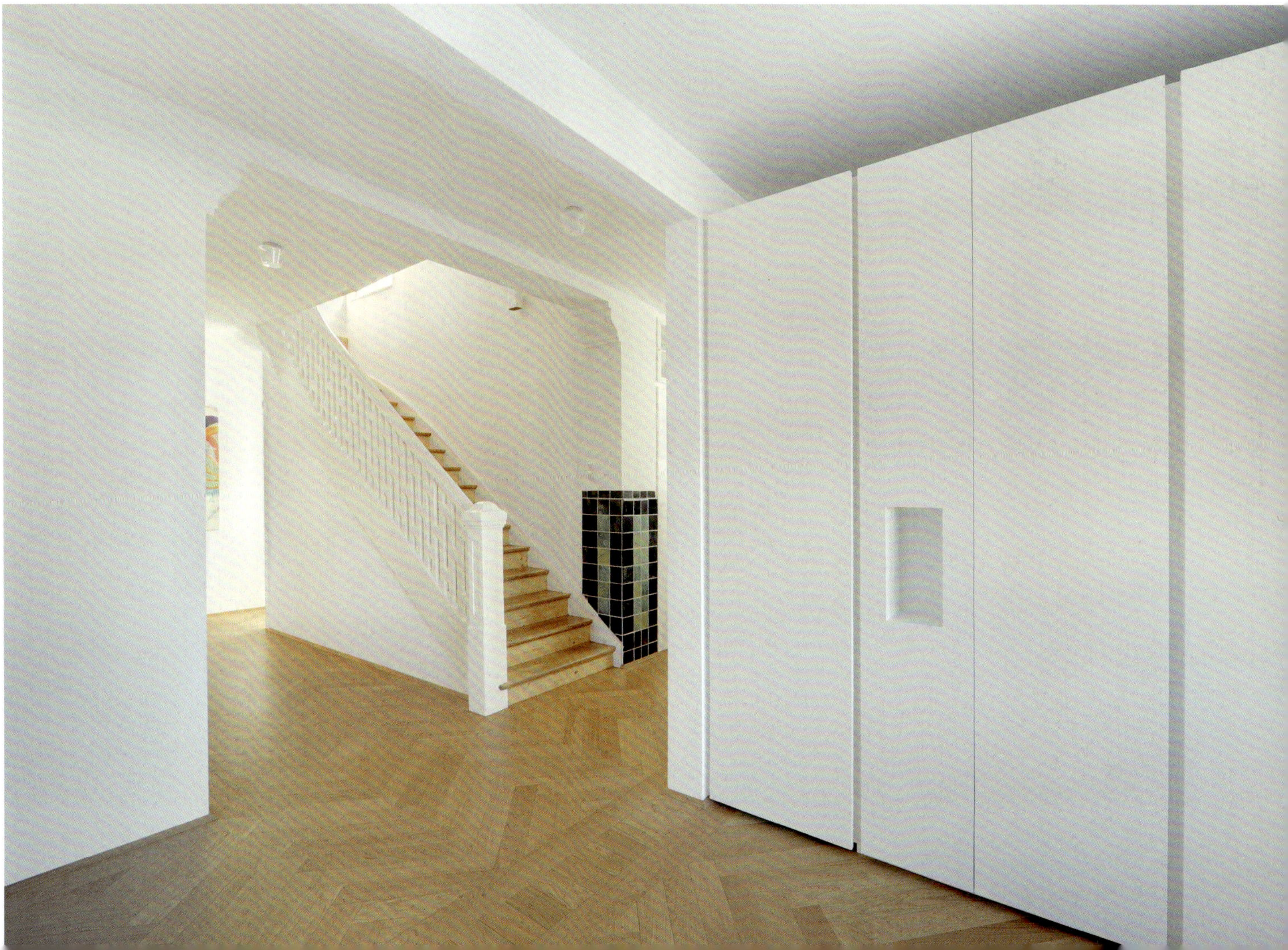

oben Der Essplatz mit klassischem Parkettboden, bauzeitlichen Türeinfassungen und modernen, individuell gefertigten Möbeln. Links der Blick in den Wohnraum.
unten Detail der Ankleide der Eltern: die raumhohen Schranktüren wurden mit grauem Filz bespannt.
unten Mitte Badmöbel mit Waschtisch, Sitzbank und Stauraum.
unten rechts Schwarzes Linoleum bildet die Oberfläche des Medienschranks im Wohnzimmer.

rechte Seite Der Erker im Wohnzimmer wurde durch ein schlichtes, aber prägendes Möbel zur kleinen Bibliothek.

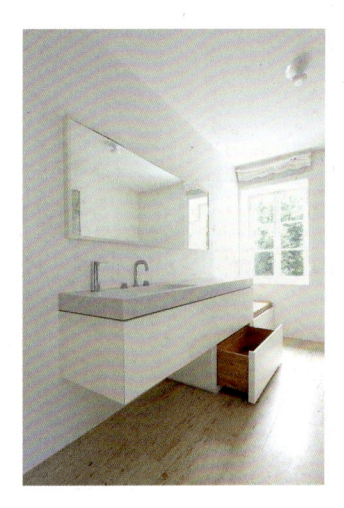

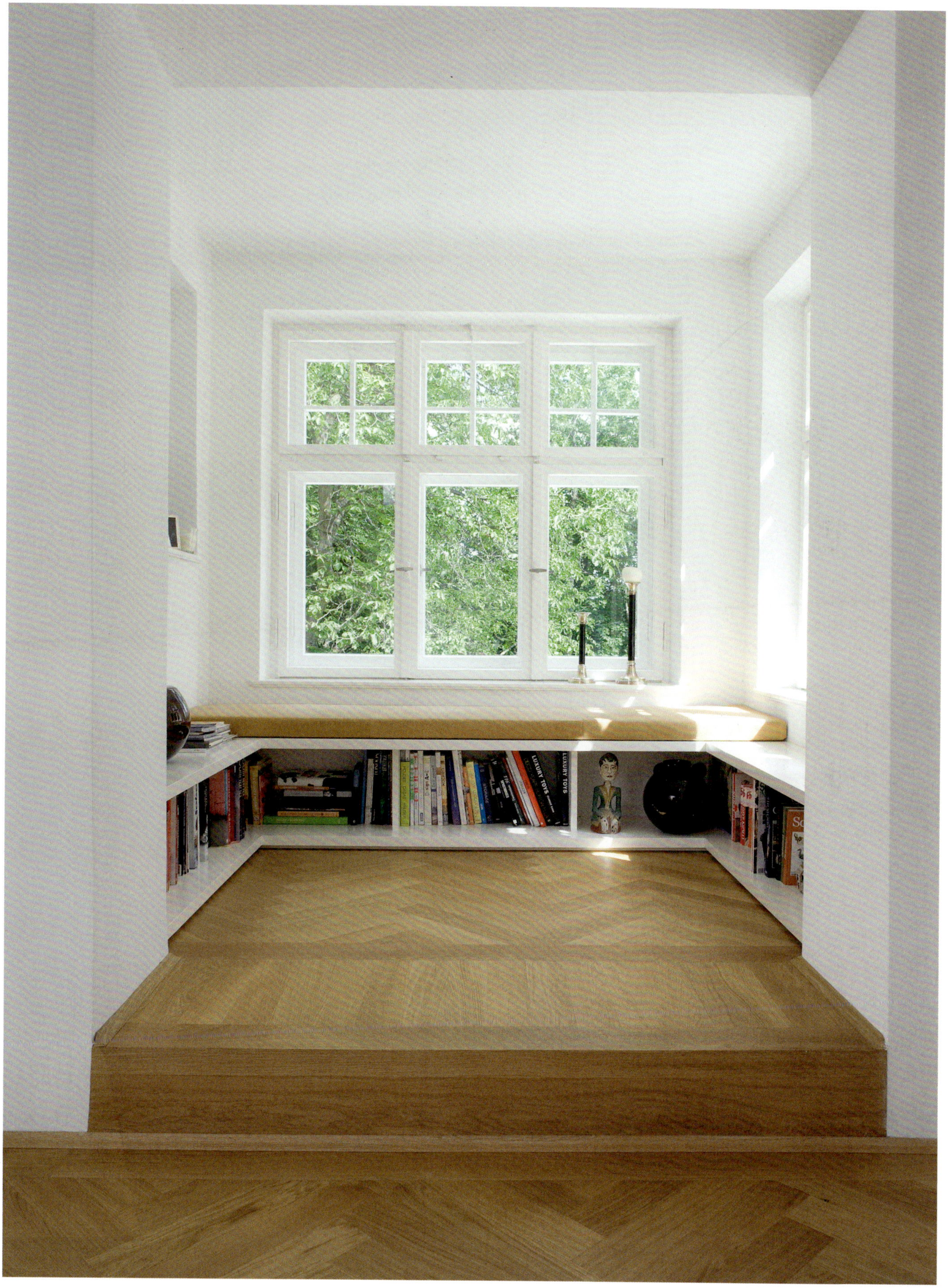
LUXURY TOYS

abweisend wirkenden Stützwand nun direkt vom Hanggeschoss aus zugänglich.

Die polygonal verlaufende, gestockte Betonwand setzt sich zwar als starker Kontrast von der Villa ab, lässt den Terrassenvorbau aber zugleich in seiner monolithisch-grauen Geschlossenheit als dezenten Sockel wirken, der dem Haus als ebener Bauplatz auf der steil abfallenden Parzelle dient. Als „Fels am Hang" bezeichnet der Architekt treffend seinen Entwurf, und wie bei einem Felsen bemerkt der Betrachter die Divergenz zur Altbauarchitektur, ohne sie auch nur einen Augenblick lang als unpassend zu empfinden.

Einbaumöbel als Teil der Sanierung

Die Villa wurde nach der Sanierung in großem Umfang mit individuellen Möbeln ausgestattet. Ein Grundgedanke des Ausbaus war, die in ihre ursprünglichen Proportionen zurückversetzten Räume nicht durch Einbaumöbel im eigentlichen Sinne zu verändern, sondern erlebbar zu belassen. Auch sollte die durchgängige Architektur des Hauses nicht durch ebenso durchgängiges und somit in seiner Gesamtheit mächtiges Mobiliar beeinträchtigt werden. Entworfen wurden daher äußerlich recht unterschiedliche Möbel mit Fronten in sehr verschiedenen, jedoch durchweg glattflächigen und hochwertigen Materialien.

Eine dezente, eher unbewusst wahrnehmbare Verbindung zwischen Haus und Mobiliar stellt das Material Eichenholz dar: Als durchgängig verlegter Fußboden ist es ein prägender Bestandteil der Architektur, bei den Möbeln findet es sich als Innenoberfläche der Korpusse naturbelassen sowie als Räuchereiche, Letztere auch an Fronten und als Umleimer an Kanten.

Im Entree steht mit dem Garderobenschrank das erste und zugleich äußerlich dezenteste der Möbel. Hinter den schlichten Fronten warten jedoch viele intelligente Detaillösungen: Dort steht nicht nur Raum für Mäntel und Schuhe zur Verfügung, sondern auch eine tiefere, kleine Vorratskammer. Einen vorsichtigen Akzent setzt ein kleiner quadratischer Einschnitt als Schlüsselablage. Hier befinden sich auch Lichtschalter und der Schalter zum Öffnen des Garagentors. Zwar wurde der Schrank zwischen zwei Mauervorsprünge eingefügt, reicht jedoch bewusst nicht bis zur Decke, sondern setzt sich von dieser mithilfe einer indirekten Beleuchtung ab und lässt durch die vollflächig wahrnehmbare Decke den Raum in seiner eigentlichen Dimension erlebbar.

Vom Entree aus erreicht man die Küche oder – geht man an der Treppe vorbei – das daneben gelegene Esszimmer. Eine gemeinsame Loggia verschafft Küche und Esszimmer Zutritt zur Terrasse. Ein Möbel verbindet beide Räume unmittelbar: Die Oberseite des Sideboards führt über ein Mauerfenster als Durchreiche in die Küche weiter. Das kompakte Hängemöbel, dessen äußere Oberflächen von einem Maler in Spachteltechnik hergestellt wurden, bietet Stauraum für Spirituosen und die zugehörigen Gläser auf Glaseinlegeböden. Hinter einer der Fronten ist zudem ein zur Stereoanlage gehörender Subwoofer untergebracht.

Die Stereoanlage selbst verbirgt sich hinter der blauschwarzen Linoleumfront des Medienschranks im Wohnzimmer. Weitere, demselben Konzept folgende Einbaumöbel befinden sich in Ober- und Dachgeschoss. Insbesondere sind hier die Küche der Großeltern und die Ankleide im Elternbereich zu nennen.

oben und unten beide Hinter der erneuerten Stützwand in gestocktem Sichtbeton fand ein Sauna- und Wellnessbereich Raum. Rahmenlos verglaste Einschnitte verweben Innen und Außen miteinander.

1 Hauswirtschaft
2 Sauna
3 Wellness

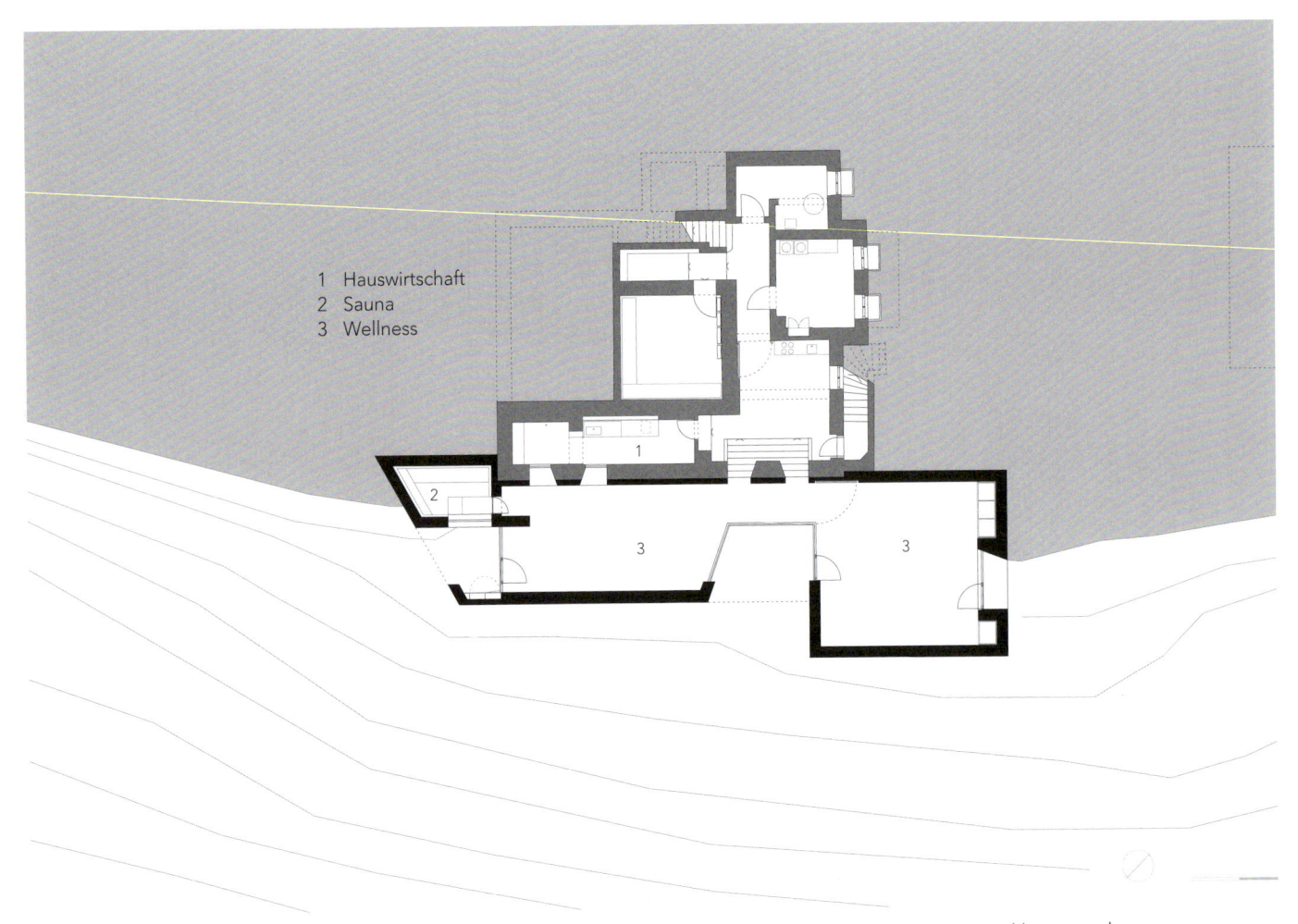

Hanggeschoss

Das parkartige Grundstück wird neben der Hanglage durch seinen alten, vielfältigen Baumbestand geprägt.

1 Eingang
2 WC
3 Kochen
4 Essen
5 Loggia
6 Wohnen

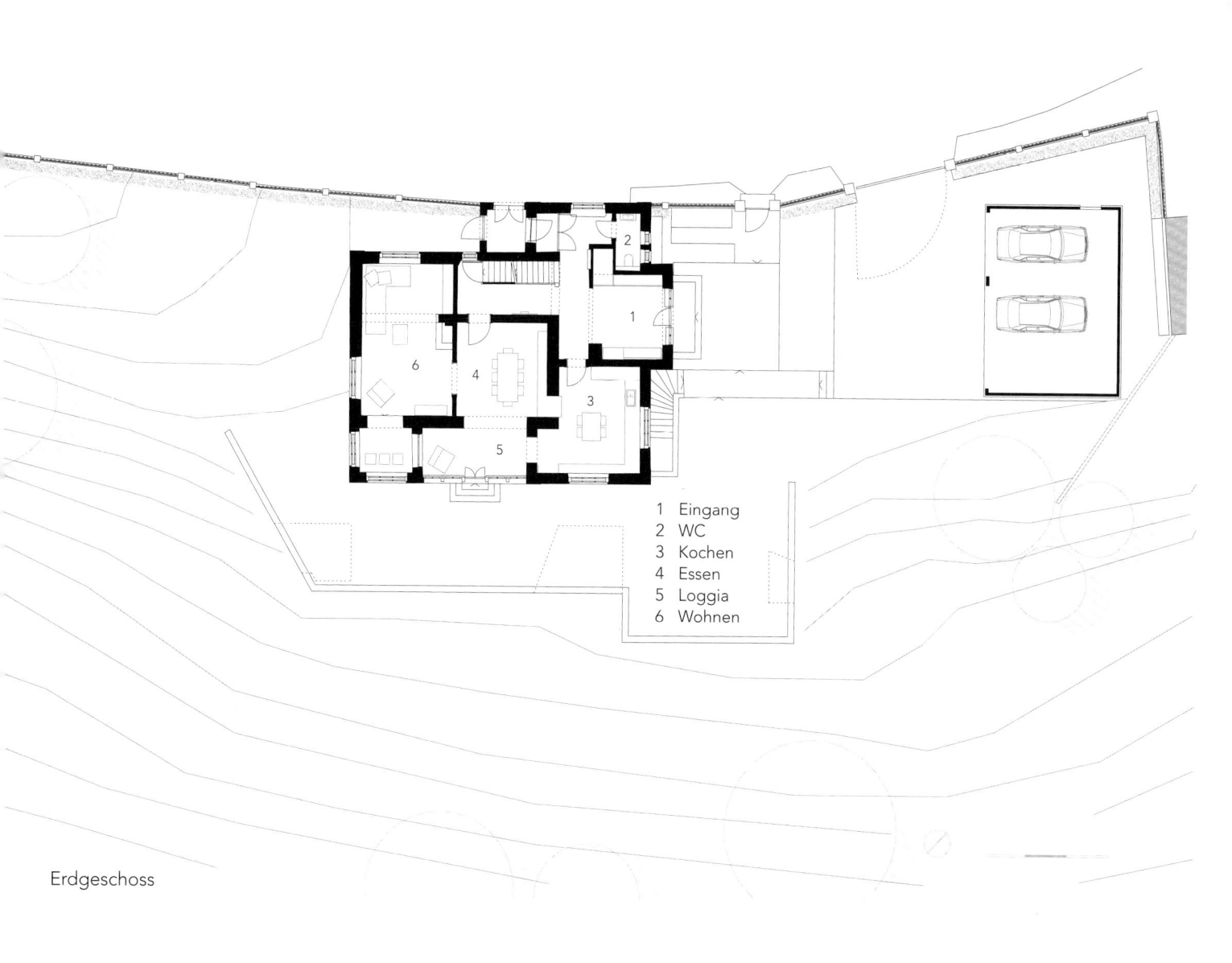

Erdgeschoss

Projektdaten

Baujahr 1890
Größere Umbauten 1912 Erweiterung, 1993 Umbau
Wohnfläche (vor Sanierung/aktuell) 450 m²/570 m²
Baustoff der Wände Vollziegelmauerwerk; 2. Obergeschoss Holzständerwände mit Ziegelausfachung; Kelleraußenwände aus Stampfbeton
Wandoberflächen Putz, größtenteils bauzeitlich
Fußböden Fischgrät-Parkett Eiche, teilweise original, andernteils rekonstruiert
Dacheindeckung Biberschwanz
Energiesparmaßnahmen Dämmung des Dachs, neue, wärmedämmende Verglasung der originalen Fenster und Kastenfenster
Beheizung Gastherme

Sanierungsplanung
Unterlandstättner Architekten
Holzstraße 7
80469 München
www.u-architekten.de

Möbelentwurf
Unterlandstättner Architekten mit
Holzrausch GmbH
Gewerbering 14
85659 Forstern
www.holzrausch.de

Fotos Michael Heinrich S. 104, 105, 111 (3), 112; Christine Dempf S. 106 (2), 107 (2); K+W Fotografie S. 108 (4), 109

Vorher

Bauzeit

Deutlich abgesetzt

Restaurierung, Umbau und Anbau
eines Siedlungshauses in Regensburg

Noch vor wenigen Jahren undenkbar, werden heute immer wieder typische Siedlungshäuser der 1930er- bis 1960er-Jahre unter Denkmalschutz gestellt. Die meist kleinen Häuschen mit ihren steil aufragenden, schlichten Satteldächern entstanden oft in Siedlungen etlicher ähnlicher oder identischer Bauten, in der Regel mit ihren in einer Flucht liegenden Giebeln zur Straße ausgerichtet. Dazu gehörten verhältnismäßig große Grundstücke, oft zur Selbstversorgung gedacht. Lange Zeit war der Bautyp dann als spießig und beengt verschrien und wurde durch wild wuchernde Anbauten vergrößert und gestalterisch „individualisiert".

Inzwischen erfreuen sich gerade auch in ihrer Urform erhaltene Siedlungshäuser immer größerer Beliebtheit und finden sensible Bauherren und Architekten, die die Häuschen heutigen Wohnbedürfnissen anpassen, ohne ihnen ihren Charakter völlig zu nehmen. Auch die hohe Ästhetik der einstigen Homogenität der Siedlungen wird inzwischen von immer mehr Betrachtern erkannt – welch wohltuenden

rechts Gartenseitig entstand ein gleichberechtigtes Miteinander aus Alt und Neu.
unten Straßenseitig ordnet sich der hier weitgehend geschlossene Anbau dem Siedlungshäuschen völlig unter, abgesetzt durch eine rahmenlos verglaste Fuge.

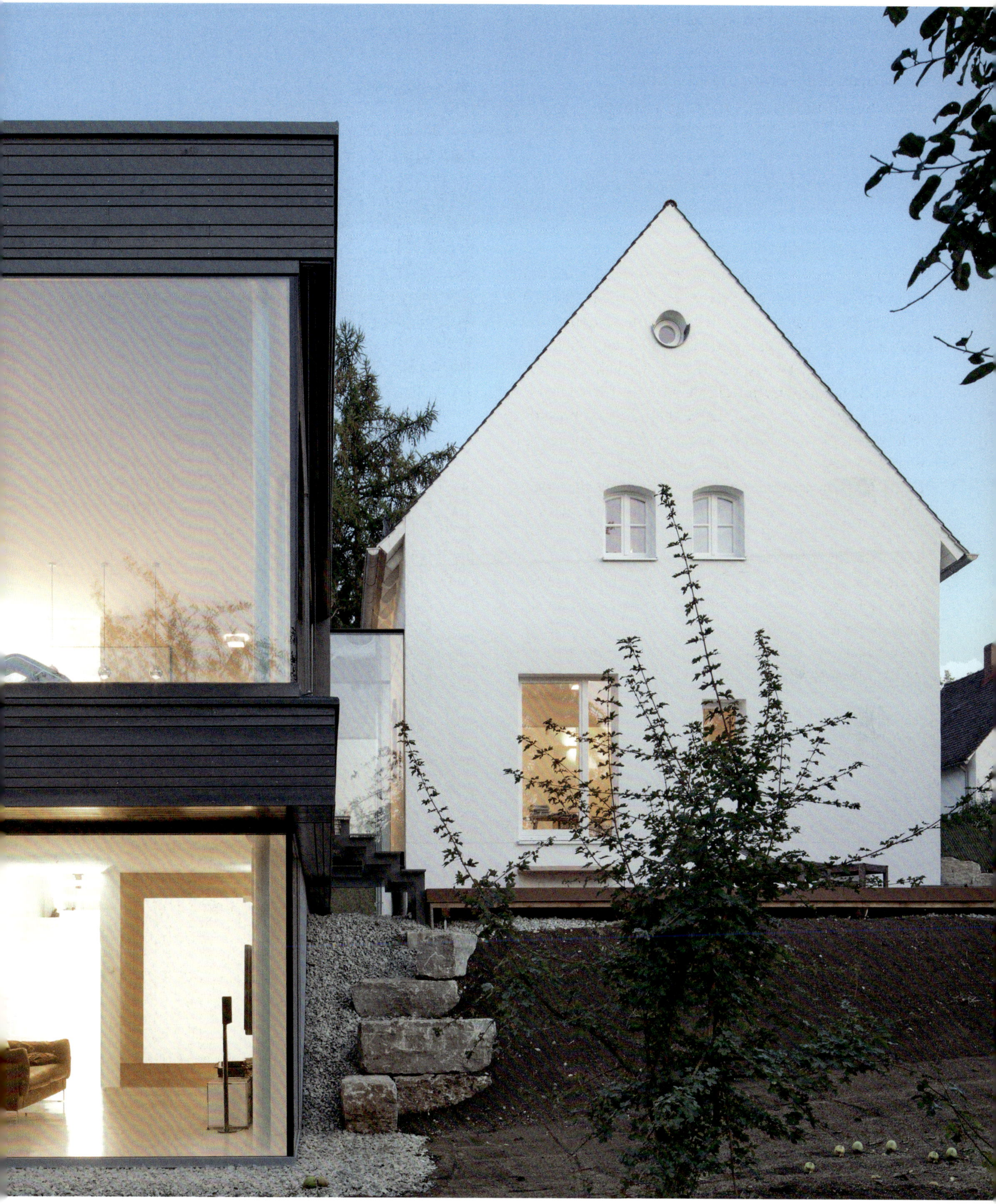

oben Ein Deckenausschnitt verbindet den Essplatz im oberen Geschoss des Anbaus mit dem darunter liegenden Wohnraum.
unten und rechte Seite Die in stilisierter Form noch immer als Außenfassade des Altbaus erkennbare Wand bildet das markante Rückgrat der Küche im Anbau.

Kontrast zur wüsten Heterogenität heutiger Neubausiedlungen sie doch bieten!

Das Entwurfskonzept

Der Altbau ist eines von 149 ähnlichen Häusern, die in den 1930er-Jahren von den Nationalsozialisten für Angehörige eines militärisch wichtigen Werks erbaut wurden. Trotz vieler Besitzerwechsel blieb die Siedlung bislang architektonisch fast unverändert erhalten und steht heute unter Ensemble- und Denkmalschutz. Um die inzwischen stark sanierungsbedürftigen Häuser an heutige Bedürfnisse anpassen und die Siedlung lebendig halten zu können, gestattet der aktuelle Bebauungsplan eingeschossige Anbauten zur Erweiterung der jeweils rund 80 Quadratmeter Wohnfläche.

Um dem bestehende Siedlungshaus mit größtmöglicher Sensibilität zu begegnen, sah der Entwurf von fabi Architekten vor, es freigestellt zu belassen und den Anbau gestalterisch deutlich abzusetzen. Außenseitig originalgetreu restauriert, sollte der Altbau in seinen kompakten Räumen mit kleinen Fenstern mit Schlaf-, Kinder- und Arbeitszimmer die intimeren Bereiche aufnehmen. Als Kontrast hierzu wünschten sich die Bauherren in der Erweiterung einen luftigen und hellen Wohnraum mit offener Küche und Essplatz.

Anbau und Sanierung

Das alte Siedlungshaus mit weiß verputzter Fassade, rundum kleinen Fenstern und hoch aufragendem Satteldach, der Erweiterungsbau eingeschossig mit Flachdach über anthrazitfarbener Holzfassade und gartenseitig großen Glasflächen – der Kontrast könnte größer kaum sein. Dass beide Baukörper gemeinsam dennoch ein derart harmonisches Ensemble bilden, liegt zum einen gerade in diesem Kontrast und der sich hieraus ergebenden gegenseitig egalisierenden Wirkung begründet: Die „Biederkeit" des Siedlungshauses wird durch die progressive Architektur des Anbaus ausgeglichen; wo dieser zu kühl erscheinen mag, konterkariert die Gemütlichkeit des Spitzdachhauses.

Zum Zweiten ist hier – wie oft in der Architektur – die Maßstäblichkeit von größter Bedeutung: Der optisch markantere, weil individuelle Anbau nimmt sich in seiner wahrgenommenen Größe dezent zurück. Er reicht dem alten Häuschen nicht mal bis zur Traufe und gibt sich zu den Giebelseiten hin deutlich schmäler. Seine tatsächliche Größe verbirgt er unscheinbar in seiner enormen Tiefe und im leicht zurückgesetzten Hanggeschoss. Nebenbei stehen seine Abmessungen im Verhältnis des Goldenen Schnitts zu den entsprechenden Abmessungen des Altbaus.

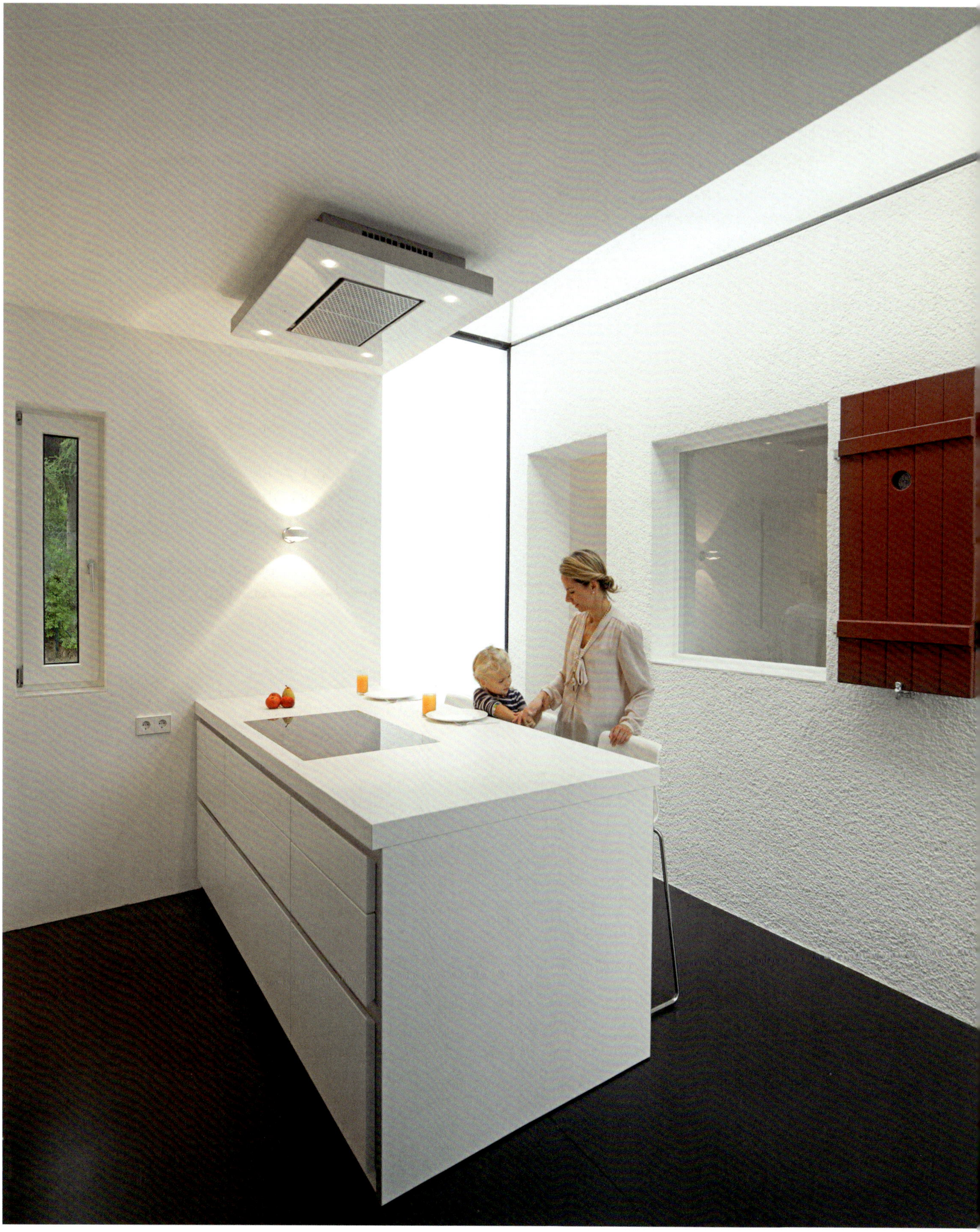

Verbunden sind beide Baukörper über eine nach oben und zu den Seiten rahmenlos verglaste Fuge. In diesem Bereich wurde ein Stück alter Fassade – früher befand sich hier die Hauseingangstür – zur Innenoberfläche. Sogar ein Fenster samt Klappladen wurde belassen.

Die gestalterische Dualität des Ensembles setzt sich bei der Materialität im Innern fort. Im Bestand wurde wieder ein Dielenboden verlegt, die vorhandenen Türen und die bauzeitliche Holztreppe aufbereitet. Im Neubau finden sich schwarz und weiß beschichtete Estriche, eine Stahltreppe mit Stufen und Podest aus satiniertem Glas sowie auf der oberen Ebene eine rahmenlose Glasbrüstung um den Deckendurchbruch zum Hanggeschoss. Einbaumöbel und Oberlichter im Flachdach unterstreichen die großzügige Wohnatmosphäre.

Bis es so weit war, mussten die Bauherren manchen Schockmoment verkraften, etwa als das alte Siedlungshaus weitgehend entkernt war, scheinbar einer Ruine glich und schwer vorstellbar war, welch Kleinod hier eines Tages stehen würde. Eher amüsant waren da die Irritationen, die die rahmenlose Glasverbindung von Alt- und Anbau gelegentlich vor ihrer Errichtung hervorrief. Im Rohbau gab es hier keine Verbindung beider Bauwerksteile, und so war insbesondere dem ein oder anderen Handwerker lange Zeit unklar, dass und wie diese noch erfolgen sollte.

oben Der Essplatz wird zweiseitig von einer raumhohen Glasfassade umgeben.
links Schiebetüren aus satiniertem Glas als moderne Elemente im alten Siedlungshäuschen; im Hintergrund der Durchgang zur Küche.

Die Zusammenarbeit mit dem Denkmalamt

Um die ursprüngliche Homogenität der Siedlung beizubehalten und wiederherzustellen, wurde vom Denkmalamt eine umfangreiche Gestaltungssatzung verfasst und rigoros angewandt. So mussten dort, wo sie ehemals angebracht waren, nun erneut Fensterläden eingeplant werden. Ihre Farben wurden ebenso exakt vorgegeben wie die anderer Bauteile, etwa der Haustür. Eine ungute Erfahrung mussten die Bauherren beim Decken des Dachs machen: Da der in der Satzung vorgesehene Farbton nicht mehr lieferbar war, wählte man ersatzweise einen geringfügig bräunlicheren Ziegel. Nachdem das halbe Dach gedeckt war, verlangte das Amt den Ersatz der soeben verlegten Ziegel durch leicht grauere. Eine zwingend vorgeschrieben Ligusterhecke zur Straße sollte das einheitliche Bild betonen.

Nicht nachvollziehbar war das Vorgehen des Amtes beim Anbau. Hier gab es neben verpflichtenden Kriterien – etwa einen Mindestabstand zum Altbau – auch solche, die nicht zwangsweise erfüllt werden mussten. Allerdings hing die Zahlung von Fördergeldern von ihrer Erfüllung ab. Ausgerechnet der Entwurf von fabi Architekten fiel allerdings durch das bürokratische Raster, das beispielsweise eine Lochfensterfassade vorsah.

links beide und oben Ein raumprägendes Element im Neubau bildet die zweiläufige Treppe: ihr unterer, längerer Lauf massiv weiß mit Wänden und Böden verschmelzend, die Stufen vom Hauseingang zum Essplatz aus hinterleuchtetem Glas, scheinbar schwebend. Ebenso filigran das Brüstungsgeländer mit Drahtbespannung.

oben Im Kinderzimmer im Altbau wurde eine Schlafempore eingefügt, die Decke zum Spitzboden hierzu partiell entfernt.
rechte Seite Die Offenheit des Neubaus zeigt sich besonders beim gleichzeitigen Blick durch die Eckverglasung und den Deckendurchbruch.
Seite 124 Ein Detail, das betont schlicht wirkt, jedoch sorgfältigste Planung erfordert: die rahmenlose Verglasung – auch über Kopf – der Fuge zwischen Alt- und Neubau.
unten Die bauzeitliche Treppe im Siedlungshaus wurde saniert.

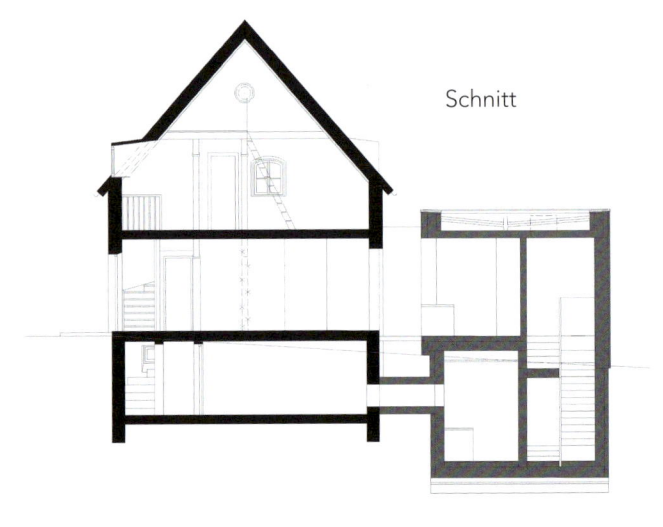

Schnitt

Obergeschoss

1 Zimmer
2 Bad

Erdgeschoss

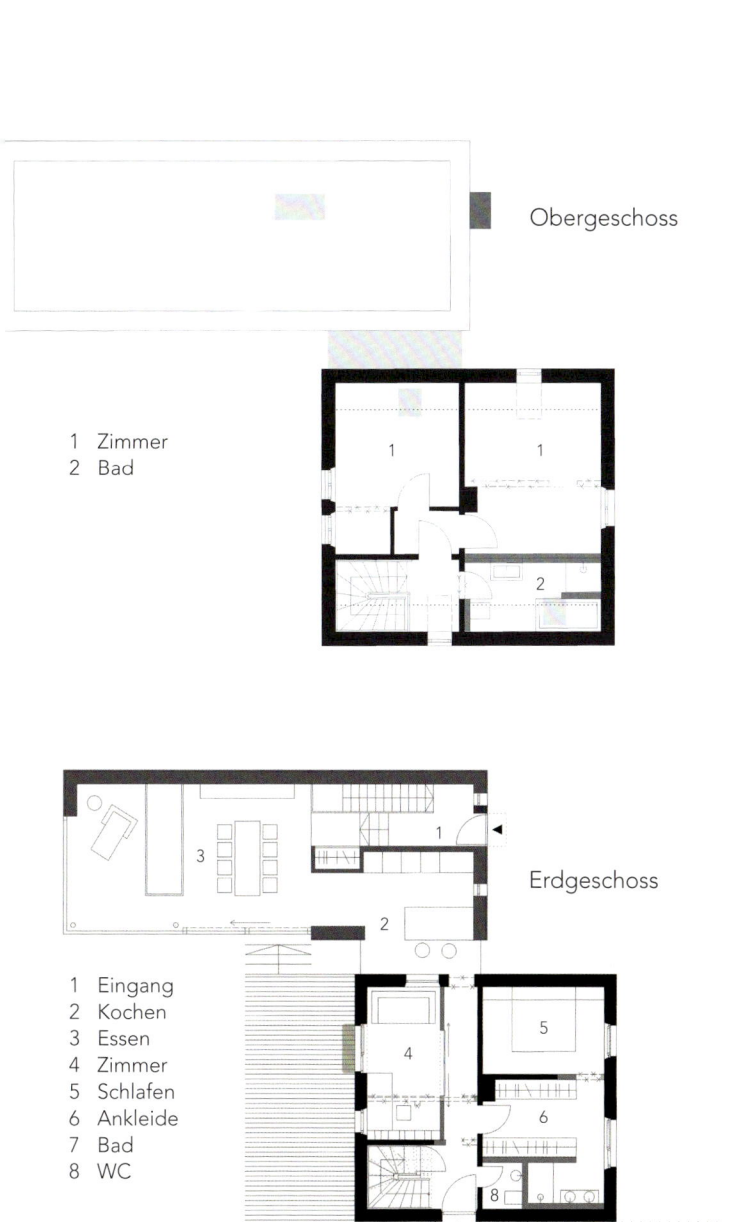

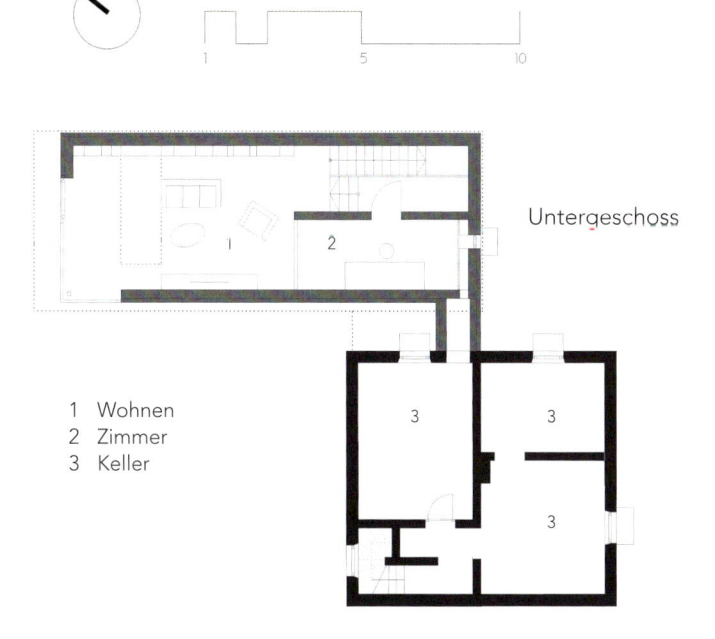

1 Eingang
2 Kochen
3 Essen
4 Zimmer
5 Schlafen
6 Ankleide
7 Bad
8 WC

Untergeschoss

1 Wohnen
2 Zimmer
3 Keller

Projektdaten

Baujahr 1930er-Jahre
Wohnfläche (ursprünglich/aktuell) 80 m²/198 m²
Baustoff der Wände Ziegelmauerwerk und Ortbeton (Bestand) mit Putzfassade; wasserundurchlässiger Beton, Ziegelmauerwerk, Trockenbauwände, Fassade als hinterlüftete Holzbekleidung (Anbau)
Wandoberflächen Putz
Fußböden Eiche-Dielen (Bestand), Zementfliesen (Bad Erdgeschoss), Schiefer (Bad Dachgeschoss), beschichteter Estrich (Anbau)
Dacheindeckung Tonziegel (Bestand), extensiv begrüntes Flachdach (Anbau)
Energiesparmaßnahmen Wärmedämmverbundsystem und Dachdämmung (Altbau)
Beheizung Erdwärmepumpe

Sanierungsplanung
fabi Architekten BDA
Glockengasse 10
93047 Regensburg
www.fabi-architekten.de

Fotos Herbert Stolz

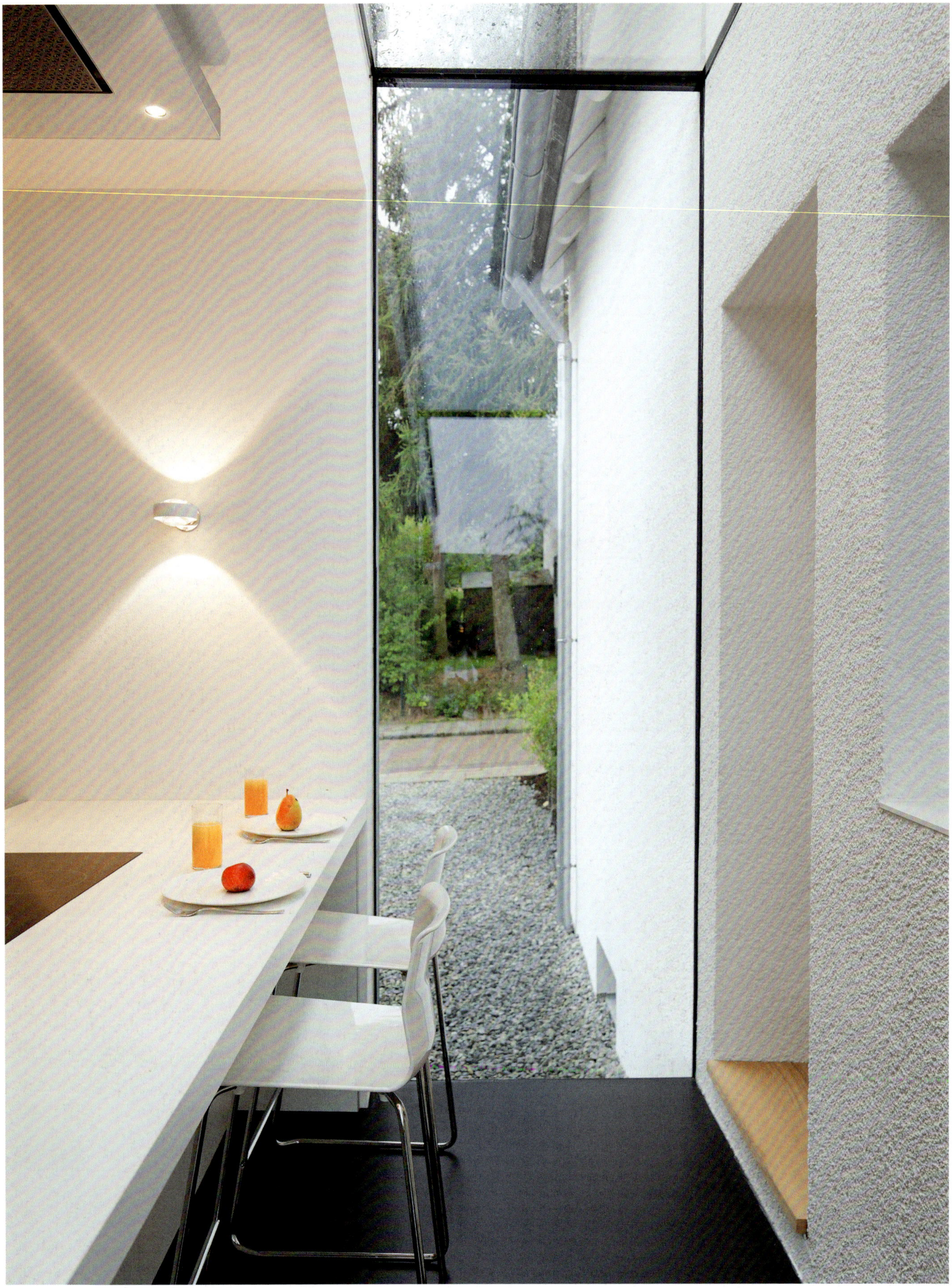

Vorher

125

Ein verkannter Bautyp

Sanierung eines Jurahauses

Das Jurahaus ist ein exzellentes Beispiel für einen klar definierten Bautyp, der sich in einer bestimmten Region aufgrund der dortigen Bedingungen über Jahrhunderte hinweg erhalten hat. Ein ebenso exzellentes Beispiel ist es jedoch leider auch für einen Bautyp, der aufgrund seines unspektakulären Äußeren lange Zeit verkannt wurde, nachdem durch Entwicklungen der Moderne seine ursprüngliche Funktion als Einhausbauernhof, der Wohnung, Stall und Scheune unter einem Dach vereinte, obsolet geworden war.

Typisch für das Jurahaus ist die kompakte, schnörkellose Form mit flach geneigten Dachflächen. Über einer oft relativ großen, meist annähernd quadratischen Grundfläche erheben sich ein bis zwei Geschosse, darüber ein hoher Kniestock. Der wuchtige Eindruck wird unterstützt durch kleine Fenster und eine leichte Verjüngung des Baukörpers nach oben hin. Verbreitet war das Jurahaus vom 12. bis ins 20. Jahrhundert im Altmühltal und in den angrenzenden Gebieten, insbesondere im heutigen Landkreis Eichstätt. Inzwischen nur noch selten zu sehen ist der Grund für die Dachform mit flacher Neigung und nur kleinen Überständen, die in früheren Jahrhunderten in unseren Breitengraden ungewöhnlich war: die Dacheindeckung aus dünnen

rechts und unten Nach außen wurde das klassische Erscheinungsbild des typischen Jura-Hauses wiederhergestellt – abgesehen vom Dach, das heute mit Ziegeln gedeckt ist.

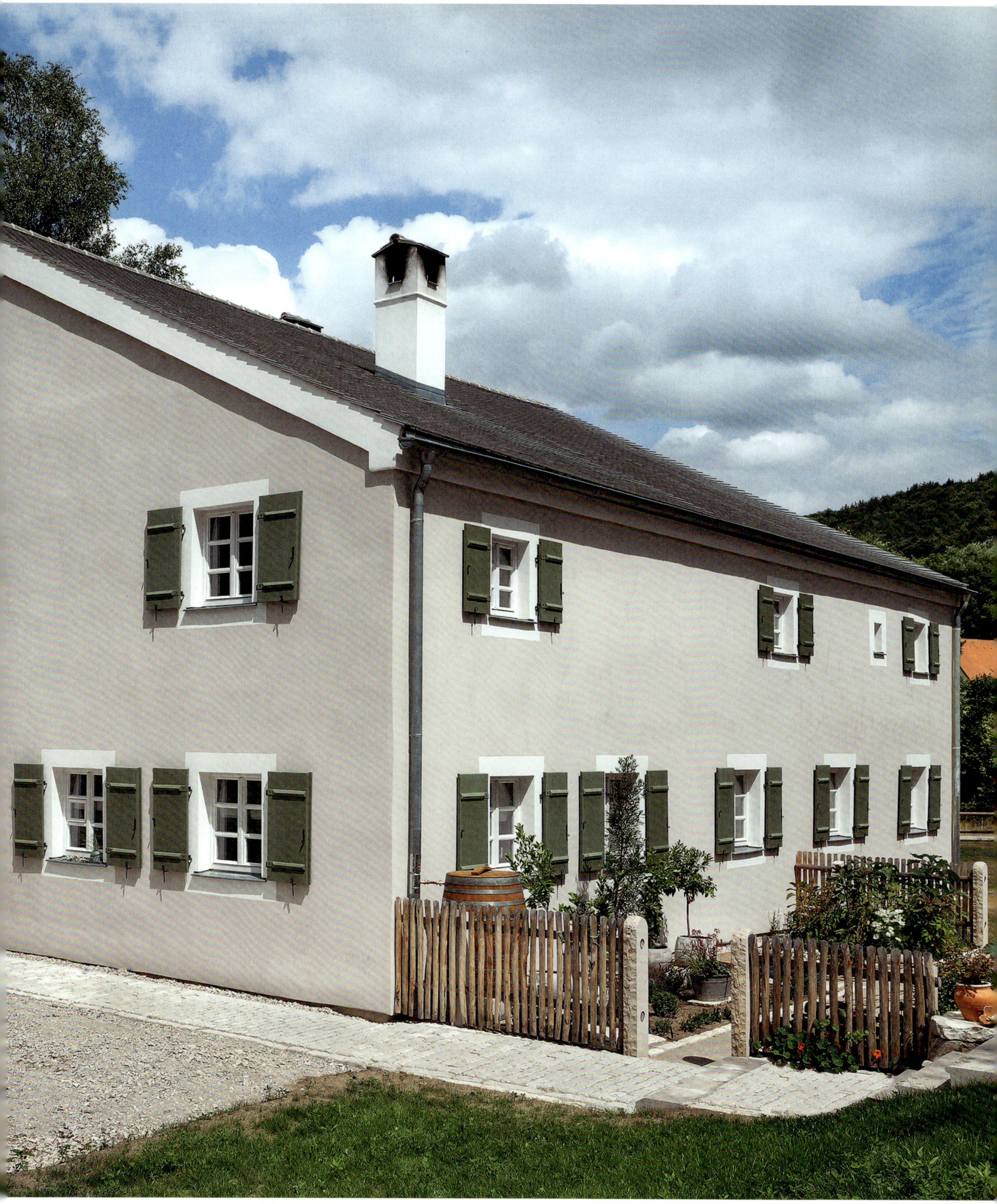

Kalksteinplatten, wie sie für die Region typisch sind und als Solnhofer Platten auch überregional Verbreitung gefunden haben. Bis weit ins 19. Jahrhundert hinein konnten diese Steinplatten nur lose aufgelegt werden, weshalb weder eine steilere Neigung noch ein größerer Überstand zu realisieren waren. Das hohe Gewicht dieser Dacheindeckung lastete auf einer robusten Holzkonstruktion, bei der meist der Dachstuhl in Fachwerkwände des Obergeschosses überging. Die Außenwände der Häuser bestanden aus dickem Bruchsteinmauerwerk, das im Obergeschoss oft mit jener

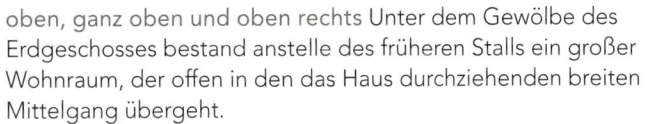

oben, ganz oben und oben rechts Unter dem Gewölbe des Erdgeschosses bestand anstelle des früheren Stalls ein großer Wohnraum, der offen in den das Haus durchziehenden breiten Mittelgang übergeht.
rechts Die Stube war schon immer Wohnraum, der einzige nicht überwölbte Raum des Erdgeschosses.

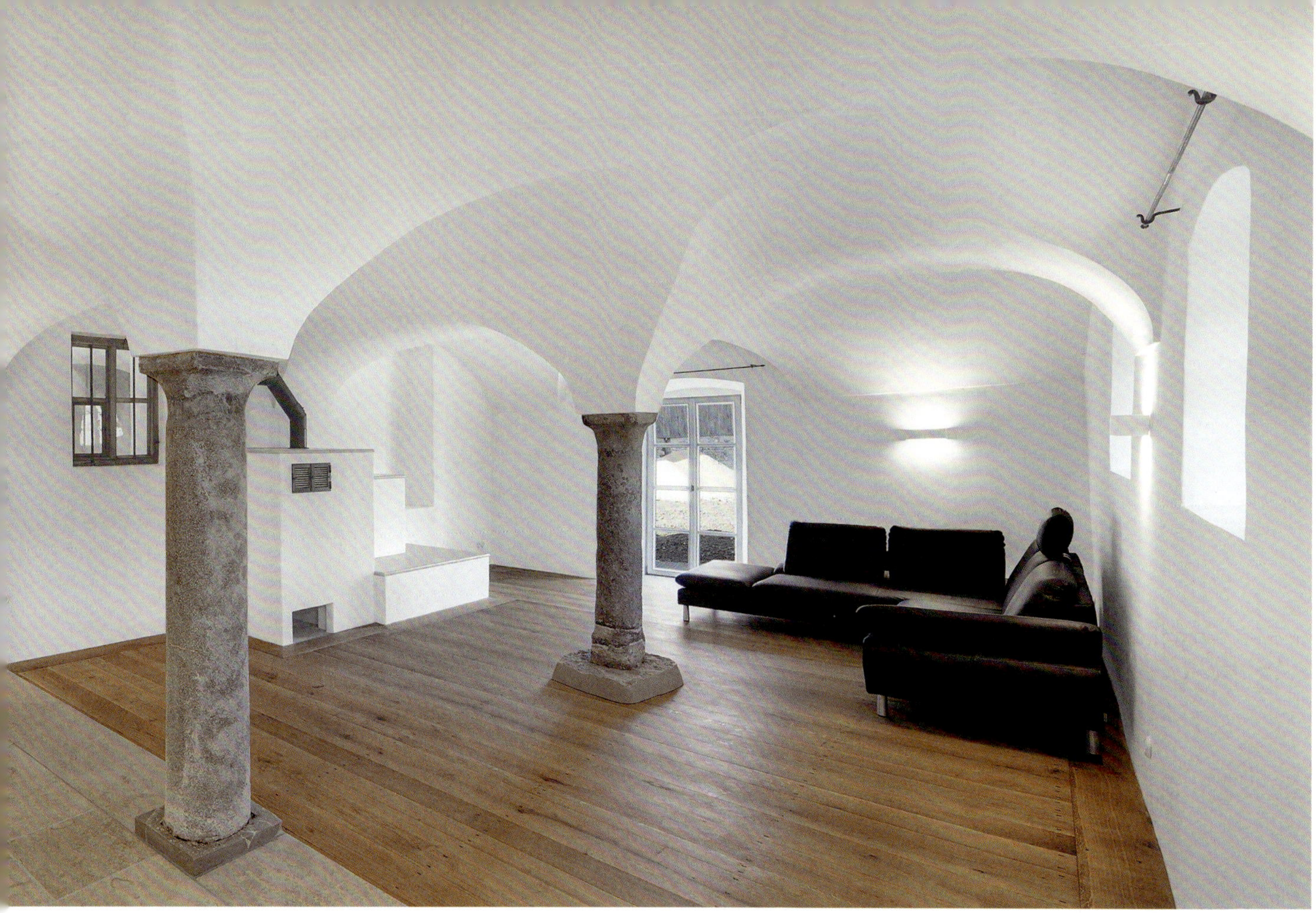

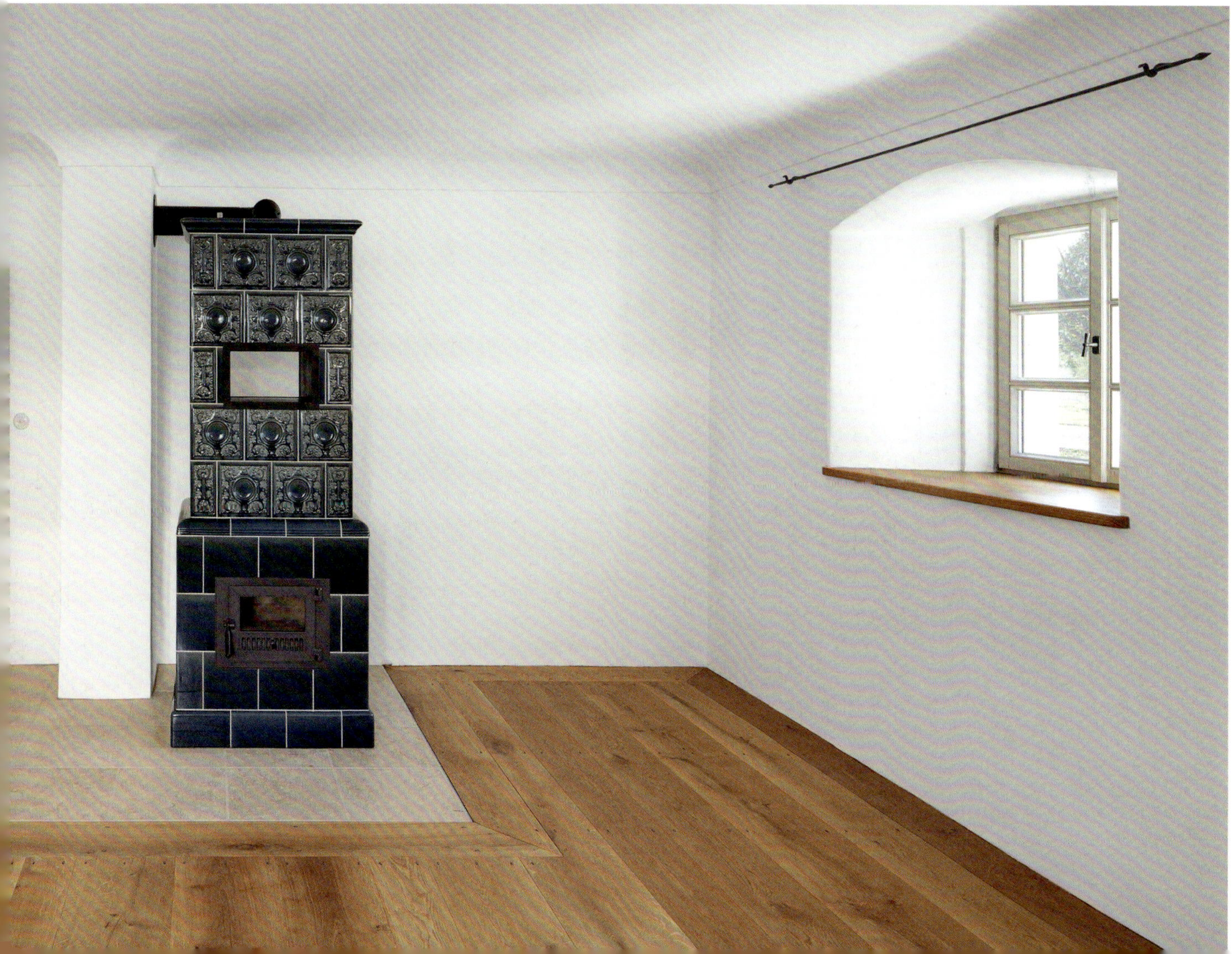

oben und ganz oben Obergeschoss und Dachgeschoss werden geprägt von den tragenden Holzstrukturen des Dachstuhls und der in Fachwerkbauweise ausgeführten Innenwände. Die ehemals landwirtschaftlichen Nutzflächen fungieren heute als weitläufige Wohnräume.
rechte Seite oben Das Holztragwerk lässt Alt und Neu genau unterscheiden. Der fugenlose, plane Dielenboden gibt sich als neu zu erkennen und fügt sich doch bestens ein. Zentral der wuchtige, gemauerte Kamin.
rechte Seite unten Boten Jura-Häuser einst als Ein-Dach-Höfe eher beengte Wohnverhältnisse, gibt sich das Beispielprojekt nach Umwidmung der ehemaligen Lagerflächen und Stallungen heute mit 550 Quadratmetern enorm großzügig. Auch das Bad unterm Dach ist größer als die meisten früheren Wohnräume

Holzkonstruktion verschmolz. Hier wurde auf der Innenseite der Steinwand eine Fachwerkwand eingelassen, sodass gleichsam eine zweischalige Wand entstand, über die die Lasten des Dachs abgeleitet wurden. Das Erdgeschoss war oft überwölbt, insbesondere wenn sich, wie bei dem hier vorgestellten Beispiel, dort neben Wohnräumen auch Stallungen befanden. Bei diesem sogenannten Wohnstallhaus, einer besonders großen Ausführung des Jurahauses, führte ein Gang durch das Erdgeschoss. Zu seiner einen Seite befanden sich Wohnräume, insbesondere die Küche und eine Stube, manchmal auch eine Räucherkammer, auf der anderen Seite des Gangs waren die Stallungen. Das Obergeschoss diente als Scheune und beherbergte Schlafkammern. Die Bauform des Jurahauses fand jedoch auch für andere Nutzungen ohne landwirtschaftlichen Anteil Verwendung. Bürgerliche Wohnhäuser wurden ebenso in diesem Stil errichtet wie Handwerker-, Tagelöhner- oder Pfarrhäuser, Gaststätten oder öffentliche Bauten.

Seit der Nachkriegszeit bis in die Gegenwart wurden etliche Jurahäuser abgerissen oder verfielen nach einer langen Zeit des Leerstands. Funktional nicht mehr zeitgemäß, zu eng und zu dunkel, zu alt und zu unkomfortabel, von unspektakulärer äußerer Form, so lauten die Vorurteile, die das Aus für viele Jurahäuser bedeuteten. Auch als in Bezug auf viele andere historische Gebäude nach der Abrisswelle der 1960er- und 1970er-Jahre ein Umdenken begonnen hatte, wurden noch viele Jurahäuser, die Jahrhunderte schadlos überdauert hatten, dem Erdboden gleich gemacht. Ihr Erscheinungsbild verhieß weder die idyllische Gemütlichkeit eines Fachwerkhauses, noch die großbürgerliche Noblesse eines gründerzeitlichen Stadthauses. Erst in jüngster Zeit wird zunehmend der Wert des Jurahauses erkannt, und auf dem Weg durch das Altmühltal kann man neben sorgsam sanierten historischen Beispielen inzwischen auch Neubauten entdecken, die die Bauform wie selbstverständlich aufgreifen. Die für diese Form ursprünglich verantwortliche Steinplattendeckung findet man allerdings nur noch höchst selten und bei Neubauten gar nicht.

Geschichte des Hauses

Das hier vorgestellte Wohnstallhaus wurde im Jahr 1748 errichtet. Bis zum Ende des 20. Jahrhunderts landwirtschaftlich genutzt und noch danach von der letzten Bäuerin bewohnt, war es nur in geringem Umfang baulich verändert worden. Größere, inzwischen jedoch auch schon historische Umbauten fanden in den 1860er-Jahren und um 1900 statt. Errichtet auf einer Grundfläche von etwa 16,50 Metern im Quadrat war es in dem kleinen Ort, in dem es steht, eines der größten Bauernhäuser und prägte durch seine exponierte Lage das Dorfbild entscheidend. Die in-

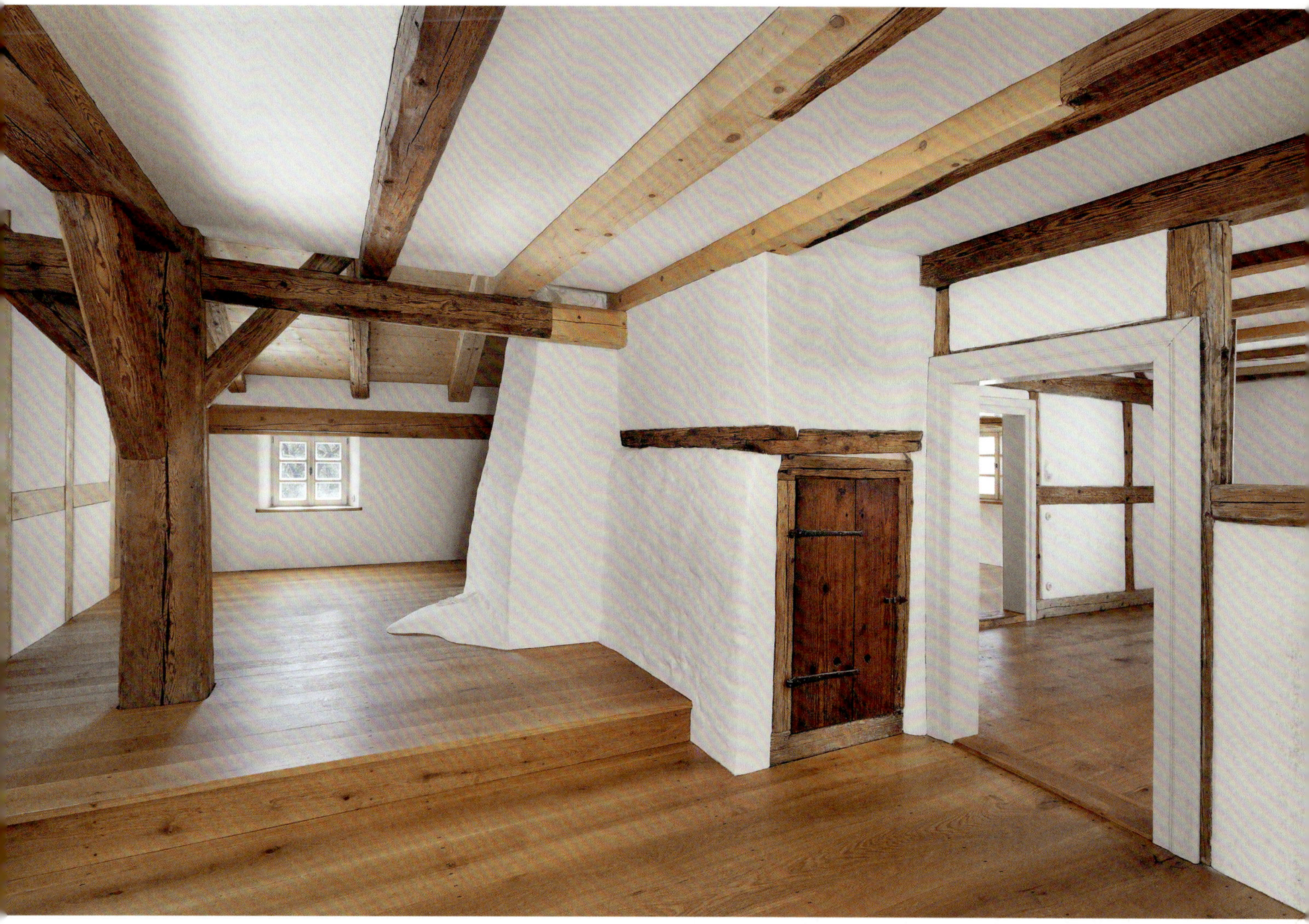

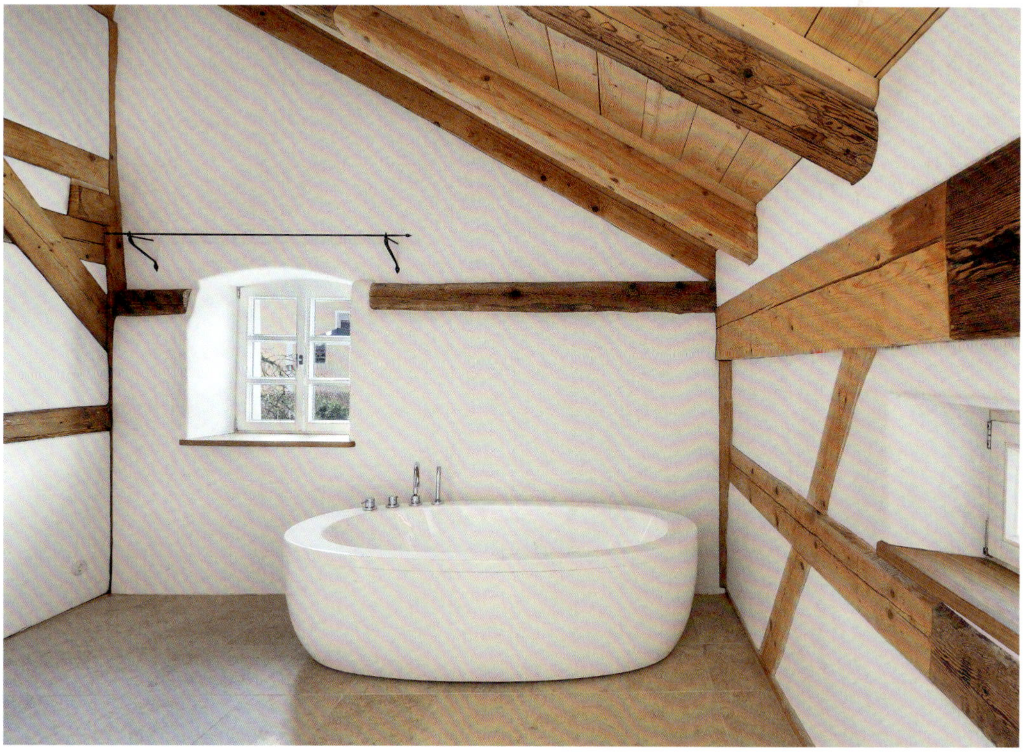

nere Aufteilung entsprach der oben beschriebenen. Auch die „Rauchkuchl" – eine historische bayerische Form der Küche mit offenem Feuer – aus dem 19. Jahrhundert war erhalten geblieben.

Geschichte der Sanierung

Bereits im Jahr 2002 wurden die heutigen Eigentümer auf das Haus aufmerksam, erwerben konnten sie es Ende 2007, weitere sieben Jahre später fand schließlich der Einzug statt. Vor diesem leisteten die Bauherren gemeinsam mit 35 freiwilligen Helfern fast 20.000 Arbeitsstunden. Unter anderem wurde das statisch gefährdete Gebäude komplett unterfangen, Außen- wie Innenwände auf Betonfundamente gestellt. Um künftig weiteres Aufsteigen von Feuchtigkeit zu verhindern, schlug man im Sockelbereich Edelstahlbleche in das Mauerwerk und verlegte eine umlaufende Dränageleitung. Die Holzkonstruktion von Dach- und Obergeschoss wurde partiell erneuert, das Mauerwerk freigelegt und mit Kalk- und Lehmputzen versehen. Ein Anstrich mit bis zu zwölf Jahre altem Sumpfkalk, in bis zu fünf Schichten aufgetragen, bildete den Abschluss der Wanderneuerung. Die Böden wurden mit massiven Eichendielen und im zentralen Gang im Erdgeschoss mit jenem Jura-Kalkstein belegt, wie er einst das Dach deckte. Die schlichten Biberschwanz-Dachziegel fügen sich dezent ins Bild, wenngleich ihr Einsatz aus Gründen der Dichtigkeit in früheren Zeiten eine besonders starke Dachneigung zur Folge gehabt hätte.

Im Erdgeschoss blieben die „Kuchl", die Küche und die Stube in ihren Abmessungen erhalten. Der frühere Stall wurde zum großzügigen Wohnraum, ebenso veredelte man die ehemalige Lagerfläche im Obergeschoss, die heute ein luftiges Raumgefühl bietet. Zugleich blieb der ursprüngliche Charakter des Hauses erkennbar, auch durch die Aufarbeitung und Wiederverwendung historischer Elemente. Teils alte, teils neue, stilistisch passende Türen und Sprossenfenster in den ursprünglichen Abmessungen ergänzen das Bild. Im Obergeschoss prägen die teilweise frei stehenden, teilweise als Fachwerkwände ausgebildeten Hölzer der beschriebenen Dachkonstruktion das Ambiente.

So wurde aus dem ehemals eher bescheidenen Bauernhaus ein modernes Landhaus mit dreimal so viel Wohnfläche und einer unvergleichlichen Innenraumatmosphäre, die eindrucksvoll beweist, welch enormes Potenzial in Jurahäusern steckt.

Schließlich wurde der Altbau auch energetisch optimiert: Unter dem Erdgeschossboden befindet sich heute ebenso eine Dämmung wie auf den Dachsparren; die massiven Außenwände erhielten einen Dämmputz. Die Beheizung erfolgt über eine Pellettherme, die eine Wandheizung nach dem „System Großeschmidt" (S. 32) speist.

Die Zusammenarbeit mit den Denkmalbehörden

Das Haus stellt ein überzeugendes Beispiel dar für den Erhalt eines Baudenkmals durch Weiterentwicklung. Im Grunde fand hier etwas statt, das in früheren Jahrhunderten gang und gebe war: Das Gebäude wurde entsprechend den veränderten Bedürfnissen der neuen Nutzer umgestaltet, teils tiefgreifend, doch durchgängig so, dass es seinen Charakter behielt oder sogar zurückerhielt, wo er bereits verloren war. An mehreren Stellen kamen neue Materialien zum Einsatz, die in dieser Form bauzeitlich nie Verwendung gefunden hätten, jedoch perfekt ins Gesamtbild passen.

Die Denkmalbehörden und das Amt für ländliche Entwicklung wussten sowohl den Erhalt des Jurahauses an sich wie auch die Konzeption der Sanierung zu schätzen und unterstützten das Vorhaben in großem Maße finanziell. Nur hierdurch war es den Bauherren möglich, die Sanierung in der heute anzutreffenden Qualität zu realisieren.

Projektdaten

Ursprüngliches Baujahr 1748
Größere Umbauten 1867/68; um 1900
Wohnfläche (vor Sanierung/aktuell) 175 m²/550 m²
Wandbaustoffe und Fassaden Bruchstein-/Mischmauerwerk (alt), Vollziegelmauerwerk (neu)
Wandoberflächen (nach Sanierung) Kalk- und Lehmputze, Kalklasuranstriche
Fußböden (vor Sanierung/aktuell) Dielenböden, Kalkstein („Juramarmor")
Dacheindeckung Biberschwanzziegel, grau, Geradschnitt
Energiesparmaßnahmen nach Sanierung Dämmputz, Aufsparrendämmung
Beheizung Holzpelletheizung

Sanierungsplanung

Kühnlein Architektur
Sollngriesbacher Straße 4
92334 Berching
www.kuehnlein-architektur.de

Fotos Erich Spahn (Innenaufnahmen), Architekten (Außenaufnahmen)

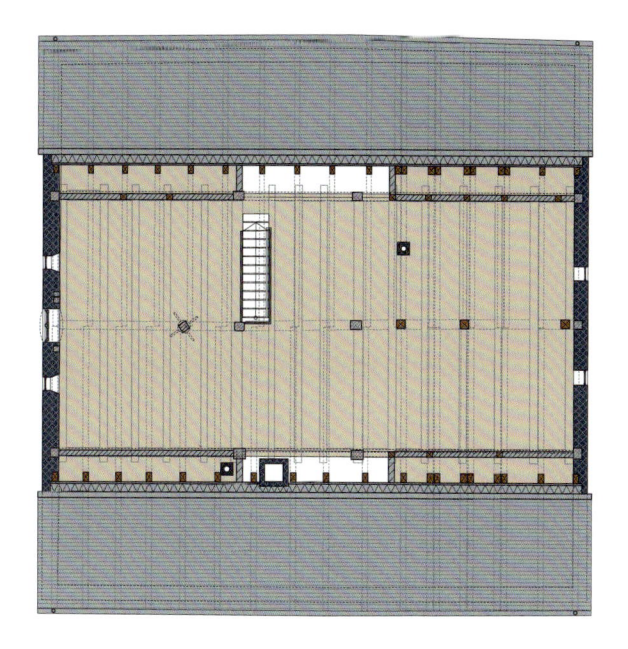

Dachgeschoss

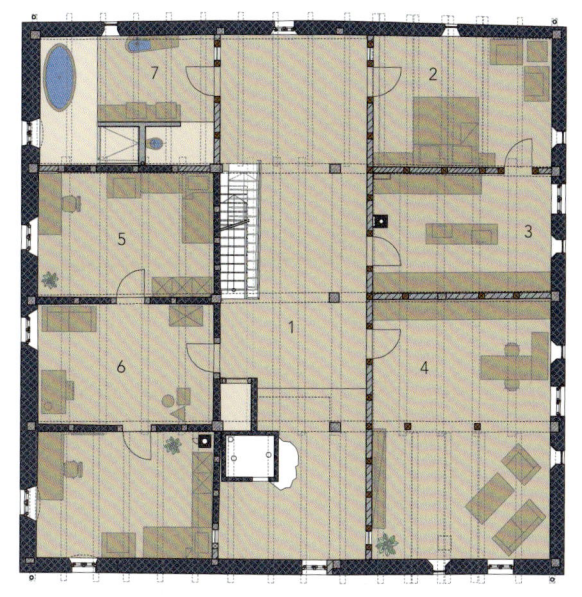

Obergeschoss

1 Flur
2 Schlafen
3 Ankleide
4 Büro/Galerie
5 Kind
6 Spielen
7 Bad

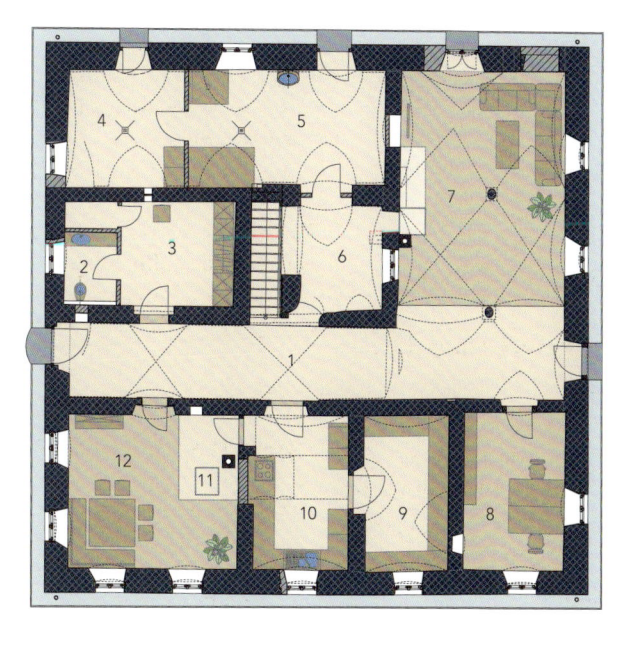

Erdgeschoss

1 Flur
2 WC
3 Garderobe
4 Wäsche/Anschlussraum 1
5 Wäsche/Anschlussraum 2
6 Durchgang
7 Wohnen
8 Büro
9 Speisekammer
10 Kochen
11 Kachelofen
12 Essen

Vorher

Bauzeit

Altes und Modernes

Landhaus am Thuner See/Schweiz

Das Bild, das dieses Haus in der Schweiz vor seiner Sanierung bot, ist repräsentativ für viele alte Häuser, ob denkmalgeschützt oder nicht: ein Teil der vorgefundenen Substanz war noch original, ein anderer Teil im Laufe der Zeit hinzugekommen, inzwischen aber auch schon von historischem Wert oder aufgrund anderer Qualitäten erhaltenswert, und ein dritter Teil ohne jeden architektonischen oder denkmalpflegerischen Charme und bestenfalls aus finanziellen oder rein funktionalen Gründen zu erhalten. Bei der Sanierung eines Baudenkmals – egal, ob es als solches eingetragen ist oder nur von den Beteiligten entsprechend angesehen wird – stellt sich die Frage, wie mit den drei genannten Bereichen umzugehen ist.

Dass Originalsubstanz, sofern realisierbar, in den meisten Fällen erhalten werden sollte, dürfte außer Frage stehen. Von der überwiegenden Zahl von Fachleuten ähnlich gesehen werden hochwertige Ergänzungen und Abänderungen des Ursprungszustands. Sie gehören zur lebendigen Geschichte eines Hauses, das ja nicht allein Zeitzeuge eines statischen Entstehungszeitpunkts, sondern einer oder mehrerer Epochen oder sogar seiner gesamten Standzeit ist. Dies wird leider von einigen wenigen Denkmalschützern ignoriert, die bei Sanierungen grundsätzlich eine Rekonstruktion des Ursprungszustands fordern. Sie übersehen dabei, dass durch solch eine Vorgehensweise meist inzwischen auch schon historische Substanz zerstört und durch etwas Neues ersetzt wird, das Historie nur vorspiegelt.

Deutlich einfacher ist die Frage bei neueren Zutaten zu beantworten, denen kein besonderer Wert beigemessen wird – etwa einem Bad aus den 1980er-Jahren – oder die gar den Charakter des Gebäudes ungut verändern – etwa nicht unterteilte Fenster, womöglich aus Kunststoff, in einem Haus aus dem 18. Jahrhundert. Klar, dass solche Bauteile bedenkenlos ersetzt werden können oder sogar sollten, sofern man ein denkmalgerechtes Ergebnis erzielen möchte!

Das wuchtig wirkende Mansarddach ist in dieser Bauform typisch für die Gegend.

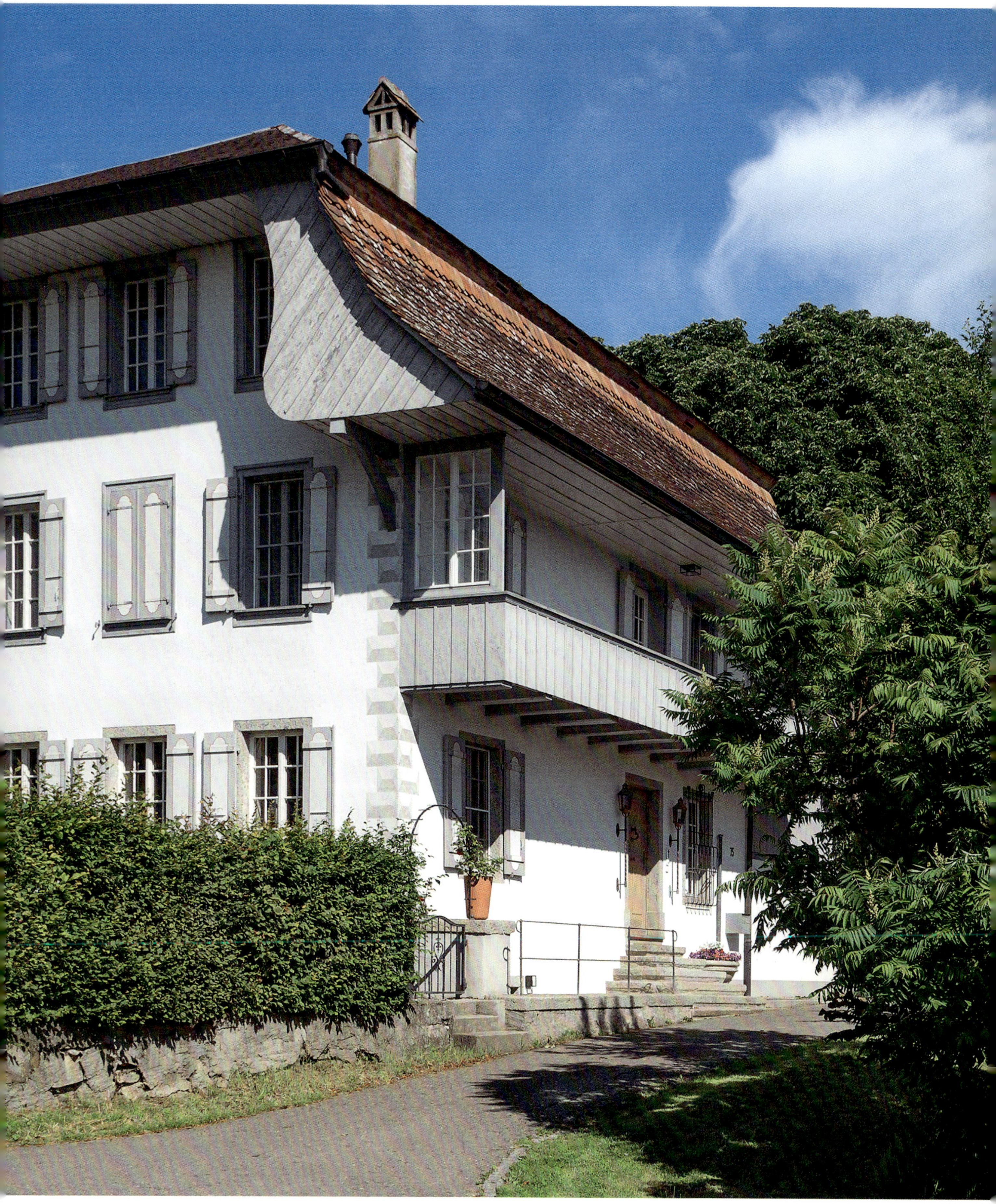

Doch was geschieht dann? Manch einer kommt nun wieder auf den Gedanken zu rekonstruieren, ein anderer greift auf Neuteile zurück, die irgendwie nach „Alt" aussehen, und wieder ein anderer greift auf das Standardangebot moderner Bauelemente zurück. Keine der drei Varianten muss zwangsläufig zu einem inakzeptablen Ergebnis führen, und in vielen Fällen wird auch das Budget der Bauherren eine wesentliche Rolle spielen.

Wie eine besonders überzeugende Antwort auf die hier gestellten Fragen ausfallen kann, zeigt ein Bauernhaus in der Schweiz, für das Architekt Erik Schmitz-Riol eine sorgsam durchdachte Sanierungsplanung lieferte.

Das Haus und seine Geschichte

1827 auf einem Bergrücken im Berner Oberland erbaut, diente das Haus zunächst als Feriendomizil einer adeligen Familie. Bekrönt wird der zweigeschossige Bau durch ein eigenwilliges, ausladendes Mansarddach. Der Teil des Daches oberhalb der Mansarde war abgewalmt. Neben dem markanten Dach prägen die im regelmäßigen Raster angeordneten Fenster identischen Formats mit Klappläden das Erscheinungsbild.

Die Innenaufteilung entspricht einem klassischen, bis heute gängigen Schema: Um einen Eingangsbereich gruppieren sich im Erdgeschoss die Wohnräume, heute Küche, Ess- und Wohnzimmer. Im Obergeschoss waren zu beiden Seiten eines sich durch das gesamte Haus ziehenden Flurs die Schlafräume angeordnet. Ungewöhnlich ist nur die Positionierung der Treppe: An der Außenwand des heutigen Esszimmers führt sie zunächst in eine Art Vorraum, der die gesamte Breite des Hauses einnimmt. Das Fenster des heutigen Badezimmers öffnet sich zu diesem Raum hin.

Auch dieses Haus wurde im Laufe seiner beinahe 200-jährigen Geschichte mehrfach überarbeitet und den jeweiligen Erfordernissen angepasst. Auch wenn denkmalpflegerische Belange dabei vermutlich keine Rolle spielten, blieb viel von der historischen Substanz erhalten.

Die Sanierung

Das Grundkonzept der Sanierung ist so stringent, dass es sich mit wenigen Worten umreißen lässt: Historische Substanz, die sich erhalten ließ, wurde bewahrt, „Verbrauchsoberflächen", also Böden und Wandoberflächen stilgerecht, aber deutlich als zeitgenössisch erkennbar, neu gestaltet sowie neuere, nicht erhaltenswerte Elemente durch moderne, hochwertige Neuteile ersetzt.

Im Einzelnen bedeutete dies beispielsweise, dass die originale Haustür samt Beschlägen, die filigranen Sprossenfenster, die markanten Holzdecken und der wohl bauzeitliche, offene Kamin mit Kacheleinfassung sorgfältig überarbeitet wurden. Andere ursprüngliche Bauteile legte man aufwendig frei, etwa Natursteingewände von Türdurchgängen. Ebenfalls sichtbar ist heute die Fachwerkkonstruktion im Obergeschoss. Sie wurde für ihre Sanierung entkleidet, und anschließend entschied man sich, sie nicht erneut hinter einer Putzschicht oder Bekleidung verschwinden zu lassen. Sie gliedert nun den zuvor unproportionalen Flur optisch. Im Bereich des Spiel- und Fernsehzimmers verzichtete man

oben Unter den alten Bäumen des Gartens wurde ein Freisitz angelegt, dessen Pergola sich bald schon zum blumenberankten Dach wandeln wird.
links Blick aus der Küche auf den Essplatz, links der offene Durchgang zum Wohnraum.
rechte Seite oben Mobiliar und Kunst setzen moderne Akzente im restaurierten historischen Rahmen.
rechte Seite unten Durch Entnehmen der Gefache eines der Zimmer im Obergeschoss entstand ein luftiger Galerieraum.

139

sogar auf eine erneute Ausfachung des Holztragwerks, sodass der Raum heute halboffen in den Flur übergeht.

Die neuen Massivholzdielen und Natursteinböden fügen sich zwar harmonisch in den Altbau ein, geben sich jedoch in ihrer Machart eindeutig als Zutaten unserer Zeit. Ähnliches gilt für die schlichten, hohen Fußleisten, die zwar weiß lackiert und ganz klassisch farbige Wandflächen rahmen, aber gleichzeitig durch ihre betonte Schlichtheit darauf hinweisen, dass sie nicht aus der Bauzeit stammen.

Betont modern geben sich Bäder und Küche, die sich so auch bestens in einen puristischen Neubau einfügen würden. Dass sie auch mit dem fast 200-jährigen Haus harmonieren, unterstreicht die Zeitlosigkeit der verwendeten Materialien Holz und Naturstein, wenn diese geradlinig und ohne rein modische Ornamentik verarbeitet werden. Ins zeitlose Bild passen aber auch die schwarzen Fliesen an der Rückwand der Küche aus kleinteiligen Quadratformaten: Während Rechteckformate in ihren Proportionen stets der Mode unterworfen sind, behalten Quadrate durchgängig Gültigkeit.

Zugegeben: das hier vorgestellte Beispielprojekt mit seinen äußerst hochwertigen Ausführungsdetails fällt nicht gerade in die Kategorie „kostengünstige Sanierungen". Doch auch für eine solche kann sein stringentes Sanierungskonzept als wertvolle Anregung dienen. Es dürfte in vielen Fällen einem Baudenkmal gerecht werden, selbst wenn die Ausführung im Detail aus Kostengründen einfacher ausfallen muss.

Projektdaten

Ursprüngliches Baujahr 1827
Größere Umbauten 1963, 1994, um 2001
Wohnfläche (vor Sanierung/aktuell) 292 m²/306 m²
Wandbaustoffe und Fassaden Naturstein und Holzfachwerk, verputzt
Wandoberflächen (nach Sanierung) Putz und Holzvertäfelung
Fußböden (vor Sanierung/aktuell): keramischer Fliesenbelag, Fertigparkett, PVC/Naturstein, Eiche-Massivholzdielen, Teppich
Dacheindeckung Faserzementplatten (Austausch erfolgt noch)
Energiesparmaßnahmen nach Sanierung Dämmung des Drämpels, neue Heizungsanlage
Beheizung Öltherme

Sanierungsplanung
Dr. Schmitz-Riol Planungsgesellschaft mbH
Herbststraße 9
99423 Weimar
www.schmitz-riol.de

Fotos Architekten, Stone Naturelle S. 137, 138 (2), 140 oben

linke Seite oben Komplett modern wurde das Bad gestaltet.
linke Seite unten Die neue Wangentreppe fügt stilistisch bestens ein.

oben Um das Entree gruppieren sich die Räume des Erdgeschosses.
unten beide Die neue moderne Küche nahm in ihrer Materialität der Oberflächen und dem kleinteiligen Fliesenspiegel über der Arbeitsfläche vage Anleihen an historische Bauernküchen.

Erdgeschoss

1 Flur
2 Wohnen
3 Essen
4 Kochen
5 Hauswirtschaftsraum
6 Heizung
7 Gäste-WC
8 Abstellraum
9 Garage
10 Sitzplatz

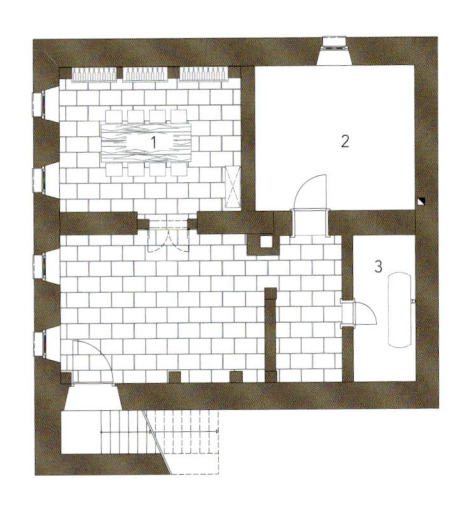

Kellergeschoss

1 Weinkeller
2 Werkstatt
3 Heizung

2. Obergeschoss

1 Gästezimmer
2 Gästebad
3 Bad
4 Arbeitszimmer
5 Ankleide
6 Schlafzimmer

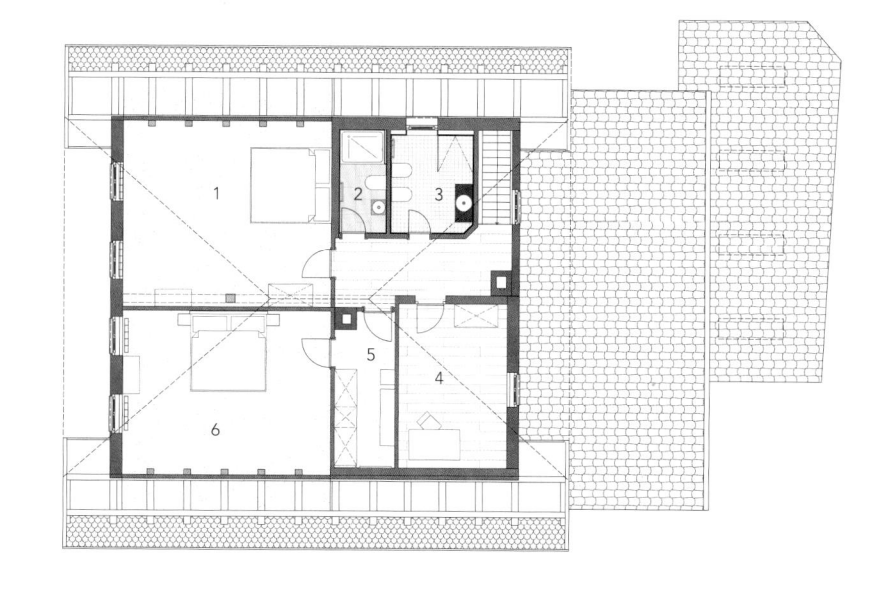

1. Obergeschoss

1 Schlafzimmer
2 Bad
3 Galerie /TV

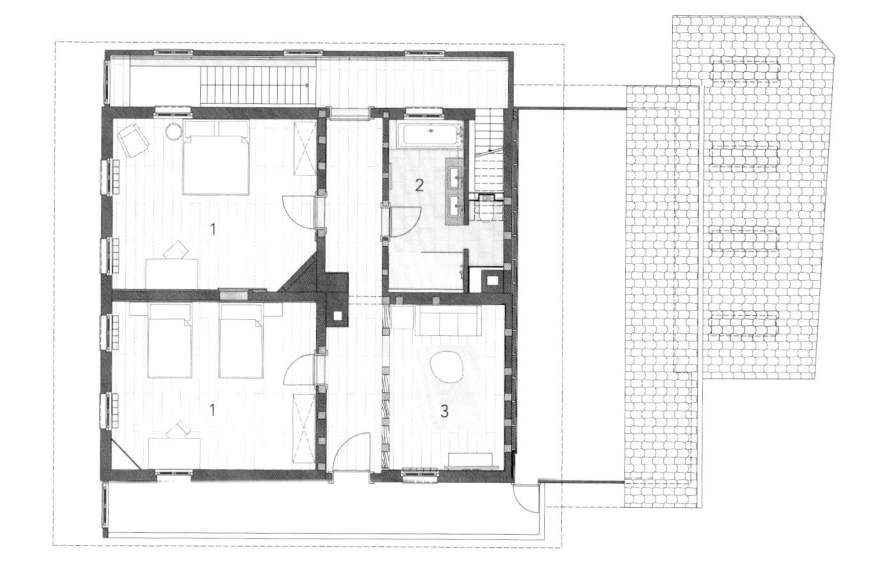

oben Im Bruchsteinkeller entstand eine Vinothek mit Aufenthaltsqualität.
links Trotz dominanter Farbgebung von Wänden und Decke gibt sich die Gästetoilette in Materialität und Formensprache zeitlos.

Vorher

145

Sommerhaus wird Mehrgenerationenhaus

Umbau einer Biedermeier-Villa in Lübeck

Nicht selten wurden und werden Villen, die beispielsweise aufgrund ihrer Lage oder der regionalen Entwicklung keinen Interessenten mehr für ihre einstige Nutzung finden, in mehrere Wohnungen aufgeteilt. Für Denkmalpfleger ist dies eine unerfreuliche Vorstellung, gehen doch mit einem solchen Umbau meist die charakteristischen, großzügigen Innenraumgefüge, deren harmonische Proportionen, aber auch ein nennenswerter Anteil der baulichen Substanz verloren. In der Nachkriegszeit, als Wohnraum knapp war, spielten solche Überlegungen freilich keine Rolle, und ab Mitte der 1950er- bis in die 1980er-Jahre wurde der Wert alter Architekturen oft nicht gewürdigt.

Heute gibt es dagegen ein weiter verbreitetes Gespür für historische Bauten. Dies geht oft so weit, dass beispielsweise Eigentumswohnungen in solchen aufgeteilten Altbauten mit dem Charme des Historischen beworben werden. Zu diesem Zweck bemühen sich dann sogar Bauträger, die vorher preisgünstige neue Bauteile bevorzugt hätten, um den möglicherweise kostenaufwendigeren Erhalt zumindest einzelner historischer Elemente.

Dies ändert freilich nichts daran, dass die luftigen Räume einer klassizistischen oder einer gründerzeitlichen Villa zwangsläufig unterteilt werden müssen, um heute übliche und bezahlbare Wohnungsgrößen zu realisieren, oder auch um Küchen und Bäder einzubauen. Daneben sind aktuelle Brandschutz- und Schallschutzanforderungen zu erfüllen, etwa bei Wohnungseingangstüren oder bei Zwischenwänden. Weitgehend erhalten bleibt der Charakter einer alten Villa beim Umbau zum Mehrfamilienhaus also nur, wenn die Aufteilung eine vorhandene Untergliederung aufnehmen kann, beispielsweise nach Geschossen. Dies hat meist nach wie vor große Einheiten zur Folge. Doch je kleiner die

Die größte Veränderung erfuhr die kleine Villa an ihrer ohnehin nicht mehr originalen Rückfront, die aufgebrochen und um wintergartenartige Anbauten und eine durchgängige Terrasse mit Zugang zum Garten ergänzt wurde.

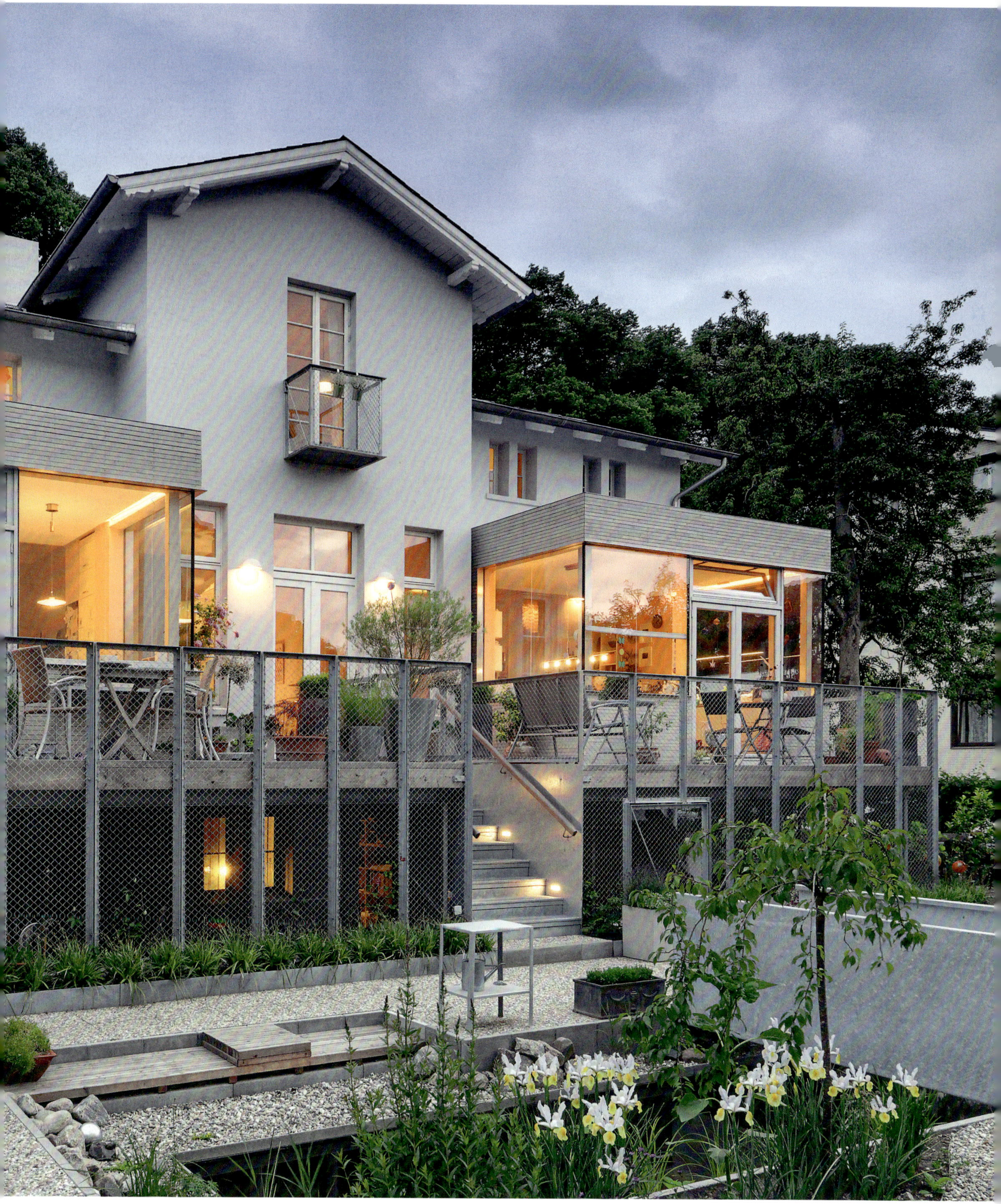

Wohnungen werden sollen, desto mehr vom ursprünglichen Charakter geht verloren, so lautet eine gängige Faustformel.

Dass dies auch anders geht, zumindest wenn die Begleitumstände es erlauben, demonstrieren die Lübecker Architekten Tobias Mißfeldt und Hauke Kraß auf sympathische Weise mit einer kleinen Biedermeier-Villa in der Hansestadt. Das Haus beherbergt heute vier Wohnungen zu je 65 Quadratmetern sowie das Büro der Architekten und wirkt trotz dieser Unterteilung in fünf Einheiten großräumiger und lichter denn je.

Zur Geschichte des Hauses

Das aus heutiger Sicht zentral, nahe der berühmten Innenstadt von Lübeck gelegene Haus mutet an wie ein kleiner Landsitz, und als solcher wurde es im Jahr 1863 auch gebaut. Damals gab es noch die kurz darauf aufgehobene „Lübecker Torsperre", die es Bürgern untersagte, ihren Wohnsitz dauerhaft außerhalb der Stadtbefestigung zu nehmen. Wohlhabende Kaufmannsfamilien bauten jedoch zusätzlich zu ihren Stadthäusern im Umland sogenannte Sommerhäuser, um zumindest zeitweise der Enge der Stadt zu entkommen.

Nach Aufhebung der Torsperre wurden viele der Sommerhäuser überformt oder durch städtischer anmutende, größere Neubauten zum dauerhaften Bewohnen ersetzt. Nur wenige Sommerhäuser überdauerten in ihrer Grundform bis in die Gegenwart. Dem hier vorgestellten Projekt kam eine seltene Kontinuität der Besitzverhältnisse zugute: die Erbauerfamilie hielt das Anwesen bis 1933 und verkaufte es dann an eine ursprünglich Magdeburger Unternehmerfamilie, in deren Händen es weitere acht Jahrzehnte bis 2013 verblieb. Die bei Eigentümerwechseln üblichen Umbaumaßnahmen musste das Haus, das die zweiten Besitzer als Dauerwohnsitz nutzten, somit nur einmal über sich ergehen lassen: Die ursprünglich zentrale Treppe zur Eingangsveranda wurde an die Seite des Hauses verlegt, um die Veranda als zum Vorgarten orientierten Wohnraum nutzen zu können, und auf der Gebäuderückseite, zum hinteren Garten orientiert, zu beiden Seiten des kleinen Mittelrisaliten im Erdgeschoss erkerartige Vorbauten angefügt. Die originalen, einscheibenverglasten Fenster erweiterte man mithilfe sogenannter Winterfenster zu besser wärmedämmenden Kastenfenstern.

1984 wurde das zuletzt von einem alleinstehenden alten Herrn bewohnte Haus unter Denkmalschutz gestellt.

Das Umbau- und Sanierungskonzept

Der originale Grundriss gruppierte im Hauptwohngeschoss, dem Hochparterre, fünf annähernd gleich große Räume um die hinter der Veranda zentral im Haus liegende Eingangshalle. Ein Raum folgte gartenseitig in Flucht der Halle, je zwei weitere Räume fügten sich symmetrisch beidseitig an. Eine breite Treppe führte von der Halle ins Obergeschoss, dessen bauzeitliche Grundrissgestaltung nicht mehr bekannt ist. Hier dürften sich kleinere Schlafräume befunden haben.

Im Rahmen der Sanierung wurde die Zugangstreppe wieder vor die Veranda gelegt. Die darauf folgende, für die Innenarchitektur bedeutsame Halle, die jeder üblichen Aufteilung des Hauses in einzelne Wohnungen zum Opfer gefallen wäre, wurde nicht nur erhalten, sondern durch Entfernen der Trennwand zum dahinterliegenden Raum sogar noch vergrößert. Auch die jeweils zwei Räume zu beiden Seiten lassen sich heute noch in ursprünglicher Ausdehnung erleben. Hier entstand jeweils eine der vier Wohnungen, wobei die straßenseitigen Räume zu den Schlafzimmern wurden, mit den rückwärtigen Wohnzimmern verbunden durch die originalen Doppelflügeltüren. Von den Schlafzimmern wurden zwar Bäder abgetrennt, jedoch auf so sensible Weise, dass das Gesamtvolumen der knapp 4 Meter hohen Räume erlebbar blieb: Wandscheiben über etwa zwei Drittel der Raumhöhe werden darüber ergänzt durch rahmenlose Festverglasungen. Seitlich reichen sie nicht bis an die bestehen-

links Im Gegensatz zur Rückfront wurde straßenseitig das originale Erscheinungsbild wiederhergestellt.
rechte Seite Durch Entnahme der Trennwand hinter der Treppe entstand aus der ohnehin schon großen Eingangshalle und dem dahinter liegenden Raum eine lichte Gemeinschaftsfläche, die die gesamte Tiefe des Hauses durchzieht.

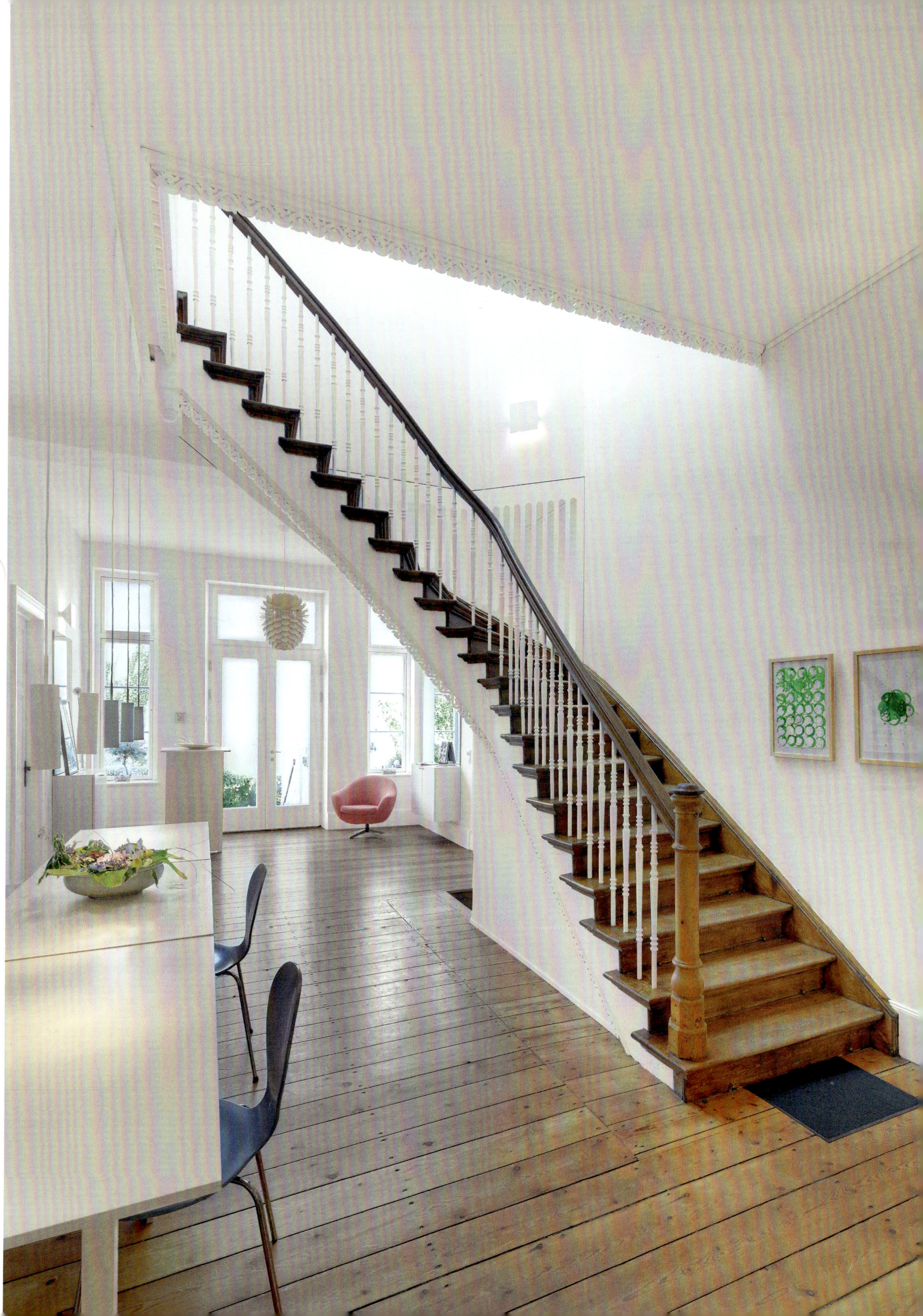

Blick aus der Halle Richtung Veranda – die rückwärtig einst an eine Wand angelehnte Treppe steht heute skulptural im Raum.

den Wände heran, auch hier unterstützen Festverglasungen und Glasschiebetüren die Illusion, dass die Trennwand nur lose in den Raum eingestellt sei.

Die Wohnzimmer wiederum galt es jeweils um eine Küche zu ergänzen. Hier entschieden sich die Architekten für den auch nach außen massivsten Eingriff in das historische Erscheinungsbild. Allerdings wies die Gebäuderückseite vor dem Umbau weder eine besondere architektonische Qualität, noch einen engeren Bezug oder gar eine Zugangsmöglichkeit zum Garten auf. Dies änderte sich durch Ersatz der beiden Anbauten von 1933 durch puristisch-moderne Holzanbauten, deren großflächige, weitgehend von Rahmen ungestörte Verglasung zu drei Seiten den Innenräumen fast den Charakter von Wintergärten gibt. Hier wurden ein Essplatz am Fenster und, übereck, die Küche untergebracht. Zwischen und vor den Holzanbauten entstand ein die gesamte Rückseite einnehmender Balkon mit zentraler Treppe zum Garten. Im Wanddurchbruch zum Wohnzimmer markiert ein Tresen mit großer Arbeitsfläche und Stauraum die ursprüngliche Raumbegrenzung. Indirekte Beleuchtungen oberhalb der Glasfassade tauchen den Raum auch nach Sonnenuntergang in ein besonderes Licht.

Eher konventionell fielen die beiden Wohnungen unterm Dach aus, die sich jeweils L-förmig um den quadratischen Treppenausschnitt im Zentrum des Hauses legten. Mit den unteren Wohnungen haben sie die Großzügigkeit der Räume gemeinsam, die jeweils um eine Dachterrasse ergänzt werden. Im hochwertig ausgebauten Souterrain befindet sich heute das Büro der Architekten. Da diesem auch die Veranda zugeordnet ist, erschließt man die Wohnungen heute über den rückwärtigen Garten.

Erhalten ließen sich die originalen Fenster und Innentüren, die heutigen Anforderungen entsprechend aufgerüstet wurden: in die Winterfenster wurde eine Isolierverglasung eingesetzt, die baurechtlich zu Wohnungseingangstüren hochgestuften Türen erhielten eine feuerhemmende Aufdopplung und erfüllen somit die Kriterien der Widerstandsklasse T30. Ein weiteres besonderes Bauteil befindet sich heute im Besprechungsraum des Architekturbüros:

eine der ersten Poggenpohl-Einbauküchen, wohl aus den 1950er-Jahren.

Der zentralen, sich nunmehr durch das gesamte Gebäude ziehenden Halle kommt eine ganz besondere Aufgabe zu, die ihren Erhalt ermöglichte und auch ökonomisch rechtfertigt. Sie dient als Gemeinschaftsfläche, die von allen fünf Parteien des Hauses genutzt wird: für Bauherrenbesprechungen der Architekten genauso wie für privates Zusammensitzen der Hausbewohner mit Gästen, für Feiern, aber auch für Treffen der Bewohner untereinander. Zugegeben: Dass dieses Konzept funktioniert, liegt auch daran, dass sich alle Bewohner vor dem Kauf des Hauses kannten, zwei Wohnungen von Miteigentümern genutzt werden und die Architekten ebenfalls als Miteigentümer und somit als Bauherren fungierten. Auch wenn das Konzept nur im Einzelfall auf andere Umbauten von Villen zu Mehrfamilienhäusern übertragbar ist, bietet es viele interessante Punkte, die zum Nachdenken animieren können. Es zeigt eindrucksvoll, welch spannende, überzeugende Entwurfslösungen sich abseits des Konventionellen finden lassen können.

Ob Familienfeier, gemütliches Beisammensein der Hausbewohner oder Bauherrenbesprechungen der Architekten: die Halle bietet zahlreiche Möglichkeiten und verleiht dem Haus eine unglaubliche Großzügigkeit, die auf die eher kleinen Wohnungen abstrahlt.

Projektdaten

Baujahr 1863
Größere Umbauten 1933
Wohnfläche (vor Sanierung/aktuell) 230 m²/4×65 m² zzgl. Halle, zzgl. Büro- und Nebenräumen
Wandbaustoffe und Fassaden Ziegelmauerwerk, verputzt
Wandoberflächen Lehmputz, gestrichten mit Lehmfarben; teilweise Vertäfelung
Fußböden originale Pitch-Pine-Dielen, teilweise Terrazzo
Dacheindeckung bauzeitlich Schiefer, 1933–2014 Dachpappe, aktuell wieder Schiefer
Energiesparmaßnahmen teilweise Innendämmung, Dachdämmung (KfW-Effizienzhaus)
Beheizung Holzpellets, Flächenheizung in den Decken

Sanierungs- und Umbauplanung
Mißfeldt Kraß Architekten BDA
Prof. i.V. Dipl.-Ing. Architekt BDA Tobias Mißfeldt M.A.
Dipl.-Ing. Architekt BDA Hauke Kraß
Roeckstraße 11
23568 Lübeck
www.missfeldtkrass.de

Fotos Johannes Kottjé

linke Seite oben Die Bäder der beiden heutigen Erdgeschosswohnungen teilen sich jeweils einen der ursprünglichen Räume mit den heutigen Schlafzimmern, optisch nur lose abgetrennt durch eine scheinbar frei eingestellte Wandscheibe und diese ergänzende rahmenlose Verglasungen.
linke Seite unten Die Küche einer der beiden Wohnungen im Dachgeschoss mit Zugang zur kleinen Terrasse.

oben Blick aus dem Schlafzimmer einer Erdgeschosswohnung durch den Wohnraum bis in die offene Küche im angefügten Wintergarten.
unten beide Mit dem originalgetreu sanierten Wohnraum und der modernen, rundum verglasten Küche prallen hier zwei stilistische Welten aufeinander. Wie gut sie sich ergänzen, zeigen diese Bilder.

Souterrain mit Außenanlage

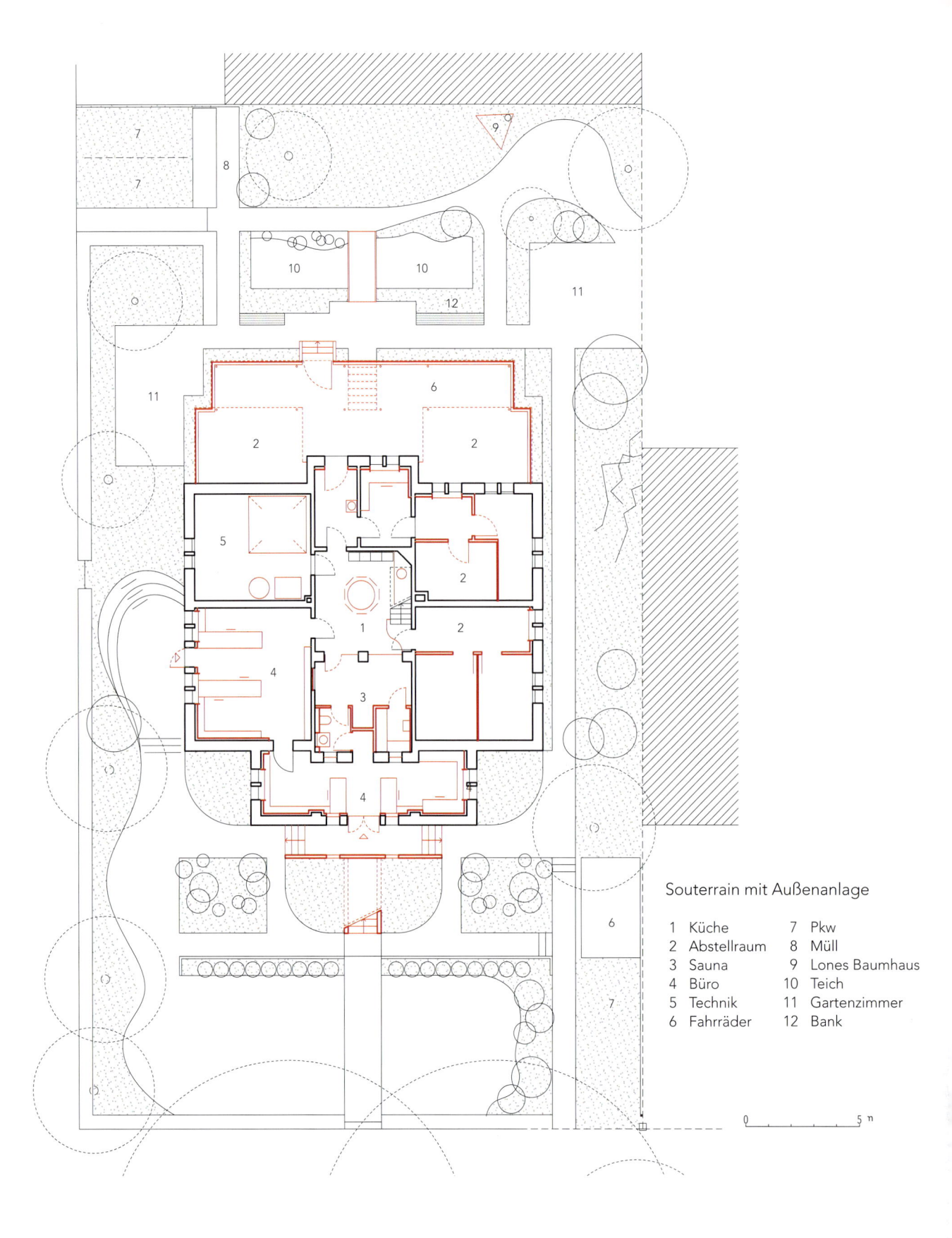

1 Küche
2 Abstellraum
3 Sauna
4 Büro
5 Technik
6 Fahrräder
7 Pkw
8 Müll
9 Lones Baumhaus
10 Teich
11 Gartenzimmer
12 Bank

Hochparterre

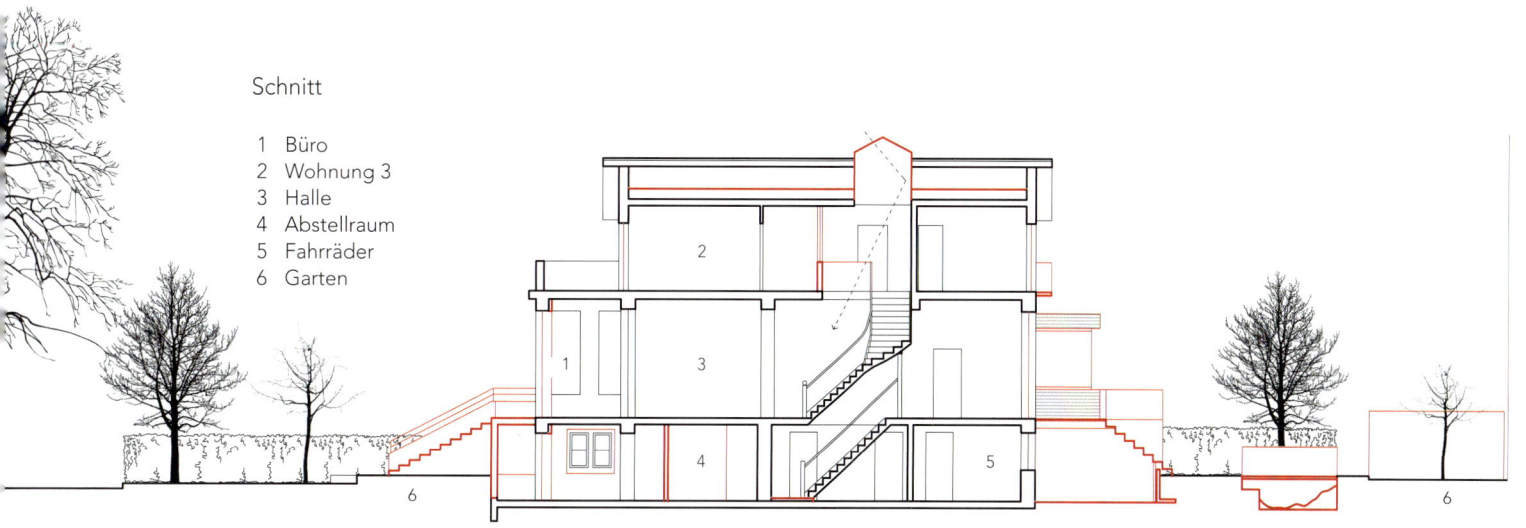

1 Halle
2 Wohnung 1
3 Wohnung 2
4 Büro
5 Terrasse

Obergeschoss

1 Wohnung 3
2 Wohnung 4

Schnitt

1 Büro
2 Wohnung 3
3 Halle
4 Abstellraum
5 Fahrräder
6 Garten

Vorher

Bauzeit

Hundert Jahre
lebendige Geschichte

Großbürgerliches Ziegelhaus in Berlin

Unter Denkmalschutz stehende Häuser werden häufig als „Häuser mit Geschichte" gewürdigt. Auch in den Texten zu den Projekten in diesem Buch geht es oft um deren Historie, von der allerdings häufig nur Fragmente bekannt sind. Verwunderlich ist dies nicht: Einerseits gingen Unterlagen wie Baupläne durch Kriege, Feuersbrünste oder auch durch Nachlässigkeit verloren, andererseits wurde und wird ja nicht jeder Schritt im „Leben" eines Hauses dokumentiert, kleinere Umbauten ebenso wenig wie Erneuerungen einzelner Bauteile. Selbst wenn sich aus alten Grundbuchauszügen oder Kaufurkunden frühere Eigentümer eruieren lassen, so erfährt man dadurch doch nicht viel über sie und mögliche weitere Bewohner.

Welch ein Glücksfall war dagegen dieses Anwesen in Berlin, dessen heutige Eigentümer die „Biografie" ihres neuen Domizils vor seiner Sanierung bis auf wenige Lücken nachvollziehen konnten. Es gab originale Baupläne sowie eine Publikation über das Haus aus seiner Erbauungszeit kurz

rechts Vom Garten aus zeigen sich die ungewöhnlichen, dem Haus eine harmonische Spannung verleihenden Proportionen des Baukörpers.
unten Zur Straße wurde das originale Erscheinungsbild wiederhergestellt, nur die Fledermausgaube ist neu. Auf den ersten Blick wirkt das Haus beinahe klein, das hoch aufragende Dach wird durch die Bäume kaschiert.

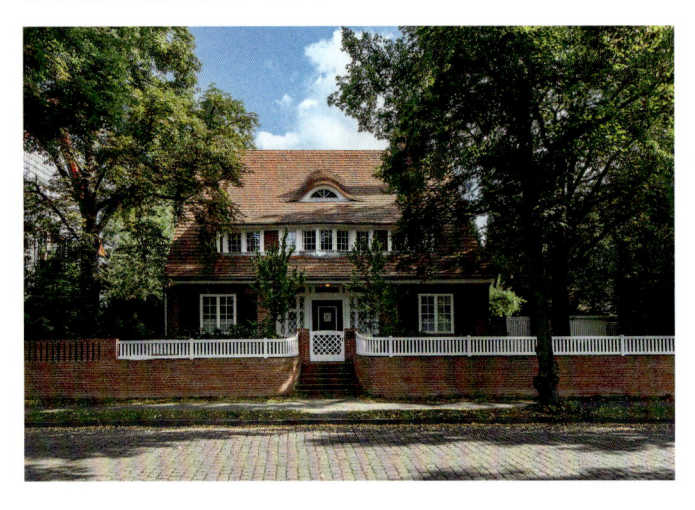

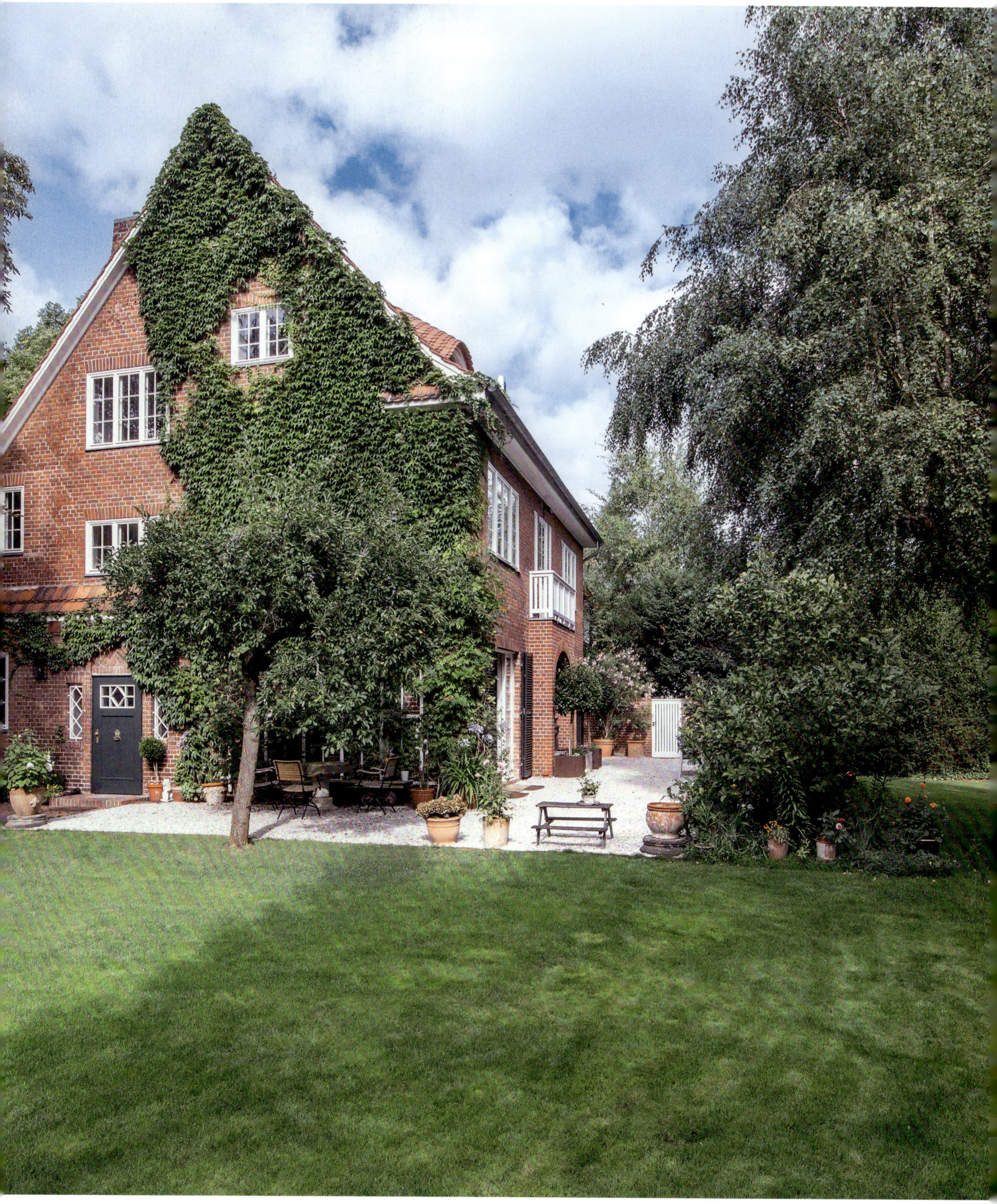

oben Blick vom Hauseingang durch das Entree: geradeaus das Wohnzimmer, links das Arbeitszimmer, rechts die Tür zum Treppenflur.
unten Gegenblick zum Foto oben: links die Zugänge zur Küche und zur Gästetoilette.

vor dem Ersten Weltkrieg, der Architekt war bekannt und auch über die lediglich drei Vorbesitzerfamilien konnte etwas in Erfahrung gebracht werden.

Die hochwertige, aber ansonsten unpersönliche Architektur wurde durch diese Kenntnisse mit Leben gefüllt. Eine solche Ausgangssituation muss freilich nicht zwangsläufig Auswirkungen auf die Sanierung haben, ermöglicht aber den an Entscheidungen Beteiligten in manchen Fällen ein anderes Abwägen und den Bauherren eine tiefere Identifikation mit dem Haus, dessen Geschichte sie nun fortschreiben.

Die Architektur des Hauses

Passiert man auf der von alten Bäumen gesäumten Straße das Grundstück, fällt dem flüchtigen Betrachter das Haus kaum auf: die nur eingeschossige Eingangsfassade liegt erhöht und zurückgesetzt, sie gibt sich betont dezent, fast schon bescheiden. Lediglich der mittig angeordnete, gegenüber der Gebäudekante zurückspringende Hauseingang mit zwei symmetrisch rahmenden Fenstern gibt einen vorsichtigen Hinweis auf den tatsächlichen Charakter des Hauses. Seine wahre Größe kann man erahnen, lässt man sich nicht von den hohen Bäumen vom Blick auf das zweigeschossig aufragende Dach mit breitem Gaubenband abhalten.

Gartenseitig meint man zunächst, vor einem anderen Haus zu stehen, denn hier ist die traufseitige Fassade zweistöckig und verfügt über große Fenster. Die asymmetrischen Giebelseiten offenbaren schließlich die sogenannte springende Traufe, also die unterschiedlich weit heruntergezogenen Dachkanten. Sie verschleiern hier nicht nur straßenseitig die wahren Ausmaße des Baukörpers, sondern geben ihm zugleich ausgewogene, wenngleich ungewöhnliche Proportionen. Ungewöhnlich ist auch die unregelmäßige Anordnung der Fenster unterschiedlichen Formats am Giebel – ein zum Baustil passender Gegensatz zur Strenge und Symmetrie der beiden Traufseiten.

Der Entwurf des Architekten Paul Mebes wurde 1911 realisiert. Er stellt ein markantes Beispiel der Reformarchitektur dar, einer Strömung zu Beginn des 20. Jahrhunderts, die sich zwar deutlich sachlicher und schnörkelloser gibt als der Historismus, jedoch noch nicht mit diesem bricht, wie später die Klassische Moderne. Mebes, einer der Protagonisten dieser Stilrichtung, war hauptsächlich im Siedlungsbau tätig und über die Landesgrenzen hinaus beachtet als Wohnungs- und Städteplaner.

Die Grundrisskonzeption ist in der großbürgerlichen Tradition des 19. Jahrhunderts verhaftet: An die zentrale Eingangshalle schließt links das Herrenzimmer an, rechts

oben und unten Das Esszimmer ist heute über breite Durchgänge sowohl mit dem Garten wie mit dem Wohnzimmer verbunden.

oben Im Wohnzimmer wurde ein historischer Kamin eingefügt, dessen Gesims die Bauherren im Garten vergraben fanden.
unten Die vom Schreiner gefertigte Regalwand im Arbeitszimmer fügt sich hervorragend ins Ambiente des Hauses. Im Hintergrund der Blick durch das Wohnzimmer bis in den Garten.

die Küche und die Treppe ins Obergeschoss. Den hinteren Teil des Hauses nehmen die zum Garten orientierten Speise- und Wohnzimmer ein. Die Türen von der Eingangshalle zum Wohnzimmer und von diesem zu Speise- und Herrenzimmer wurden repräsentativ zweiflügelig gestaltet. In den Garten gelangte man ursprünglich allerdings nur über einen kleinen, zentralen Vorbau mit Altane (ein balkonartiger Anbau). Die übrigen Fenster waren mit Brüstungen ausgeführt.

Im Obergeschoss waren die Schlafräume angeordnet, durchzogen von einem Erschließungsgang. Ursprünglich nicht zum Wohnen ausgebaut war der Dachboden.

Zur Geschichte des Hauses und seiner Sanierung

Mebes' Auftraggeber war ein Polizeirat, dessen Familie das Haus später an eine Familie aus dem Saarland verkaufte, die die Kubakrise 1962/63 zum Anlass nahm, das Anwesen an eine Professorenfamilie zu veräußern. In deren Händen verblieb es nahezu ein halbes Jahrhundert, zuletzt bewohnt von einem alleinstehenden Herrn.

Nach dem Zweiten Weltkrieg wies man den damaligen Bewohnern Flüchtlinge zu, weswegen auch der Dachboden provisorisch bewohnbar gemacht wurde. Die glücklicherweise zum Großteil noch heute vorhandenen Originalfenster wurden von den letzten Vorbesitzern ihrer Sprossen beraubt, um die somit durchgängigen Glasflächen einfacher säubern zu können. Man versetzte die Trennwand zwischen Speise- und Wohnzimmer und entfernte originale Türen, ebenso die Altane. Der Gartenzugang erfolgte nun über eine dezentral in die störend veränderte Gartenfront gebrochene Terrassentür. In den 1960er-Jahren wurde der originale Fußboden in der Eingangshalle, der Küche und dem Treppenraum gegen Solnhofener Platten getauscht und zwischen Wohn- und Herrenzimmer eine „Höhle" für die Familie eingefügt. Das Mädchenzimmer im Obergeschoss teilte man in zwei Bäder auf, die Trennwand lief mittig in den kleinen, straßenseitigen Runderker.

Insgesamt also erfreulich überschaubare und zum Großteil nachvollziehbare Veränderungen gegenüber dem stimmigen Ursprungszustand! Stur alle Veränderungen aus 100 Jahren einfach nur rückgängig zu machen, war nicht das Ziel der heutigen Eigentümer. Es ging nicht um eine Revision der Geschichte, sondern um ihre Fortschreibung.

So wurden etwa in die Fensterrahmen wieder filigrane Sprossen eingefügt, zum Garten hin strebte man jedoch nicht wieder das ursprüngliche Fassadenbild an. Durch zwei mehrflügelige bodentiefe Fenster, die nach außen sym-

oben Als die heutigen Eigentümer das Haus erwarben, verlief mitten durch den straßenseitigen Runderker im Obergeschoss eine Trennwand, die den großen Raum in zwei Bäder unterteilte. Die Sanierung gab dem nun als Elternschlafzimmer genutzten Raum seine bauzeitliche Qualität zurück, ein Bad befindet sich im angrenzenden kleineren Raum.

unten Die moderne Einbauküche mit klassischen Kassettentüren wird zweiseitig belichtet; hervorragend ins Bild passt der neu verlegte Boden aus belgischem Blaustein.

metrisch vor Speise- und Wohnzimmer angeordnet sind, entstand eine Fassade, die sich bestens in den großzügigen Charakter des Hauses einfügt. Zwischen den neuen Fenstern wurde zwar wieder eine Altane angeordnet, diesmal jedoch als Brunnenüberdachung von geringer Tiefe. Für die Überarbeitung der Ziegelfassaden wurde eigens ein Stein gebrannt, dessen Farbe nahezu den vorgefundenen Originalen gleicht.

Im Innern erhielt die versetzte Wand zwischen Wohn- und Speisezimmer wieder ihre ursprüngliche Stelle, ebenso rekonstruierte man die zweiflügeligen Türen und arbeitete in allen Geschossen die originalen Holzfußböden auf. Die Solnhofener Platten wurden durch belgischen Blaustein ersetzt, der dem Originalzustand vermutlich näher kommt, und im Obergeschoss das Mädchenzimmer wieder hergestellt. Heute fungiert es als Elternschlafzimmer, flankiert von dem neu angelegten Bad zur einen Seite und der Ankleide zur anderen.

Das Dachgeschoss wurde ausgebaut, hier entstanden zwei Kinderzimmer mit Schlafemporen und dazwischenliegendem Bad. Für deren Belichtung wurden Fledermausgauben vorgesehen, deutlich größer als im Original. Das Denkmalamt genehmigte sie unter anderem aufgrund der vielfältigen Bemühungen der Bauherren, einen denkmalgerechten Zustand auch dort zu erhalten oder wieder herzustellen, wo es keine entsprechende Vorgabe seitens der Behörden gab. So wurde etwa die straßenseitige, das höherliegende Grundstück abfangende Umfassungsmauer samt Zaun dem Original entsprechend rekonstruiert.

Von beiden Dachflächen wurden die noch brauchbaren Biberschwanzziegel aussortiert und zur Neudeckung auf der Straßenseite verwendet. Zuvor erhielt das Dach eine massive Dämmung, ebenso der Keller, der zuvor aufwendig neu abgedichtet wurde.

oben Eines der Kinderzimmer im Dachgeschoss.
links Der Treppenantritt im Erdgeschoss – auch hier wurde belgischer Blaustein verlegt wie in der Küche und im Entree.
rechte Seite Die bauzeitliche Holztreppe wurde sorgsam aufgearbeitet. Das Dachgeschoss schließt heute galerieartig an den Treppenraum an.
Seite 166/167 Nicht ganz original, aber so stimmig wie noch nie zuvor wurde die traufseitige Fassade zum Garten gestaltet. Das Arrangement aus originalen Fenstern zum Obergeschoss, symmetrisch neu dimensionierten Fenstertüren vor Esszimmer und Wohnzimmer und der zentralen Altane als Brunnenüberbauung wirkt homogen und passt in seiner dezenten Eleganz zum Gesamtbild des Hauses.

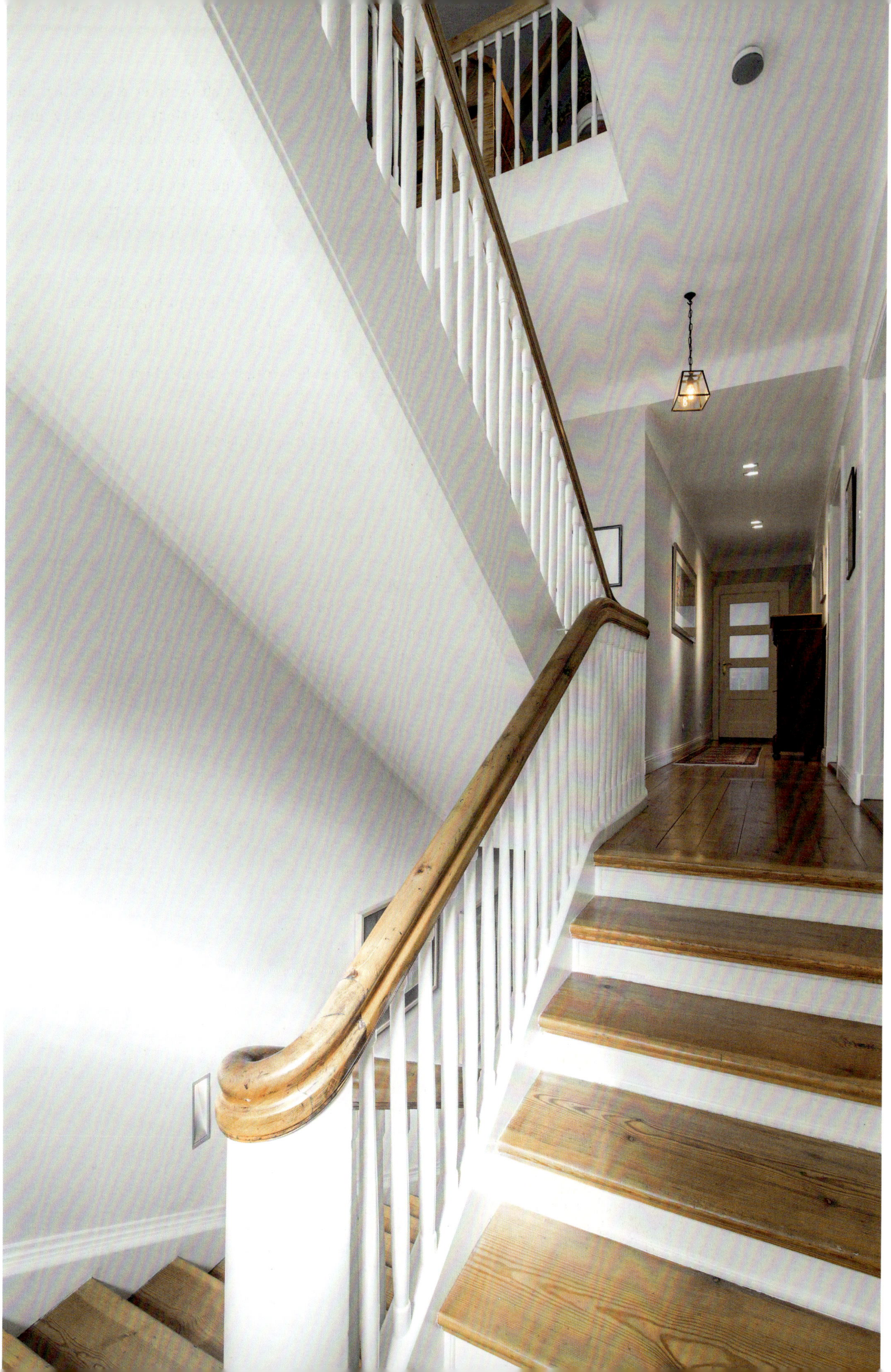

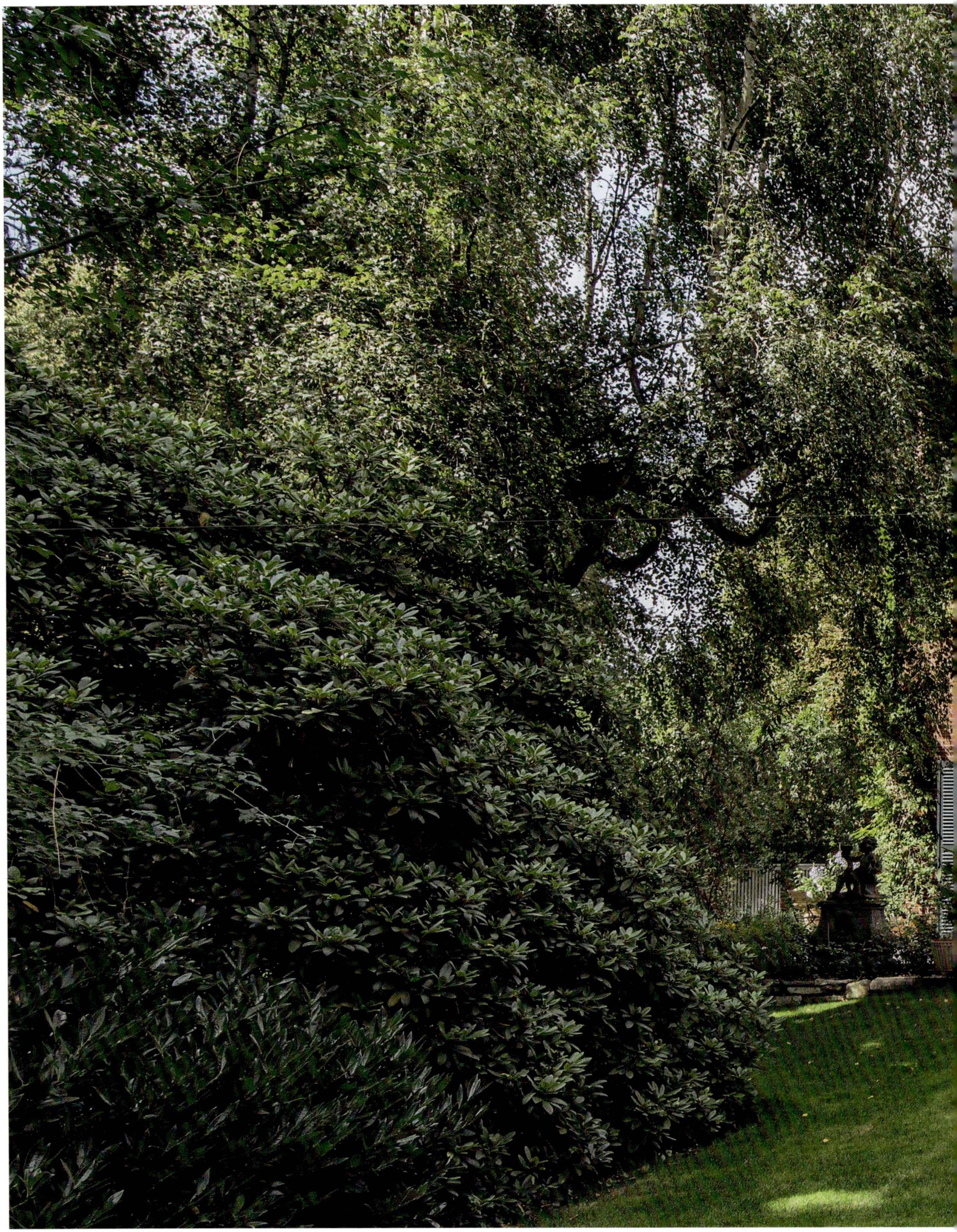

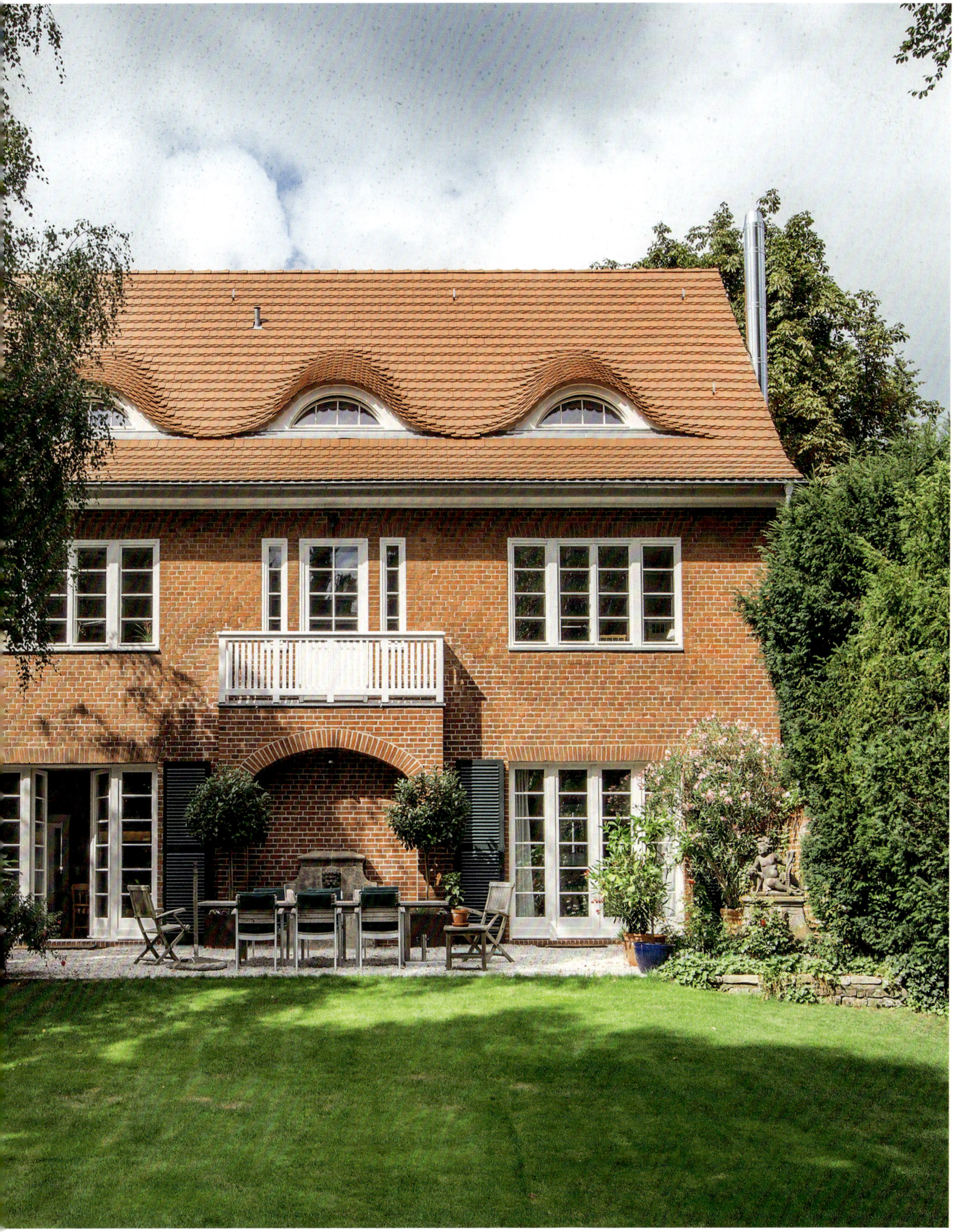

links Anstelle der Brunnenüberbauung fand sich bauzeitlich ein später entfernter Erker als Übergang vom Wohnraum zum Garten. Die heute bodentiefen Fenster waren mit Brüstungen ausgeführt.

unten Am Ende des Treppenflurs im Erdgeschoss findet sich ein kleiner Verteiler, hier in der Ansicht vom Esszimmer mit Blick zur Küche. Rechts die Kellertür.

Die Zusammenarbeit mit dem Denkmalamt

Die Bauherren selbst strebten an, das Haus in einen zu Mebes' Entwurfsgedanken passenden Zustand zu bringen. Sie hatten weitergehende Pläne als denkmalpflegerisch gefordert – etwa die erwähnte Wiederherstellung der Grundstücksmauer. Schon allein hieraus resultierte eine gute Zusammenarbeit mit dem Denkmalamt. Kleinere Diskussionen gab es dennoch, die jedoch immer zur beiderseitigen Zufriedenheit beendet werden konnten.

Wie jedes größere Bauvorhaben, gleich ob Neubau oder Komplettsanierung, zehrte auch dieses an den Nerven der Bauherren. Weniger als bei einem Neubau konnten hier Zeitpläne eingehalten werden, denn an manchen Stellen wartete Unvorhergesehenes, etwa Hausschwamm.

Doch nicht zuletzt dank guter, in der Thematik erfahrener Handwerker und einer schlüssigen Planung der Architekten lässt das Ergebnis die Bauherren viele Mühen vergessen – sie beabsichtigen, ein weiteres Baudenkmal zu sanieren.

Projektdaten

Baujahr 1911
Größere Umbauten vermutlich Anfang der 1960er-Jahre
Wohnfläche (vor Sanierung/aktuell) 252 m²/303 m²
Wandbaustoffe und Fassaden: Ziegelsichtmauerwerk, zweischalig
Wandoberflächen gespachtelt
Fußböden originales und neues Eiche-Parkett, belgischer Blaustein (neu), Kiefernholz-Dielen (Obergeschoss und Dachgeschoss)
Dacheindeckung Biberschwanz
Energiesparmaßnahmen Wärmedämmung des Dachs und des Kellers
Beheizung Gastherme

Sanierungs- und Umbauplanung
Arge4architekten
Gutenbergstraße 71–72
14467 Potsdam
www.arge4architekten.de

Fotos Johannes Kottjé

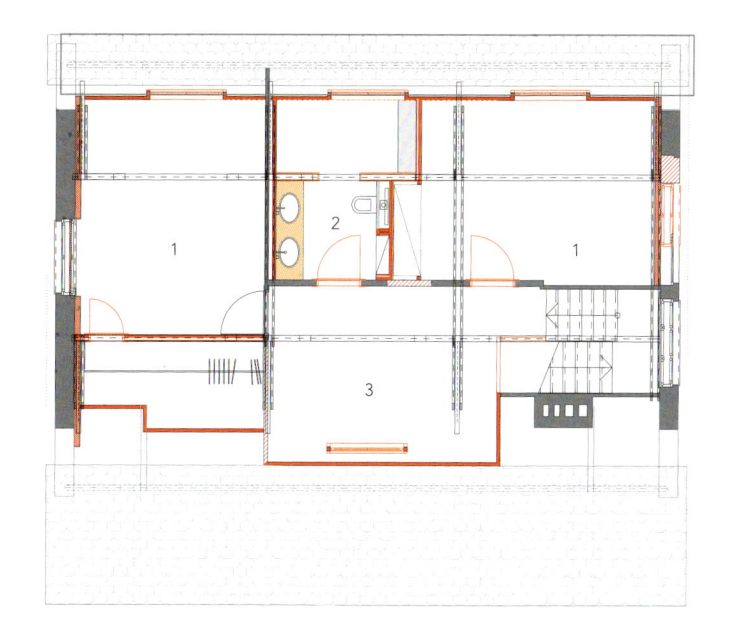

Dachgeschoss

1 Kind
2 Bad
3 Galerie

Obergeschoss

1 Kind
2 Gast
3 Bad
4 Ankleide
5 Schlafen

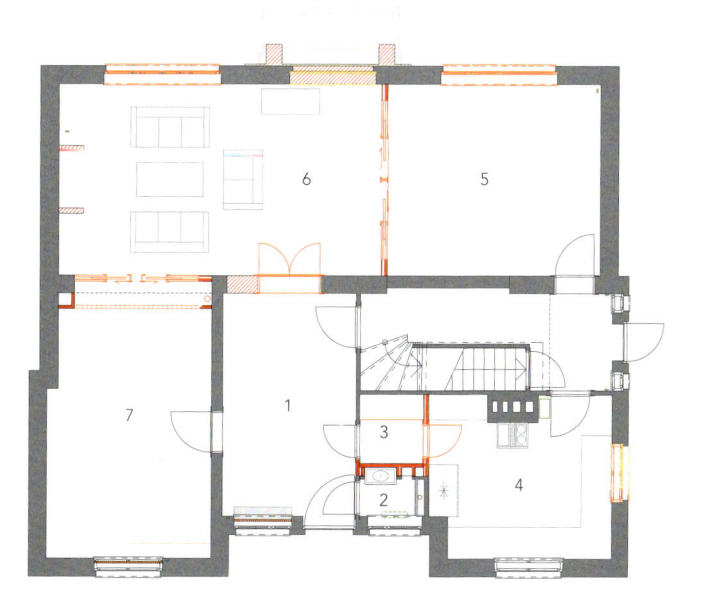

Erdgeschoss

1 Eingang
2 WC
3 Vorrat (Durchgangsraum)
4 Kochen
5 Essen
6 Wohnen
7 Arbeiten

Vorher

Bauzeit

Bauernhaus trifft Bauhaus

Sanierung eines ehemaligen Weinbauerngehöfts am Zürichsee/Schweiz

Dieses Projekt ist zugleich das älteste wie das jüngste in diesem Buch – bezogen auf die aus denkmalpflegerischer Sicht erhaltenswerte Bausubstanz. Zwar ist der heutige Zustand nahezu aller historischen Bauten im Laufe ihrer Standzeit gewachsen, doch ein derart kontrastreiches Verschmelzen unterschiedlicher Epochen und Baustile wie bei dem Anwesen am Zürichsee findet man selten.

Eine zweigeschossige Halle mit Galerie und angrenzende Räume in Stil und Großzügigkeit der Schweizer Moderne, kunstvoll eingefügt in eine Gebäudehülle und unter ein Dachgeschoss, die auf das Jahr 1450 zurückgehen – eine überaus gelungene Symbiose! Wohl niemand käme auf den Gedanken, das Haus in seinen „Ursprungszustand" zurückversetzen zu wollen, im Gegenteil: auch der „Bauhaus"-Ausbau von 1939/40 steht heute unter Denkmalschutz.

Plant man heute einen vergleichbaren Eingriff in ein denkmalgeschütztes Gebäude, wird man meist auf Widerstand stoßen und sein Vorhaben nicht genehmigt bekommen. Oft sicher zu Recht, doch in manchen Fällen wäre gründlicheres Nachdenken und Abwägen angebracht: Was ginge verloren, was entstünde Neues und wie hochwertig wäre das Gesamtergebnis im Vergleich zum sturen Erhalt? Entstünde möglicherweise etwas, das in einigen Jahrzehnten seinerseits als schützenswert betrachtet und als in sich gleichwertiges Gesamtensemble unter denkmalpflegerischen Aspekten saniert würde?

Die Vorstellung des Schweizer Weinbauerngehöfts möchte zum ergebnisoffenen Nachdenken über diese Thematik anregen.

Das Ensemble des ehemaligen Weinbauernhofs mit Wohnhaus, Käsehaus (links) und Trotte (im Hintergrund).

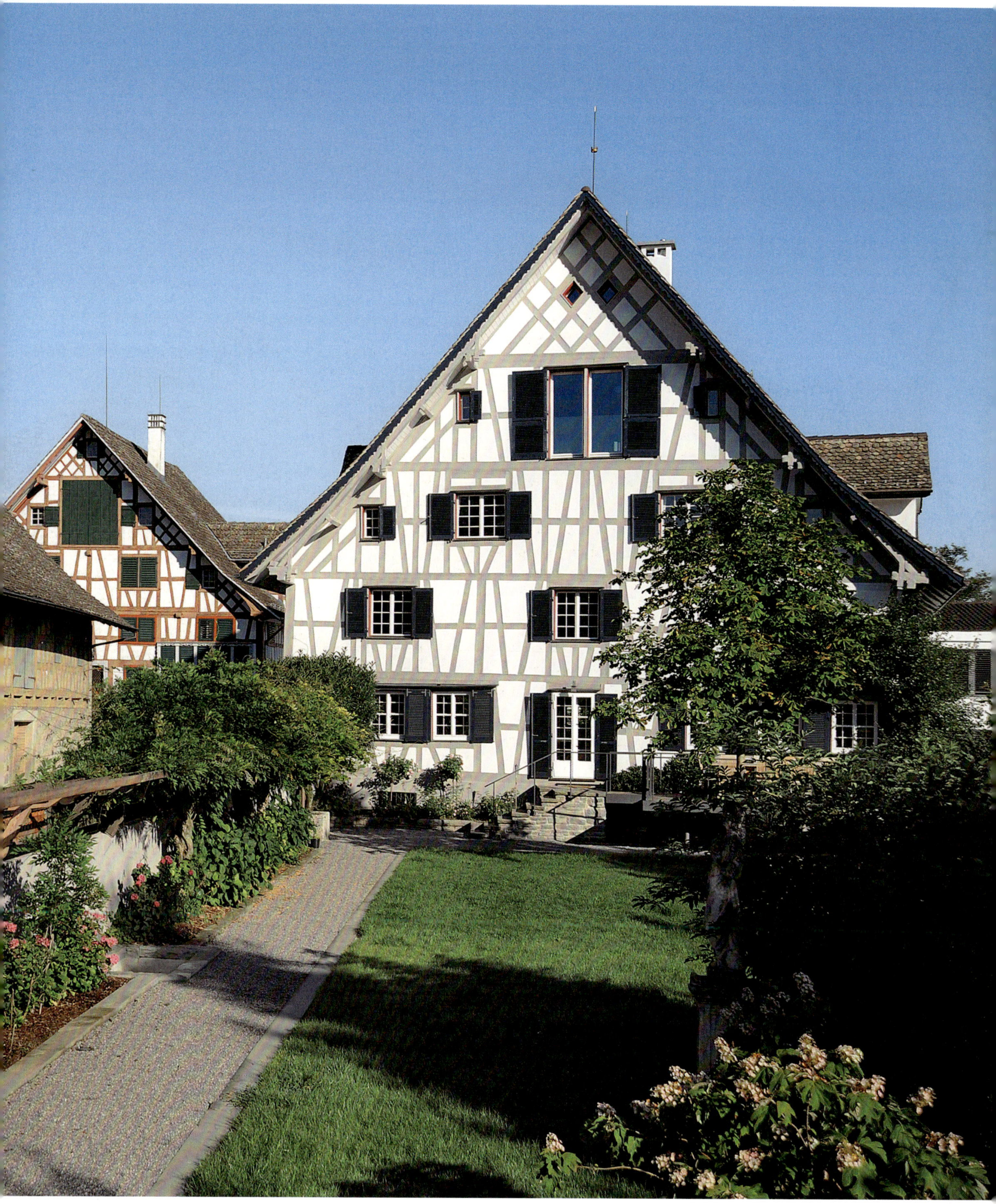

links Vorbei an der gemauerten Nordfassade des Wohnhauses fällt der Blick auf den Zürichsee.
rechte Seite Der Ausbau des Wohnhauses im Stil der Schweizer Moderne wurde im Zuge der jüngsten Sanierung weitgehend original belassen, lediglich ein wenig luftiger gestaltet.

Architektur und Geschichte

Wenn die imposante Hofanlage oberhalb des Zürichsees erzählen könnte, es würde ein langer Abend. Auf 600 Jahre kann das ehemalige Weinbauerngehöft zurückblicken, von denen es über 300 Jahre bis 2006 im Besitz einer Familie war und sich zu einem baugeschichtlich ganz besonderen Zeugnis der Jahrhunderte entwickelt hat. Nach der jüngsten, sorgsamen Sanierung dient es heute als kombinierter Wohn- und Firmensitz.

Das Haupthaus des Ensembles gibt sich nach außen als regionaltypisches Bauernhaus mit zwei Geschossen und einem weit aufragendem Dach. Die Südseite wurde in Riegelbauweise (Fachwerk) errichtet, die übrigen Fassaden verputzt. Kleine Fenster mit Klappläden bestimmen das Bild, und so möchte man auch im Innern eher gedrungene Räume erwarten. Umso größer die Überraschung, die einen dort erwartet: Auf einen kleinen Windfang folgt eine zweigeschossige Empfangshalle, die etwa ein Drittel der Grundfläche des Hauses einnimmt. Luftig und lichtdurchflutet erschließt sie den ehemaligen Wohnraum und eine Küche im Erdgeschoss sowie über eine skulpturale, geschwungene Holztreppe die umlaufende Galerie im Obergeschoss, von der vier ehemalige Schlafräume abgehen.

Betrachtet man die Ausgestaltung im Detail, erinnert manches an frühe Bauhausentwürfe – nicht von ungefähr, denn das Innere des Hauses wurde in den Jahren 1939 und 1940 durch den Schweizer Bildhauer und Architekten Hans Fischli einschneidend umgebaut. Fischli, einst Bauhaus-Schüler in Dessau und Mitbegründer der Schweizer Moderne, musste noch keine Rücksicht auf heutige (oft durchaus berechtigte!) Denkmalschutzanforderungen nehmen und verstand es gekonnt, Bauernhaus und Bauhaus zu einer ganz eigenen, harmonischen Einheit zu verbinden.

Auch der Ausbau des hohen Spitzbodens zu einem Wohnraum geht auf Fischli zurück. Das Dachgeschoss darunter weist als einzige Ebene den historischen, bäuerlichen Charakter auf, und so schläft man hier noch heute in allseits von Holz ummantelten Räumen mit rustikalen Bohlenwänden und -decken.

Die Sanierung

Im Zuge der Sanierung wurden die beiden Dachgeschosse zu einer großzügigen Maisonettewohnung verbunden. Während hier der Charakter des Bauernhauses erhalten und betont wurde, galt das Hauptaugenmerk bei der Sanierung von Erdgeschoss und Obergeschoss der Architektur Fischlis. Um eine noch hellere Atmosphäre zu schaffen, wurden allerdings die ursprünglich rotbraun gestrichenen

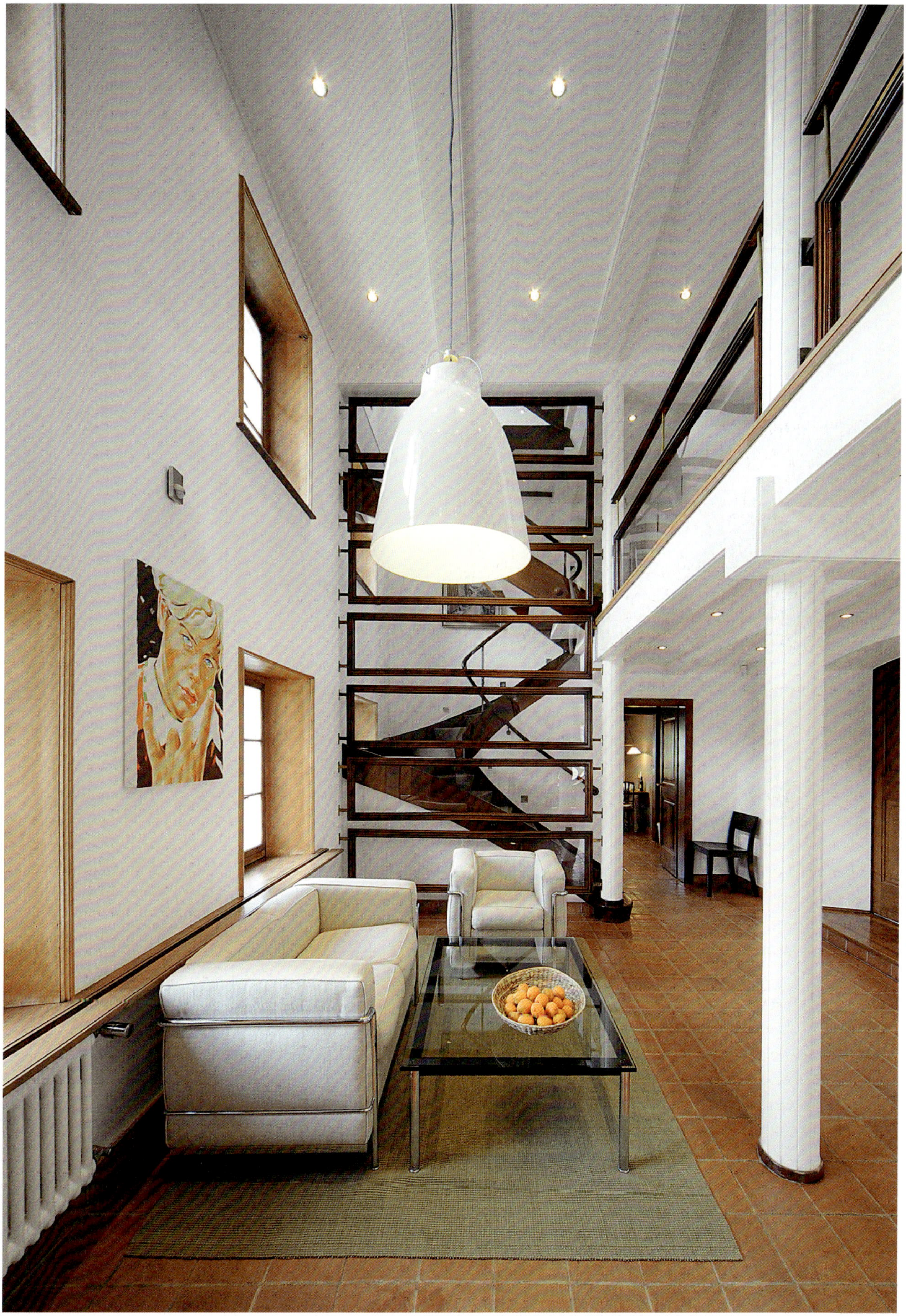

Stützen und Verblendungen der Geschossdecke sowie die Einbauschränke der Galerie nun weiß gestrichen und die fast flächig geschlossenen Füllungen der Brüstungskassetten durch Glasscheiben ersetzt.

Neben dem Haupthaus gehören zum Ensemble das Gebäude der Trotte und das ehemalige „Chäshüsli". Bei der Trotte handelt es sich um die Presse des einstigen Weinbauerngehöfts. Sie wurde als eindrucksvolles historisches Zeugnis instandgesetzt, im Dachraum des kleinen Gebäudes fand ein Konferenzraum Platz.

Das Chäshüsli im südlichen Bereich des großen Gartens wurde früher zur Lagerung des auf der Alm produzierten Käses genutzt. Direkt unter dem kleinen Bruchsteingebäude fließt der Töbelibach und sorgt für eine stete natürliche Kühlung. Heute befindet sich in dem Haus eine kleine, charmante Gästewohnung. Der Charakter des Häuschens blieb erhalten, da keinerlei Einbauten oder Raumtrennungen vorgenommen wurden – selbst Dusche und WC stehen offen im Raum, nur temporär abtrennbar durch einen Vorhang. Neben diesem kleinen Bad befinden sich in der unteren Etage – ebenso offen eingestellt – eine Küche und ein Essplatz mit Kamin. Geschlafen wird im Dachgeschoss, das über eine ornamentale, gusseiserne Spindeltreppe zu erreichen ist.

Das über die Jahrhunderte gewachsene Hofensemble zeigt eindrucksvoll, wie harmonisch sich selbst vollkommen unterschiedliche Baustile diverser Epochen verbinden lassen. Voraussetzung hierfür: Keines der Umbaukonzepte versucht, das Vorgefundene zu übertrumpfen, sondern fügt sich hierein ein oder entwickelt dieses weiter.

unten rechts und rechte Seite oben Blick und Gegenblick durch den Wohnraum im Erdgeschoss, momentan Chefbüro und Besprechungszimmer.
unten Eines der Schlafzimmer im Obergeschoss, derzeit als Büroraum genutzt.

rechte Seite unten Auch das Gewölbe des hangseits oberirdisch gelegenen Untergeschosses wird heute hochwertig genutzt.

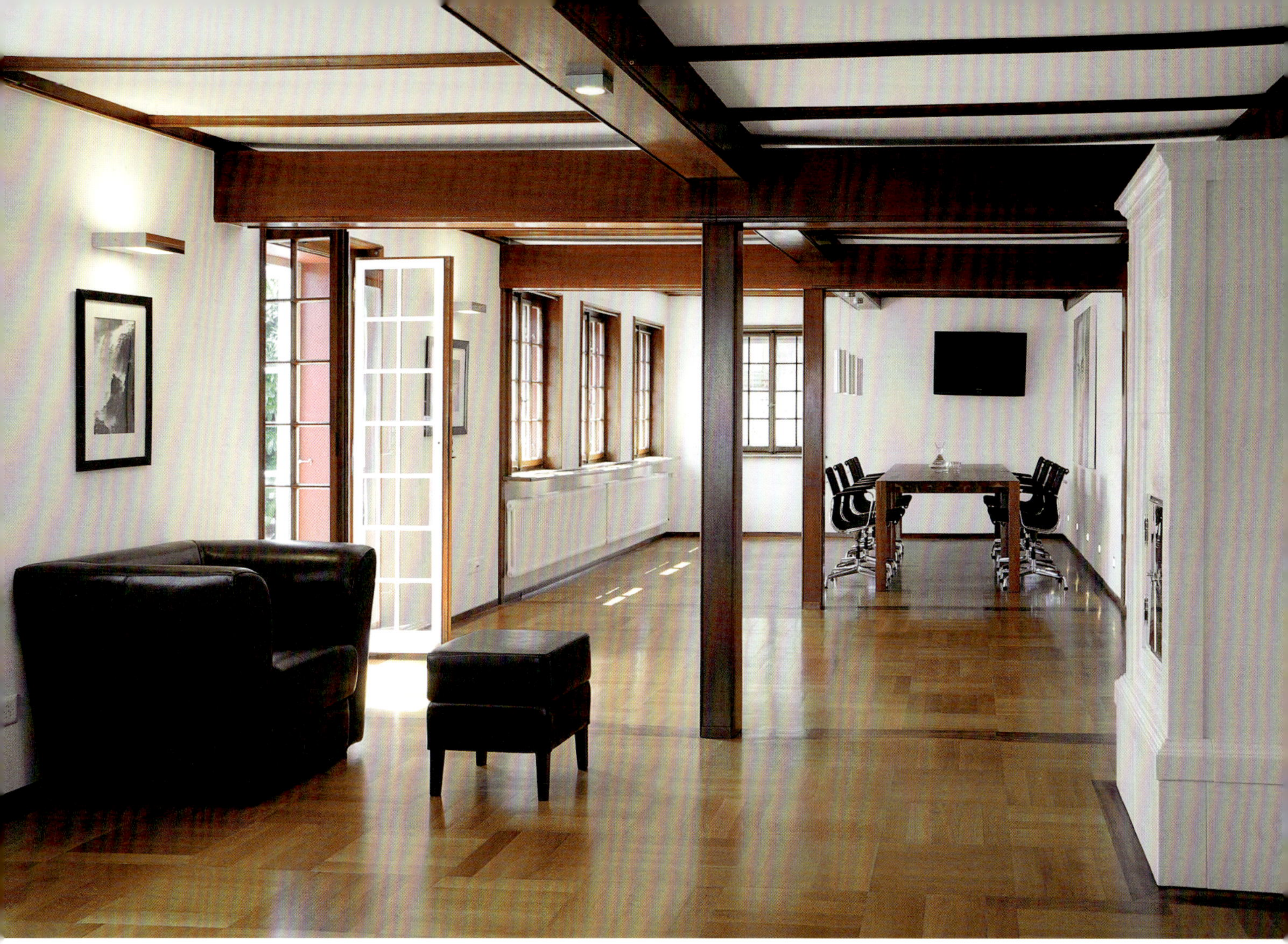

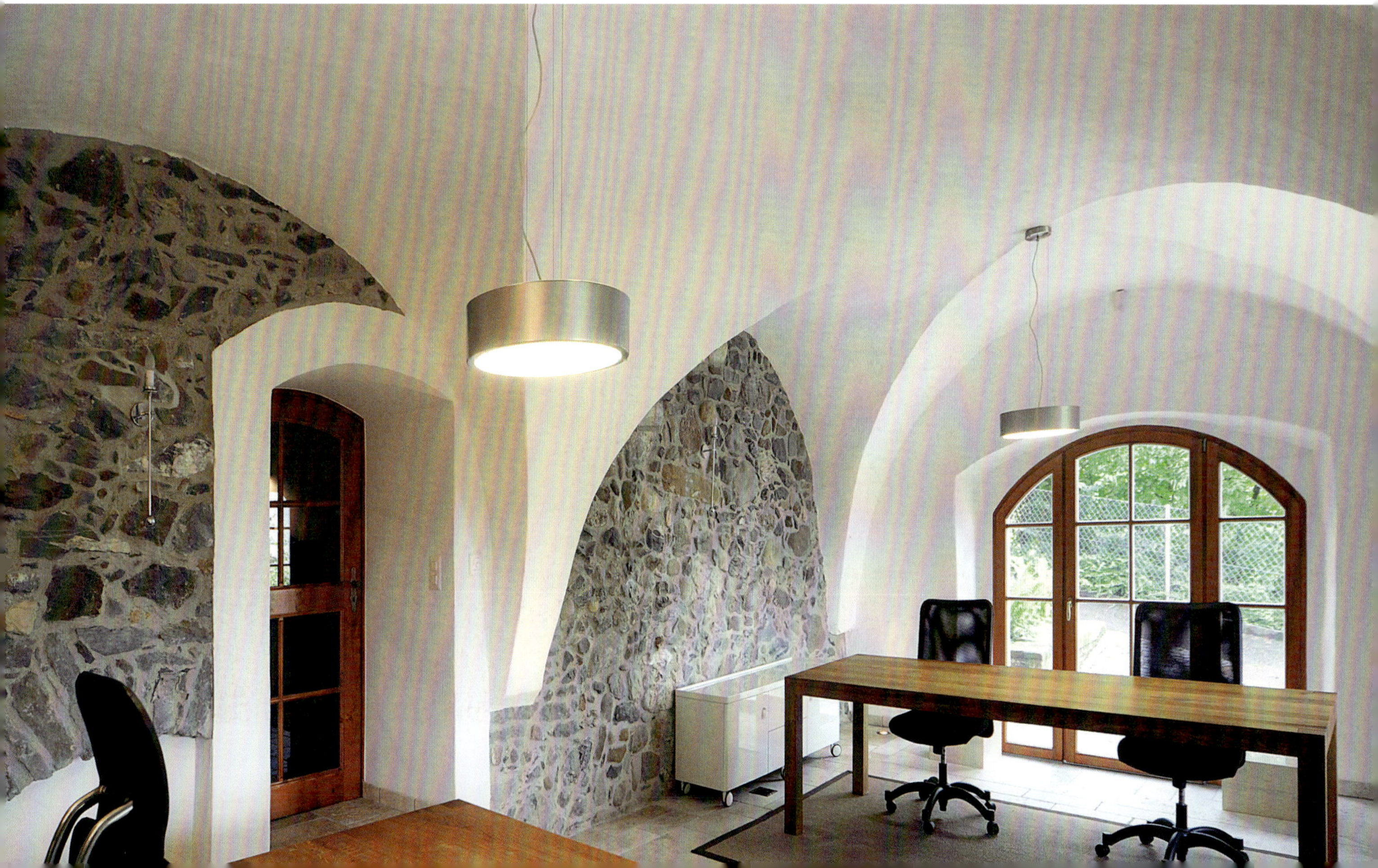

Ansicht Nord

Auch der große Wohnraum unterm Dach wurde gestalterisch nur dezent überarbeitet.

oben und links Die der heutigen Wohnung zugehörige Küche, gerahmt von prägnanten Bohlenwänden, wurde erst im Zuge der Sanierung eingerichtet (links). Die schon zuvor vorhandene Küche im Erdgeschoss ist der derzeitigen Nutzung der unteren Geschosse als Büro zugeordnet.

rechte Seite beide Historischen Charme und moderne Großzügigkeit bietet auch der neu zonierte Schlafbereich der Wohnung.

unten Ein lauschiger Essplatz in einer Dachgaube.

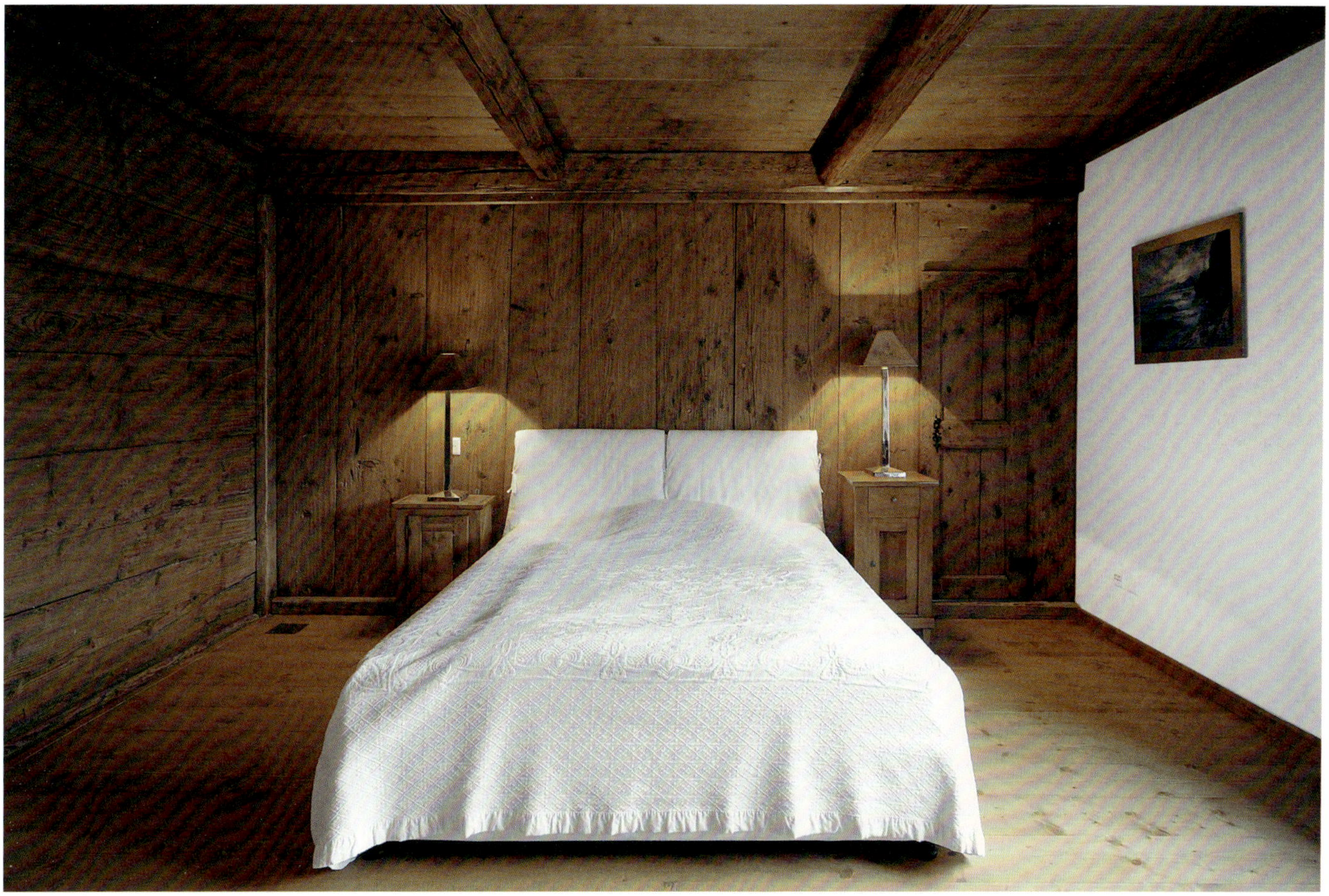

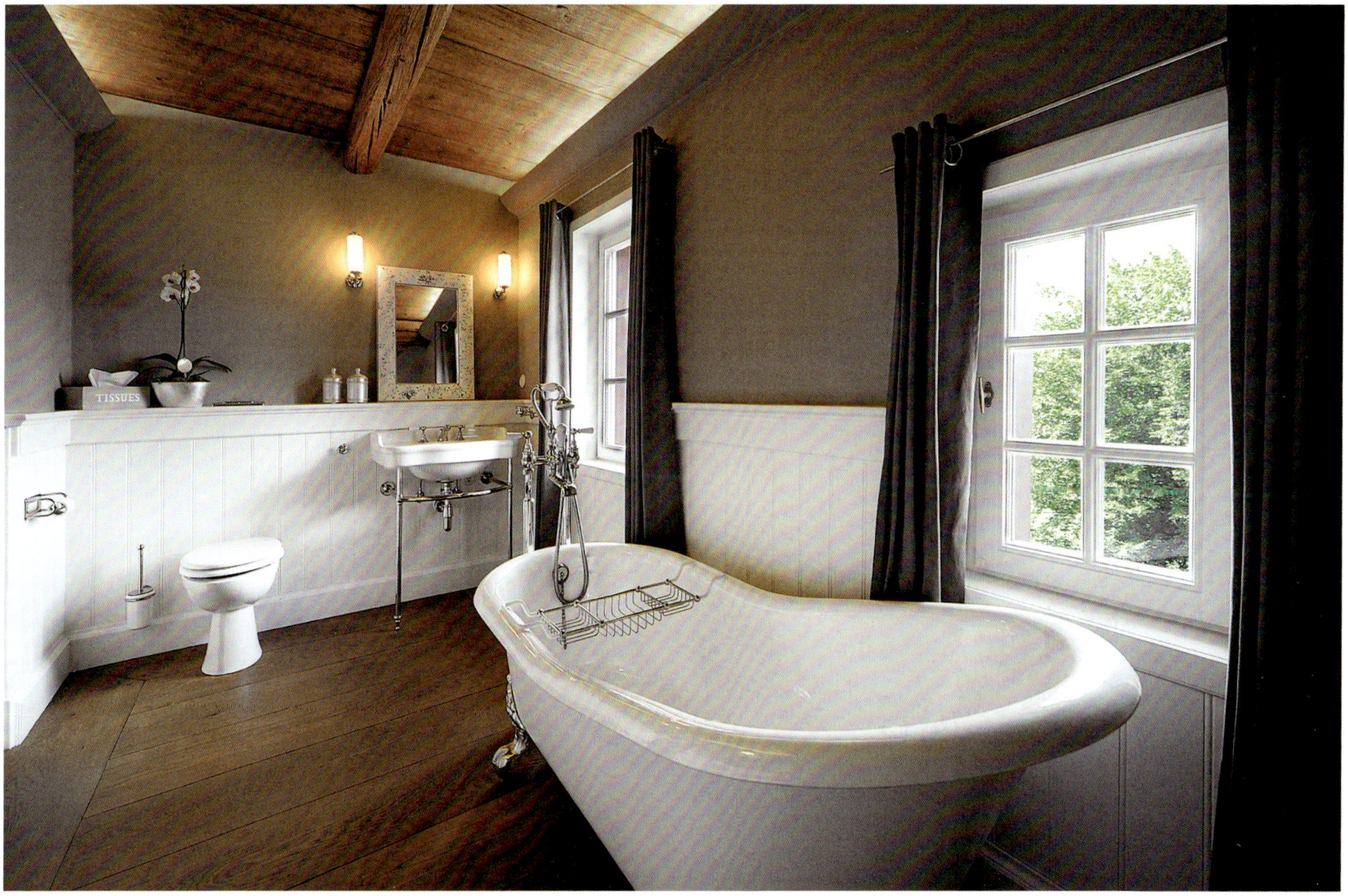
TISSUES

oben und rechte Seite oben Wohn-Schlaf-Arbeitsraum unterm Dach des Käsehauses.
links Das kleine Käsehaus von außen.

Projektdaten

Ursprüngliches Baujahr ca. 1450
Größere Umbauten 1939/40 durch Architekt Hans Fischli
Wohnfläche-Nutzfläche 488 m²
Wandbaustoffe und Fassaden Naturstein und Holzfachwerk
Wandoberflächen (nach Sanierung) Naturstein, Putz und Holzvertäfelungen
Fußböden Parkett, Holzdielen, Naturstein
Dacheindeckung Biberschwanzziegel
Energiesparmaßnahmen nach Sanierung Wärmedämmung des Dachs, neue Heizungsanlage
Beheizung Gastherme

Sanierungsplanung

Dr. Schmitz-Riol Planungsgesellschaft mbH
Herbststraße 9
99423 Weimar
www.schmitz-riol.de

Fotos Tomek Kwiatosz, Winfried Heinze S. 182–183

rechts und unten beide Im unteren Geschoss des Käsehauses fanden eine Küche mit Essplatz sowie ein offenes Bad Raum.

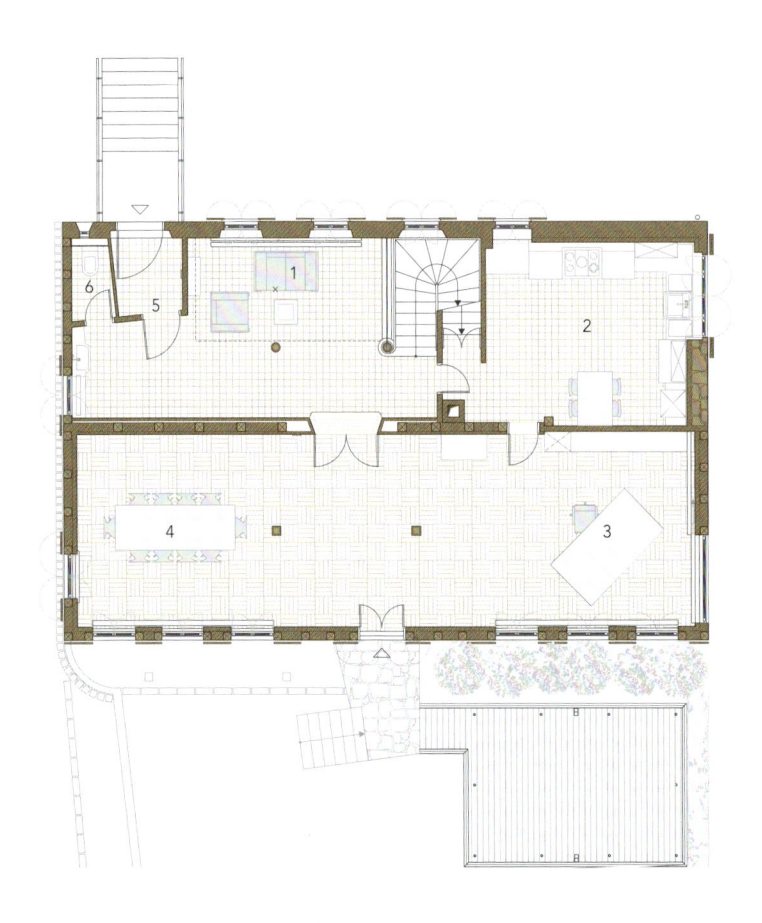

Erdgeschoss

1 Empfang
2 Küche
3 Chef
4 Besprechung
5 Windfang
6 WC

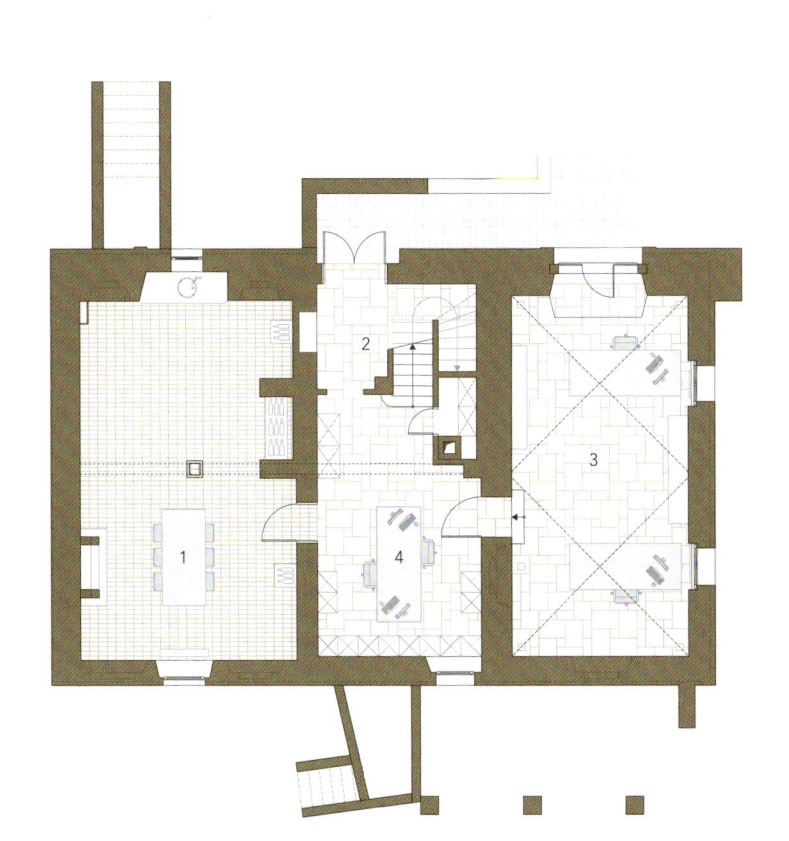

Kellergeschoss

1 Weinkeller
2 HA-Raum
3 Büro
4 Archiv

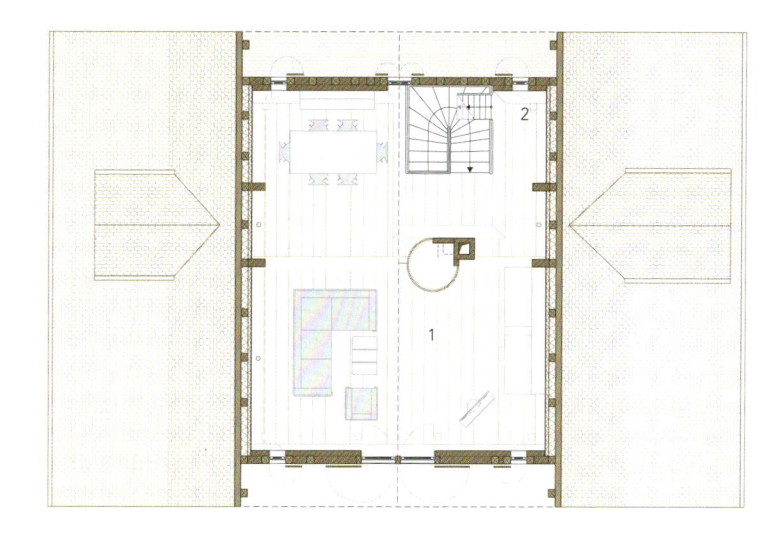

Dachgeschoss

1 großes Dachzimmer
2 zur Empore

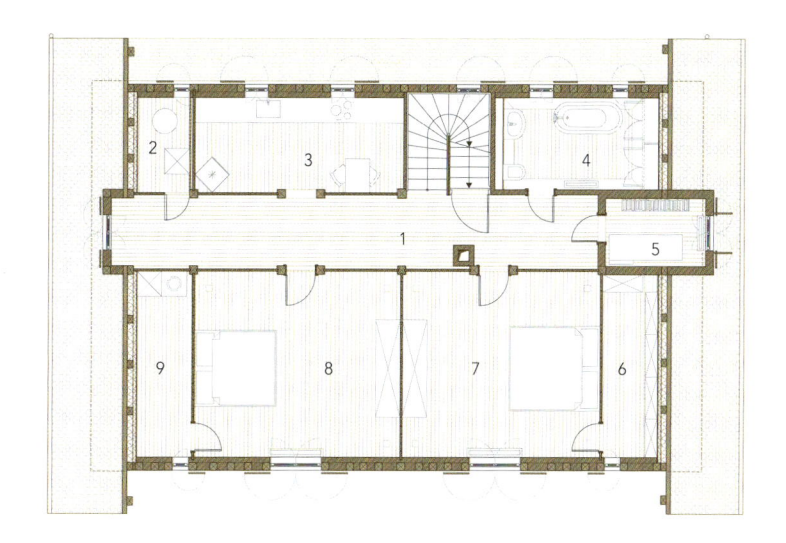

2. Obergeschoss

1 Flur
2 Heizung
3 Küche
4 Bad
5 Lesezimmer
6 Ankleide
7 Schlafzimmer
8 Gästezimmer
9 Hauswirtschaftsraum

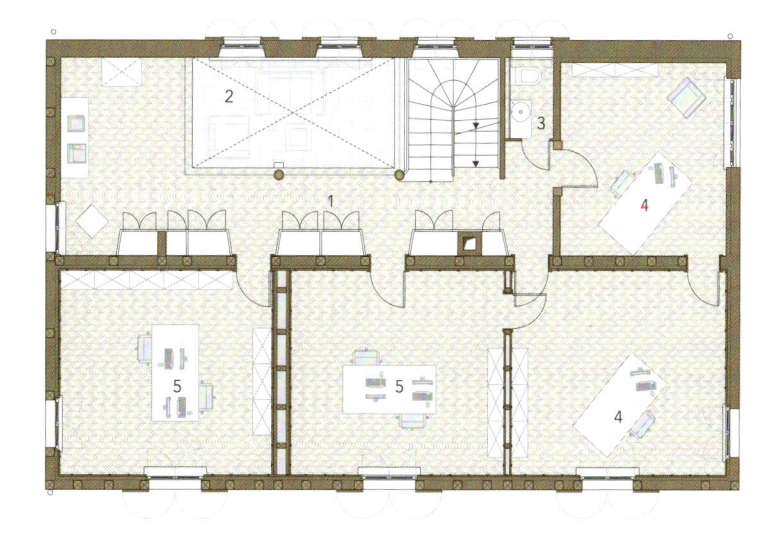

1. Obergeschoss

1 Galerie
2 Luftraum Halle
3 WC
4 Büro
5 Büro Mitarbeiter

Vorher

Bauzeit

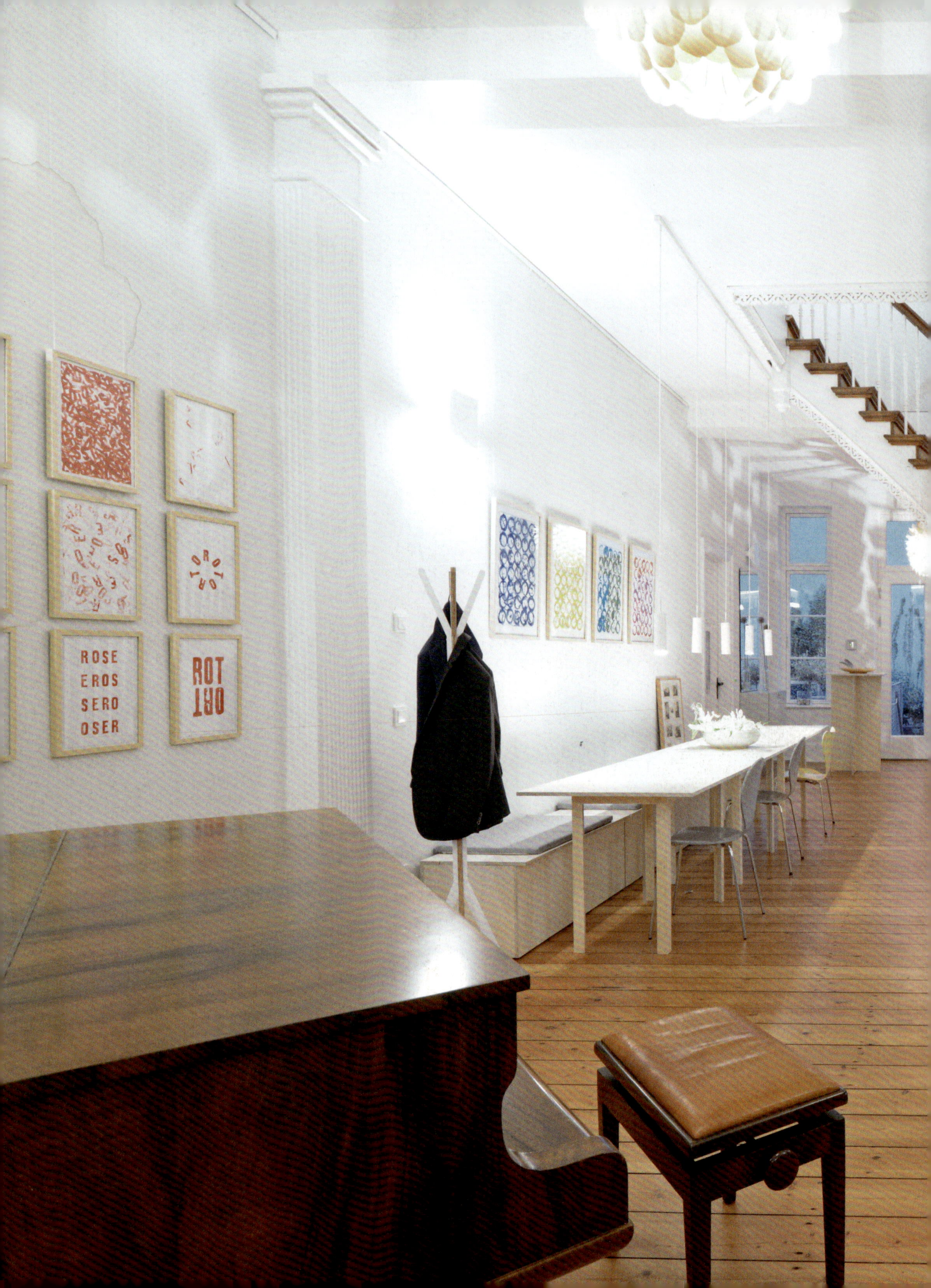
ROSE
EROS
SERO
OSER
ROT

Anhang

Wichtige Begriffe

Konservierung
Ziel einer Konservierung ist, das betreffende Bauteile oder Gebäude weitestmöglich im vorgefundenen Zustand zu belassen und auf Dauer in diesem Zustand zu erhalten.

Instandhaltung
Instandhaltung ist das, was man umgangssprachlich auch als Pflege bezeichnet. Hierunter fallen also alle Maßnahmen, die dem Erhalt eines Bauteils dienen, ohne dass bereits ein Schaden eingetreten wäre.

Instandsetzung
Ist bereits ein Mangel oder sogar ein Schaden eingetreten und gilt es diesen zu beheben, spricht man von Instandsetzung.

Modernisierung
Während es bei den bisher beschriebenen Maßnahmen zunächst darum ging, den ursprünglichen Zustand eines Gebäudes zu erhalten, zielt eine Modernisierung darauf ab, ein Gebäude an heutige Nutzungsanforderungen anzupassen. Der Begriff ist wertneutral und sagt nichts darüber aus, ob mit der durchgeführten Maßnahme eine Qualitätssteigerung oder ein Qualitätsverlust verbunden ist.

Renovierung
Prinzipiell ist mit Renovierung Ähnliches gemeint wie mit Instandsetzung, allerdings bezeichnet man hiermit üblicherweise deutlich umfangreichere Arbeiten, bis hin zum kompletten Ersatz eines oder mehrerer Bauteile.

Restaurierung
Restaurierung bedeutet Wiederherstellung eines früheren Zustands unter Beibehaltung eines möglichst großen Anteils an Originalsubstanz und Anbringen von originalgetreuem Ersatz. Doch auch kleinere Umbauten schließt eine Restaurierung nicht aus.

Sanierung
Sanierung ist ein Oberbegriff für die meisten der angesprochenen Maßnahmen, mit Ausnahme der Wartung und der Konservierung. Aufgrund dieser Allgemeingültigkeit wird dieser Begriff in diesem Buch auch bevorzugt benutzt, wenn es nicht um eine bestimmte, näher definierte Maßnahme geht.

Umbau
Ein Umbau ist eine Veränderung des architektonischen Entwurfs. Zielen die bisher erläuterten Maßnahmen auf Erhalt oder Erneuerung der Bausubstanz ab, ist ein Umbau in der Regel zunächst einmal mit Zerstörung vorhandener Substanz verbunden.

Wartung
Unter Wartung versteht man die Überprüfung und Reinigung von Bauteilen.

Adressen und Bildnachweis

Architekten

Arge4architekten
Gutenbergstraße 71–72
14467 Potsdam
www.arge4architekten.de

denzer&poensgen Architektur & Innenarchitektur
Zum Rott 13
53947 Marmagen
www.denzer-poensgen.de

Döring Dahmen Joeressen Architekten
Hansaallee 321
40549 Düsseldorf
www.ddj.de

fabi architekten bda
Dipl.-Ing. Stephan Fabi
Glockengasse 10
93047 Regensburg
www.fabi-architekten.de

Kühnlein Architektur
Sollngriesbacher Straße 4
92334 Berching
www.kuehnlein-architektur.de

vonMeierMohr Architekten
An der Point 1
86938 Schondorf
www.vonmeiermohr.de

Mißfeldt Kraß Architekten BDA
Prof. i.V. Dipl.-Ing. Architekt BDA Tobias Mißfeldt M.A.
Dipl.-Ing. Architekt BDA Hauke Kraß
Roeckstraße 11
23568 Lübeck
www.missfeldtkrass.de

Schauer + Volhard, Architekten BDA
Ute Schauer, Franz Volhard
Moserstraße 25
64285 Darmstadt
www.schauer-volhard.de

Dr. Schmitz-Riol Planungsgesellschaft mbH
Herbststraße 9
99423 Weimar
www.schmitz-riol.de

Dipl.-Ing. Ekkehardt Schröer
Innenarchitektur + Möbeldesign
Wesselswerth 6
45239 Essen
www.ekkehardtschroeer.de

Unterlandstättner Architekten
Holzstraße 7
80469 München
www.u-architekten.de

Fotografen

Basti Arlt
Auenstraße 31
80469 München
www.bastiarlt.de

Gabriel Büchelmeier
Holzstraße 23
80469 München
www.gabrielfoto.de

Christine Dempf
Architekturfotografie, Portrait & Lifestyle
80469 München
www.christine-dempf.de

Michael Heinrich
Hachinger Bach 27
81671 München
www.mhfa.de

Winfried Heinze
b.lateral GmbH & Co. KG
Lenzensteig 3
78354 Sipplingen
www.winfriedheinze.de

Florian Holzherr
art & architectural documentations
Unterbrunner Straße 13A
82131 Gauting
www.florian-holzherr.com

Ike Branco S.A.
Grazia Ike Branco und Oliver Ike
Interiors & Architecture Photography Productions
Via Bosconi 1, P. O. Box 126
6983 Magliaso/Schweiz
www.ikebranco.ch

K+W Fotografie
Schliemannstraße 17
10437 Berlin
www.kundw.org

Tomek Kwiatosz Architekturfotografie
Hermann-Hesse-Straße 61
13156 Berlin
www.architekturfotograf.net

Rainer Mader
Alte Schule am Runden Baum 5
53937 Schleiden
www.rainermader.de

Manos Meisen
Linienstraße 102
40227 Düsseldorf
www.manosmeisen.de

Fotografie Erich Spahn
Greflingerstraße 1
93055 Regensburg
www.erich-spahn.de

Peter Stockhausen
Diplom-Fotodesigner
Brunnenstraße 69
45128 Essen
www.peter-stockhausen.de

Herbert Stolz
Am Holzhof 12
93059 Regensburg
www.herbertstolz.de

Bildnachweis

Die Fotos stammen von den bei den Projekten genannten Fotografen.

Die Aufnahmen aus der Zeit vor der Sanierung und aus der Umbauzeit wurden von den Architekten und Bauherren zur Verfügung gestellt.

Die Fotos in der Einführung stammen von Erich Spahn.

Literatur und Internetseiten

Gottfried Kiesow: *Denkmalpflege in Deutschland. Eine Einführung.* Stuttgart 2000

Leo Schmitt: *Einführung in die Denkmalpflege.* Darmstadt 2008

Deutsches Nationalkomitee für Denkmalschutz (Hrsg.): *Denkmale im Privateigentum – Hilfe durch Steuererleichterungen*

Vereinigung der Landesdenkmalpfleger (Adressen, weiterführende Links auf Landesebene)
www.denkmalpflege-forum.de/in_den_Landern/in_den_landern.html

Verzeichnis der Architektenkammern in Deutschland:
(weiterführende Suche nach Leistungsmerkmalen auf Landesebene)
www.bak.de/bundesarchitektenkammer/mitglieder/

Fraunhofer Institut (Adressen ausgezeichneter Handwerksbetriebe): „Handwerksbetriebe für die Denkmalpflege"
www.irb.fraunhofer.de/zdh/

Restaurator im Handwerk e.V. (Adressen geprüfter „Restauratoren im Handwerk")
www.restaurator-im-handwerk.org

Denkmal Akademie der Deutschen Stiftung Denkmalschutz (Seminarangebote für Eigentümer)
www.denkmalakademie.de/Seminare.1605.0.html

Impressum
Verlagsgruppe Random House FSC® N001967

Dieses Buch wurde auf dem FSC®-zertifizierten Papier *Profimatt* gedruckt.

1. Auflage
Copyright © 2015 Deutsche Verlags-Anstalt, München,
in der Verlagsgruppe Random House GmbH
Alle Rechte vorbehalten
Satz und Layout: Monika Pitterle/DVA
Lithografie: Reproline Mediateam, München
Druck und Bindung: Firmengruppe APPL, aprinta druck, Wemding
Printed in Germany
ISBN 978-3-421-03959-0

www.dva.de

Ausgeschiede von den Büchereie